# 四川泸州汉代画像石棺研究

成都文物考古研究院
泸州市博物馆 编著

文物出版社

图书在版编目（ＣＩＰ）数据

四川泸州汉代画像石棺研究 ／ 成都文物考古研究院，

泸州市博物馆编著． —— 北京：文物出版社，2019.9

ISBN 978-7-5010-6223-2

Ⅰ．①四… Ⅱ．①成… ②泸… Ⅲ．①石棺墓－画像

石－研究－泸州－汉代 Ⅳ．①K879.424

中国版本图书馆CIP数据核字（2019）第168940号

## 四川泸州汉代画像石棺研究

编　　著　成都文物考古研究院　泸州市博物馆

封面题签　叶蓉光
责任编辑　王　伟
责任印制　梁秋卉
出版发行　文物出版社
社　　址　北京市东直门内北小街2号楼
网　　址　http://www.wenwu.com
邮　　箱　web@wenwu.com
制版印刷　北京荣宝艺品印刷有限公司
开　　本　787mm×1092mm　　1/8
印　　张　45.5
版　　次　2019年9月第1版
印　　次　2019年9月第1次印刷
书　　号　ISBN 978-7-5010-6223-2
定　　价　498.00元

# 目 录

# 插图目录

# 图版目录

# 第一章　绪论[1]

## 第一节　自然地理环境

四川省泸州市位于四川省东南川渝黔滇结合部，从水系来看，也是永宁河、赤水河、沱江和长江交汇处。其地东邻重庆和贵州省赤水市，南与贵州省毕节、云南省昭通相连，西连宜宾、自贡，北接重庆、内江，辖江阳区、龙马潭区、纳溪区、泸县、合江县、叙永县、古蔺县，距省会成都市267公里。地理坐标为北纬27°39′～29°20′，东经105°08′41″～106°28′，东西宽121.64公里，南北长181.84公里，幅员12243平方公里。

## 一、地貌特征

泸州地处川东南平行褶皱岭谷区南端与大娄山的结合部，四川盆地南缘向云贵高原的过渡地带，兼有盆中丘陵和盆周山地的地貌类型，分属四川盆地南部山地与丘陵区和巫山大娄山中山区两个地貌二级区。总的特点是：南高北低，以长江为侵蚀基准面，由南向北逐渐倾斜，山脉走向与构造线方向基本一致，呈东西向、北西向及北东向展布。大体上以江安—纳溪—合江一线为界，南侧为中、低山；北侧除背斜形成北东向狭长低山山垅外，均为丘陵地形。最低点是合江九层岩，海拔203米；最高点是叙永县分水杨龙弯梁子，海拔1902米，相对高差1699米。按其特点，全市地貌大体上可分为四种类型。

北部浅丘宽谷区：包括泸县、江阳区、龙马潭区、合江县和纳溪区等长江以北的广大地区，为川东平行褶皱地带的延伸部分，属四川盆中丘陵区的南缘，面积占总幅员面积的18.6%。海拔多在250～400米，最高为万寿山，海拔757米。山陵多为林地，浅丘宽谷多为耕地，田多土少，是全市主要农业区。

南部低中山区：包括叙永、古蔺县大部，属四川盆地南缘的盆周山地低中山地貌类型区，面积占总幅员面积的38.6%。出露的地层以古老海相沉积的各类灰岩、泥岩为主，侵蚀严重，形成山峦叠嶂、沟谷纵横的复杂地貌类型，平均海拔800米左右。山地为林地、旱地和园地（茶园）；槽坝地势平坦，以耕地为主，土壤肥沃，土层深厚，也是全市主要农业区之一。

中部丘陵低山区：长江以南，南部低中山区以北为中部丘陵低山区，包括泸县少部，江阳区一部，合江县、纳溪区大部和叙永、古蔺县北部，面积占总幅员面积的41.5%,山地海拔一般为500～1000米，最高为古蔺县斧头山，海拔1895米，丘陵海拔350～500米。山地以林地为主，全市现存的两大片原始森林——福宝林区和黄荆林区，均集中在这一区，丘陵以耕地为主，其次是园地（果园和茶园）。

---

[1]　此章内容主要参考泸州市地方志编纂委员会编著的《泸州市志》，方志出版社，1998年。特此说明。

沿江河谷阶地区：沿长江、沱江等大、中河流两岸，由于河流的冲积、堆积而形成数级阶地，面积占总幅员面积的1.3%。一、二级阶地为第四系现代河流冲积物，阶面平坦宽阔，宽达500～1000米，海拔250米以下，相对高差小于30米，厚15～20米，以耕地为主，土层深厚，土壤肥沃，是全市蔬菜、甘蔗、龙眼的集中分布区。三、四级阶地为第四系近代冰水沉积物，由于流水的侵蚀，只零星残留于河谷两岸的基座台面上，海拔250～330米，多为耕地和园地，土层深厚，是全市甘蔗、荔枝的集中产区。

## 二、气候条件

泸州地区属亚热带湿润气候区，南部山区立体气候明显。气温较高，日照充足，雨量充沛，四季分明，无霜期长，温、光、水同季。年平均气温17.5～18.0℃，年际之间的变化为16.8～18.6℃，高低年间相差值为1.8℃；泸州市无霜期长在300天以上，降雪甚少，个别年份终年无霜雪，作物生长期长。全年降水1078毫米，总量131.592亿立方米。区域内降水空间部分不均，自泸州市西南叙永分水乡至古蔺箭竹乡一线分水岭最高年平均降水1200～1400毫米，向南北两侧递减至761.8～1069毫米。盆周山地多于盆地，迎风坡多于背风坡。降水时间夏秋多于冬春，分别占70%和30%。

季风气候明显，主要受北方大陆干冷季风与南方海洋暖湿季风交替活动的影响，冬半年主要受西伯利亚和蒙古到新疆一带东南下的大陆干冷空气团的控制，造成冬、春少雨，冬干、春旱相继。夏半年主要受西太平洋副热带高压和青藏高原高压控制，造成伏旱高温，当副热带高压东撤南退时，又极易出现暴雨、洪涝、大风等灾害性天气。

受地形和海拔影响，泸州地区气候复杂多样，地域内可以划分成南北两个主要的气候区：

北部长江河谷春旱夏雨区，包括以叙永以北市中区、泸县、合江、纳溪海拔500米丘陵以及长江干支流河谷区。这个区域湿度大、云雾多、霜期少。春早且易干旱、夏长且炎热、秋迟且多雨、冬短且温暖。

南部盆缘春雨伏旱区，包括叙永城南与黔北大娄山北侧叙永、古蔺赤水河上游和古蔺河谷地区，气候特点：冬长、夏短、降水量少、蒸发量大，春雨早，夏旱。

## 三、河流与交通

泸州地区水资源丰富。全市水源总量66.57亿立方米，其中地表水占84%。水能理论蕴藏能力63万千瓦。入境水量2420.8亿立方米，出境水量2945.6亿立方米。本市地下水藏量丰富，大约10.652亿立方米，分布面积12.243平方公里。类型有松散岩孔隙水、碎屑岩孔隙裂隙水、碳酸盐岩裂隙溶洞水、基岩裂隙水等四类。

本地属于长江水系，长江自西面江安始，至纳溪大渡口入境，自西而东流经纳溪、市中区、泸县，至合江九层岩出境，全长133公里。以长江为主干，由四级支流组成树状水系，据不完全统计，长江共接纳1～4级支流86条，长江的一级支流主要有沱江、赤水河、龙溪河、永宁河、塘河等几条，二、三级主要支流有濑溪河、古宋河、古蔺河、水尾河、习水河、九曲河等。

长江及其支流为泸州创造了发达的水上交通。长江、沱江、冱河、永宁河、赤水河都是重要的交通孔道，这些孔道不仅将泸州各地连接起来，也是泸州与外界的重要交通要道。凭长、沱两江舟楫之利，泸州历史上成为川、滇、黔结合部的物资集散地和经济文化中心。

## 四、物产

土壤类型较多，主要有四类：紫色土，分布于叙永城以北的盆地范围内；水稻土，分布于北部长江沿岸纳溪、合江、泸县丘陵宽谷区；紫色土，分布于长江以南叙永、古蔺中、低山间槽坝与山麓沟谷地带；石灰土，分布于南部盆周山地低山槽谷灰岩地区；冲积土，分布于长江、沱江、永宁河、赤水河沿岸1、2级台地以及冲积平原范围。

复杂的地形和气候孕育了种类繁多的植物，主要有种子植物、蕨类植物、竹类植物。泸州市属于偏湿性植被分布环境，具有水平与垂直分布规律。从北至南呈南亚热带、中亚热带、北亚热带常绿阔叶林植被分布。垂直分布主要在海拔较高的山区。

泸州地区动物种类繁多，有脊索动物、节肢动物、环节动物、软体动物、线性动物与扁形动物6门。其中脊椎动物种类最多，约占全国的16%。

矿产资源较为丰富。截至1987年已探明矿产3类335种。特别是煤、天然气储藏丰富，煤储藏量43.32亿吨，天然气储量407亿吨，占四川省总量的四分之一以上。

独特土壤和气候孕育了泸州特有的"泸高粱"、"软质小麦"等绝佳酿酒材料，造就了泸州"酒城"美誉。

# 第二节 历 史 沿 革

泸州市有着悠久的历史，历代境域不尽相同，两汉和唐宋时期范围最广，元明清以后逐渐缩小。

20世纪80年代古蔺县野猫洞等地出土的古猿和原始人类化石证明，至迟在距今五六千年以前，泸州这块土地上就已有人类活动的痕迹。

泸州在夏、商时属梁州之域，周代属巴国辖地，西周成王时属于雍州。前11世纪周武王伐纣的大军里，有包括今日泸州地区人民在内的巴族八姓部落。当时，泸州地区的土著居民，主要是濮人和僰人[1]（总称之为巴人），也就是后代学者所谓的濮僚系统。周代，以江州（今重庆）为中心的巴国建立起来，泸州属巴国境。

秦惠文王派张仪和司马错灭巴、蜀后，公元前314年设置巴郡，辖有包括泸州在内的大片土地。接着，又在蜀国故地上置蜀郡和汉中郡，郡下设县。今日泸州地区，也就在其时被建置为县[2]。宋代成书的《太平御览》所说"泸州，春秋战国时郡"[3]，就是泸州地区在先秦时期已经建置为县的证据。

秦王朝对于巴蜀地区的统治比较宽松，尤其是在巴郡境内，县以下不设乡里，依旧保持巴人的氏族和部落组织，称作"渠"，并由县吏通过部落头人（渠帅）治理政事。秦王朝还将被俘虏的巴王放还故地，让他继续充当"蛮夷君长"统治各族，赋税刑罚也远较它郡为轻。这种制度保证了当时巴蜀地区的相对稳定。秦惠王至秦始皇时期，中原移民进入长江、沱江交汇处，带来了中原的先进生产技术和文化，推动了泸州经

[1] 参考赵永康：《历史上的泸州》，《当代四川丛书泸州卷·序章》，四川人民出版社，2000年。
[2] 参考赵永康：《历史上的泸州》，《当代四川丛书泸州卷·序章》，四川人民出版社，2000年。
[3] [宋]李昉等：《太平御览》卷156《泸州》，中华书局，1960年，下同。

济、文化的发展。

汉承秦制，分天下为郡县，但在建国初期，作为过渡性的措施，也分封过一些宗室和功臣为诸侯王。西汉景帝前元六年(前151年)，因为在平定吴楚之乱中立下军功，赵国相苏嘉受封为江阳侯，建立江阳侯国，在长江与沱江交汇处(今泸州市江阳区)设置江阳县，其地东连巴郡，南倚平夷、牂牁，西邻僰道，北靠蜀郡，统领沱江下游的广大地区和今重庆、宜宾部分地区。泸州地方史的确切纪年，也就从这一年开始。

汉武帝建元六年(前135年) 开发西南少数民族地区，派唐蒙从符关（今合江镇）到夜郎，说服其归附汉朝，并从广汉郡和巴郡分别划出包括符县在内的一些县，与这些新归附的少数民族地区一起，置犍为郡。这一举措使汉王朝在泸州和川黔边境地区的统治得到了加强。

前112年，在汉廷为解决"王国问题"而蓄意炮制的所谓"酎金失侯"事件中，江阳侯被指责为送给皇帝祝寿的黄金成色不足，侯国被撤销，改置为江阳县和符县。汉代的江阳县辐员辽阔，包括今泸县、纳溪和富顺、隆昌、自贡、威远诸县一带。符县亦书作"苻县"，以其地有秦代设置的符关而得名，治所就是现在的合江县县城，符县所管辖的地区，不仅有现在的合江，还包括了黔北地区的习水、仁怀、赤水以及川南地区古蔺、叙永、筠连等县的大片土地。

光武帝建武元年（25年），公孙述据蜀称帝。建武二年（26年），光武帝派兵讨伐公孙述，溯江而上，屯兵江阳。东汉安帝永初元年（107年），改蜀郡南部都尉，置犍为属国，治汉阳，领朱提、汉阳、江阳三县军政事宜。

献帝建安十八年（213年），益州牧刘璋以江阳土地肥沃、物产丰富，升为郡。据《华阳国志》记载[1]，江阳郡地域，东接巴郡、南接牂牁、西接犍为、北接广汉，下辖江阳、符节、汉安、新乐四县，是"锁钥沱江门户，屏障西川"的边陲重镇。汉代泸州盐业和农业发达，东汉时期江阳境内有富义盐井，为著名盐产地。

东汉建安十九年（214年），刘备入蜀，破江州后，兵分三路，一路由赵云率军分定江阳。

晋永宁元年（301年），巴人李雄、李特起义攻占成都，蜀郡人多流散到江阳等地。惠帝太安二年（303年），益州牧李特遣子李雄统管江阳军政大权。永安元年（304年），益州刺史罗尚率军退至江阳，奉诏统领巴东、巴、涪陵三郡。怀帝永嘉五年（311年），李雄派兵攻占江阳。愍帝建元二年（344年），李势引獠入蜀，江阳郡被獠人占据多年。

南北朝时期，今泸州地区为南齐、萧梁、北魏统治。萧梁武帝大同年间(535～546年)置州，州郡治所均在江阳县。

隋炀帝大业三年(607年)，泸州改为泸川郡，后升为泸州总管府。唐高祖武德元年(618年) 复置为泸州，三年(620年)置总管府，掌管一州军事和管辖10个羁縻州。七年改为都督府，太宗贞观元年（627年），开国元勋程咬金任都督。

北宋泸川郡置泸川军节度。淳化五年（994年）王小波起义军攻占泸州。元丰四年（1081年），在泸州置泸南安抚司，统一管理泸州、叙州、长宁军三军沿边少数民族事宜。元丰五年（1082）梓州、夔州路兵马钤辖司由遂州移来泸州。南宋孝宗乾道六年(1170年)升本路安抚使。泸州在宋代有"西南会要"的称号。

唐宋时期泸州地区经济较发达，唐代贡赋有麦、金、葛、酱、麻、布。宋太祖乾德四年（966年），于富义盐井置富义监，设官掌管盐场。熙宁八年（1075年），泸州辖境置清井监和南井监。泸州成为沃野千

[1] [晋]常璩撰，任乃强校注：《华阳国志校补图注》，上海古籍出版社，1987年。本书所引《华阳国志》材料均参考此版本。

里、土植五谷、牲具六畜、商贾辐辏、五方杂处的富庶之地，号"汉、夷门户"、蜀南粮仓，酿酒业大发展，盐业发展规模大，有利用天然气煎盐的文献记载。

宋、元之际，蒙古军入蜀，泸州城先后迁治于合江榕山、江安三江碛、合江安乐山，最终筑城于合江神臂崖坚持抗战35年。元属重庆路。元代泸州经济较为发达，准许酿酒、制盐、制茶、分兵屯田，修筑马道、桥梁，开辟驿传，制造木船发展航运事业，沟通物资交流，发展农村商品经济。

明太祖洪武六年(1373年)泸州直隶四川行省，九年(1376年) 直隶四川布政使司。15世纪初，泸州进入全国三十三个较大的商业及手工业城市行列。

清嘉庆七年 （1802年） ，泸州置川南永宁道(1908年改名下川南道)。清代实行移民入川，很好地促进了泸州经济、文化发展，泸州成为川滇黔结合部的政治、经济、军事、文化中心。

民国初年，泸州改为泸县，置永宁道，1935年设置第七行政督察区。1949年12月泸县解放，泸州先后为川南人民行政公署(相当于省级) 、泸州、泸县区行政督察专员公署(地级)、泸州专区专员公署(地级) 、泸州市(川南行署辖地)所在地。1960年7月14日，国务院批复撤销泸州专区，所属市县划归宜宾专区。1983年3月3日，国务院批复将地辖泸州市改为省辖市，原宜宾地区的泸县、纳溪、合江、叙永、古蔺5县划归泸州市。

泸州自古具有重要的战略地位，历代为兵家必争之地。自汉末至清代1700多年间，在泸州的重大"兵事"达70多起。

# 第三节　社会风俗

泸州自古以来就是多民族聚集地。据统计有39个民族，以汉、苗、彝、回、仡佬等民族人数较多。

解放前城镇以食大米为主，间以面食；平丘农村多杂以红薯、小麦；山区农村主食玉米、高粱、小麦、土豆、苦荞等杂粮。

境内男性多喜饮酒，酒文化发达。泸州人好酒善饮的民风民俗为酒业的兴盛营造了独特的文化环境。泸州是国家级历史文化名城，多民族杂居相处，富饶的物产孕育了泸州好客、善饮的待客方式，崇尚酒礼、酒仪、酒德之风，婚丧嫁娶、红白喜事，无酒不成席，形成了川南明珠——泸州所独具特色的人文环境。

旧时，汉族丧葬礼仪多循古制，仪礼奢简视贫富而别。一般人家长辈进入老年就预备寿衣，寿衣多为黑白二色，忌用钮扣。富豪人家则择地包坟，置备高级木材棺椁和殉葬金玉，丧葬礼仪繁琐。贫穷人家临丧再备丧葬用品，赤贫人家破席裹尸，掩土而葬。人垂危，家人要噩告子女亲友赶回送终，临终时，子女或亲近者要扶定死者频频呼唤。气绝，要"烧落气钱"，放"升天炮"，举家痛哭哀号，随即为死者沐浴，穿戴寿衣鞋帽，为官者要按照品级用官服，停尸堂屋或者屋侧檐下，点过桥灯，置香火，供"水饭"，灯需长明不灭，直至发丧，并有人守候，此为小敛。旋即用草纸贴门神、家神，对外张贴讣告，或由子女逐户跪告，称"奔丧"。子女须穿黑或白色丧衣，头配三角形"袱方"，生麻丝束服，称"成服"。亲友前往吊丧，要放丧炮，献挽幛和悼钱，在灵前跪拜哀痛时，子女或亲近人须伴随跪哭。其间，有僧道行法事，为死者诵祭超度；子女多次烧"还魂纸"，咏唱孝歌，尽诉死者生前好处、功德，追悔未尽之孝。停丧两、三日或数日后，将死者入棺，称之为"大殓"。入棺时吊客要临棺诀别，子女家人闻声恸哭。旋发丧，道士将装满烟灰的砂罐自堂屋甩出，称"搭灰罐"。一时鞭炮齐鸣，鼓乐交作，哭声乍起，棺材出门。鞭炮手、持"望山钱"者缓步导引棺材前进。孝子们全身缟素，怀抱寿罐，手挂孝杖，时跪时行。棺材两侧有白色或者黑色挽幛系接，便于送丧者持握，拥棺而行，称为"扶丧"。棺材停时，孝子须立即面棺跪下，五体触地，或遇道路狭窄，棺材久不能行，孝子则面棺长跪以待。至墓地，墓穴早按阴阳术士选定的方位和深度掘就，圹师扶棺下圹，孝子覆土数筐后，土石工人开始覆土砌坟，插望山钱于坟顶，烧死者生前物品、器具，化纸钱，撒水饭，焚香，点燃长明灯。如时辰犯忌，暂时以土掩而不下坑深埋。葬后，请人看守坟墓七至四十九日，子孙守墓侧则被称为孝子。葬后三天，家人、子侄、亲友携香蜡纸钱供物至坟前祭悼，家人设宴答谢吊丧亲友、相帮人，称为"复三"。每七天请僧道做法事，直至七七。满百日称百期，一年称为周年，至三年而止。其间除灵点主、出煞等迷信作法，耗资甚大。

汉族节日与中原大多相同，只是多一牛王节。而少数民族较具特色，有踩山，赶苗族场等。

旧时境内迷信活动较多，有看相、问卜、求神、求签、堪舆、择日、送花盘、走阴、放河灯、超度亡魂做道场、庆坛、敬"吞口菩萨"、谢土收鬼退煞、求天地、求神药、保佑小儿、赌咒等，职业者有道士、神汉、端公、巫婆、阴阳术士、卦姑、乐婆、师婆、虔婆、药婆、稳婆等。

此处之所以大段叙述丧葬等习俗，是因为现在的风俗虽形成较晚，但毕竟历代传承，多少能反映一些古代遗俗，提供一些可贵的丧葬、民俗信息，帮助了解画像石棺文化现象。

## 第四节　泸州画像石棺研究的必要性

汉代四川流行画像墓，有画像砖、画像石、壁画墓[1]三类，画像石棺为画像石中重要的一类。画像石棺发现于汉代巴蜀文化区范围内，其中以四川、重庆最为密集，云南、贵州部分地区也有发现，发现点均与四川接壤。据不完全统计，迄今为止四川地区共发现140具以上，加上最近新调查发现的数量，总数接近200具。此数据以可移动的石棺为主，大量的画像崖棺并未计入。崖棺与山体连接，不易搬运，所以多留在原崖墓内。如果加上这部分画像崖棺的数量，那么四川地区（含重庆）的画像石棺数量则相当可观。

画像石棺分布区域较为广泛，根据已发表的考古资料（包括调查简报），在四川的泸州市泸州市区、合江县、泸县、纳溪县、江安县、南溪县，宜宾市、南溪县、长宁县、高县、宜宾县、白沙县，内江市区，乐山市区，眉山市彭山县，成都市新津县、郫县、大邑县、金堂县、双流县、青白江区、新都区，德阳市，雅安市宝兴县、芦山县、荥经县，内江市简阳县，自贡市富顺县，绵阳市三台县[2]，重庆市重庆市区、巴南区、大足县、璧山县、永川市，贵州的金沙县，云南的昭通市等地区都有发现。有学者依据画像内容、形式和艺术风格等特点将画像石棺分布范围分为三个区：第一为岷江区，其范围主要包括川西平原以及临近部分岷江中游地区；第二为沱江区，主要包括简阳县以下的沱江中下游流域；第三为长江区，范围包括宜宾市至重庆市的长江沿岸地区[3]。我们认为，从研究方便考虑也可直接划定两个区域，即以成都平原为中心的川西平原区和以泸州为中心的川东南地区。实际上就是把三个区域划分中的沱江区并入到川东南区。当然，无论哪种划分方法，都表明泸州是汉代画像石棺的一个非常重要的分布区域，也是长江沿岸甚至川东南的一个中心。在这个区域内，画像石棺数量最多，保存情况也最好。据笔者调查的资料，泸州地区已发现的可移动的

[1] 壁画墓指在墓葬中用彩料进行绘画，与画像砖、模画像石有区别。目前仅发现于崖墓中，如中江塔梁子M3。
[2] 李生：《三台郪江崖墓出土画像石棺研究》，《四川文物》2004年第4期。
[3] 罗二虎：《汉代画像石棺》，巴蜀书社，2002年。

画像石棺数量近60具[1]，如果再加上画像崖棺的数量，约占四川地区已知画像石棺总数的三分之一。可见，从其数量也可以看出画像石棺在古代泸州地区盛行的情况，笔者甚至以为泸州地区很可能就是川东南画像石棺的一个中心。然而，目前对于泸州地区画像石棺却缺乏专门、系统的研究，发表的资料在科学性、完善性和准确性方面都有一定的缺失，从而制约了学者深入研究。这些不足都与该地区画像石棺数量不相匹配。

泸州地区画像石棺有着自己的传统和特色。一般地，石棺四周多云气纹、绳索纹、山形纹等作为边框，流行西王母、伏羲女娲、双阙、联璧纹，棺盖则多用柿蒂纹。装饰繁复，神仙信仰表现浓厚，完全可以对其进行深入全面的研究。

近年来泸州地区又出现大批画像石棺的新材料，特别是一些经过科学发掘出土的画像石棺，对于了解画像石棺及其在墓葬中的背景资料有重要意义。通过这些材料可以弥补以往采集的画像石棺信息不全的状况，也可以清晰地认识到石棺的摆放方式、各部位题材以及伴出物的情况，以便于更准确判定石棺年代。同时，近年来汉画像研究理论和方法也有了一定程度的突破，使画像石棺的深入研究成为可能。因此有必要对泸州地区汉代画像石棺做一个综合全面的梳理，明确文化发展序列，重构其区域特征，在此基础上利用一些新的方法去探讨其更深层次的社会、历史、文化意义。

特别值得一提的是，近些年画像石棺流失严重、保护状况堪忧。盗墓猖獗致大量画像石棺流入市场，有些画像石棺不易搬动，盗墓者不惜损坏文物，将有画像的部分切割下来，卖至市场。不重视、不了解也是画像石棺遭到毁坏的重要原因，有些石棺被当地居民用作牲畜食槽，甚至被打碎铺路。还有些在动乱年代流失。据合江汉代画像博物馆统计，新中国成立以来，仅合江一县就有十余具画像石棺被毁坏、丢失，而且至今很多崖墓中仍能看到画像石棺残片[2]。画像石棺是先民留给我们的宝贵历史财富，对其进行保护是我们的责任，选取这个课题的一个重要原因，也是希望能够扩大泸州画像石棺的影响，增强民众的保护意识。

2007年成都市委宣传部和泸州市委宣传部在大文化的宣传、推进和研究上结成了战略伙伴关系，两地拟定了许多合作的项目课题，《泸州画像石棺》课题即为其中的重要选题。

## 第五节  编写经过及体例

### 一、课题参与人员及撰写经过

《四川泸州汉代画像石棺研究》课题从2007年5月立项，具体由成都文物考古研究院（原成都文物考古研究所）与泸州市博物馆共同组织人员实施。为了该课题的顺利进行，成都文物考古研究院和泸州市博物馆共同成立了课题小组，分工协作，共同完成。课题组由成都文物考古研究院王毅院长和泸州市博物馆张燕馆长亲自挂帅担任主编，成员中成都文物考古研究院有：刘雨茂、陈云洪、索德浩、卢引科、李绪成、戴堂才（特聘四川省考古研究院退休拓片专家）、陈西平、王军、党国松、戴福尧、李升。泸州市博物馆有：彭文科、陈文、谢荔、徐华、赵兰。由刘雨茂任课题执行负责人（执行主编）。课题分两阶段进行，前期工作包括对泸州、卢县、合江等地的馆藏及野外画像石棺进行调查、统计、绘图、修复、拓片、摄影。后期则是对

---

[1]  有些石棺处于交通不便区域，难以运回，仍在墓葬中。
[2]  合江代画像石棺编委会：《合江汉代画像石棺》，中国戏剧出版社，2010年。

资料进行分析、整理和研究，最后分工撰写成文。

《四川泸州汉代画像石棺研究》课题原计划2008年底结题，但课题进行期间不幸遇上"5·12"汶川大地震。一时间，天崩地裂，江河哀鸣，震区人民陷入深深的灾难之中。震后在党中央的关怀下，在全国人民的支援下，全川人民积极投入到抗震救灾、自救重建的工作中，各地文物工作者更是全力投入到文物抢救、受损情况调查和修复、整理工作之中。这期间许多既定的工作都停顿了下来，《四川泸州古代画像石棺研究》课题的编写也延续至今方才完成。在全力投入抗震救灾工作的同时，成都博物院和泸州市博物馆双方仍尽量抽出时间对课题研究范围、框架、编写体例进行了多次的讨论和修改，为课题研究的顺利开展提供了保障。

## 二、本书体例和研究方法

本书分为三大部分：

第一部分介绍画像石棺的背景资料，主要是对泸州地区历史地理环境以及与丧葬有关的风俗进行了介绍，并回顾了泸州画像石棺的发现、研究情况，以及本课题的编写经过、报告体例等。

第二部分是报告泸州地区画像石棺资料，资料的介绍本着尽量全面、客观的原则，重点介绍新发现的石棺，对已经发表过的资料予以补充完善，在文字的基础上配以线图、拓片和照片，并对部分图像予以释读。这一部分以客观介绍为主，尽量不加入研究者的主观想法。其中在拓片和照片的基础上再配以线图的做法是以往类似著作中不曾见到的，这也是本书稿的一大特色，画像石棺线图的绘制本身就是一个研究的过程，它能将画像中许多局部的、细微的、拓片不能反映出的图像表现出来，从而提供给读者一个完整的文物资料信息，特别是那些无法见到实物的研究者据此有了身临其境的感觉。当然，这也是一个颇费功夫的工作，耗时费力，尤为不易。最终将考古资料完整呈现在读者面前，我们都感到很欣慰，功夫不负有心人，能给广大的研究者带来一份完整的考古实物资料也是我们心愿和初衷。

第三部分是综合研究部分。主要以考古类型学方法为基础对画像石棺的形制和部分出现频率较高的图像进行分类、分期、断代，梳理其文化年代序列。在基础研究完成之后，分析画像石棺的图像配置模式及象征意义。最后将其和画像崖墓、画像石椁、壁画墓、画像砖墓进行比较研究。

本书的研究方法：以考古学方法为基础，结合图像学和文献学的一些理论方法对画像材料进行综合研究。图像学和文献学各有利弊，不能偏废，然而近些年出现了重图像、轻文献的现象。范景中先生首先将图像学研究方法引入中国，并解释道："图像学，即视觉的阐释学，如果领会的好，运用得当，无疑它会成为中国艺术（特别是宗教和深化艺术）研究中的有效工具"，但是"图像学也沦为了某些人肆意阐释作品的一种招牌"[1]。邱忠鸣先生在谈文献的重要性时也批判了这种现象，"不幸的是，我们却似落入另一道天堑：西来的方法令人目眩神迷、眼花缭乱，恰似迷宫，能走出来的学者似不太多；而中国学者的传统优势却正在被阉割掉！两头不着边"[2]。

本书的论证方法大致为：先确定棺在墓葬中的位置和摆放方式，因为目前的画像石棺大多是采集的，无出土位置，所以必须确定棺的方位——前、后、左、右、上、下，才能将画像石棺立体信息表现出来，这不仅是客观描述棺各部位图像的前提，也是进一步研究的基础。目前利用传统考古学的方法对画像石棺进行分期、断代还存在一定的问题，过去的分期、断代实际上并不是依靠画像石棺本身，更多是参考出土画像石

---

[1]　范景中：《理想与偶像译后记》，《图像与观念：范景中学术论文选》，岭南出版社，1989年，315页。

[2]　邱忠鸣：《新美术史学视野下是否还需要文献研究？》，《考古与艺术史的交汇——中国美术学院国际学术研讨会论文集》，中国美术学院出版社，2009年，349页。

棺的墓葬，根据其形制、伴出物进行分期，这种断代方法本身没错，但问题是现有画像石棺资料多属于采集品，失去了出土的位置，导致画像石棺年代判定很宽泛。这是因为目前还没有很好的判定图像年代的方法，类型学对于实物的研究虽然取得了巨大成果，但是对于图像年代的判定似乎束手无策。在这里我们尝试采用考古类型学的方法对石棺上出现频率较高、具有时代特点的题材进行分期、分组，然后结合有纪年和科学发掘的材料进行分期断代，从而为进一步的研究奠定基础。

本书在对图像进行释读时，尽量利用榜题，特别是和中原、山东等其它区域的有文字的材料进行比较，并结合文献材料进行释读。在进一步的深入研究中，尽量采用近些年来美术考古中流行的方法来进行研究。当然我们并不是对这些方法进行生搬硬套，而是结合泸州画像石棺的特点，以画像石棺为单位，总结其配置模式，在了解其配置规律的基础上，探索其象征意义以及背后隐藏的丧葬习俗、信仰观念等信息。此种方法探索成分较多，抛砖引玉，希望能对画像石棺研究有所贡献。

# 第二章　泸州汉代画像石棺的发现与研究概况

## 第一节　画像石棺的研究对象

东汉时期，以四川、重庆为中心的巴蜀文化区域内流行用石质棺材作葬具。其形制大致可以分为仿木石棺和房形石棺，也有学者分为普通石棺和崖棺两类[1]。普通的石棺可以移动，而崖棺则与山岩体连接，不能移动。这种石棺主要盛行于东汉和蜀汉时期，魏晋时期在中原、山西等地区也有发现，有学者据此认为该地区的石棺雕刻艺术传统是受蜀地影响[2]。至唐、宋时期石棺在川南、洛阳等地仍可见到，然形状和画像内容已与汉魏时期有一定区别了。元明清以后，石棺的使用逐渐消失。

目前发现的汉代石棺数量很多，但其中多为素面，仅有部分装饰有图像，一般称之为"画像石棺"。众所周知，图像对于研究古代历史文化具有十分重要的意义，翦伯赞先生甚至认为"除了古人的遗物以外，再也没有一种史料比绘画雕刻更能反映出历史上的社会之具体的形象。"[3]

本书研究对象是画像石棺，其中也含画像崖棺（由于资料收集的限制，文中列举的画像崖棺很少）。区域仅限于泸州地区，含江阳区、龙马潭区、纳溪区、泸县、合江县、叙永县、古蔺县范围内汉代墓葬出土的画像石棺，其中主要为崖墓中出土。从出土画像石棺的分布范围来看，主要分布于泸州市区、合江、泸县三地，纳溪、叙永、古蔺三县发现不多。虽然画像石棺直至唐宋时期合江、泸县仍有发现，但并不作为本书的研究对象。

## 第二节　泸州画像石棺的发现

记载画像石棺较早的文献有北宋的《云笈七签》[4]，该书是择要辑录《大宋天宫宝藏》内容的一部大型道教类书。北宋天禧三年（1019年），当时任著作佐郎的张君房编成《大宋天宫宝藏》后，又择其精要万余条，于天圣三年至七年（1025～1029年）间辑成本书进献仁宗皇帝。该书的第一百二十二卷载：

> 嘉州东十余里，有东观，在群山中。石壁四拥，殿有石函，长三尺，其上旛鸟兽花卉，文理纤妙，邻于鬼工，缄锁极固，泯然于毫缕之隙。相传云是尹喜真人石函也。

[1] 罗二虎：《汉代画像石棺研究》，《考古学报》2000年第1期。
[2] 高文：《四川汉代石棺画像概论》，《四川文物》1997年第4期。
[3] 翦伯赞：《秦汉史·序》，见《翦伯赞全集》第二卷，河北教育出版社，2008年，14页。
[4] [宋]张君房编、李永晟点校：《云笈七签》第一百二十二卷，中华书局，2003年。

嘉州即今乐山，文中讲其东十余里山中有一殿堂内有一"石函"，石函上刻"鸟兽花卉"，应该就是画像石棺，但仅从其文字，无法确定其时代为汉。

目前能确认的汉代石棺最早记载于南宋人洪适的《隶释》，该石棺位于今四川彭山县，属于汉代张氏家族崖墓。墓内发现残破瓦棺一具和崖棺三具，在张宾公妻墓门左右石柱上有铭文。这则铭文对于研究崖墓、石棺及家族葬都非常重要，现引录如下：

> 维兮，本造此穿者，张宾公妻。子伟伯，伯妻孙陵在此右方曲内中。
>
> 维兮，张伟伯子长仲，以建初二年六月十二日与少子叔元俱下世，长子元益为祖父穿中，造内栖柱，作崖棺，葬父及弟叔元。[1]

据铭文可以了解到南宋时期对于崖墓的隧道和棺室称为"穿"和"内"，墓内的石棺称为"崖棺"，但由于洪适仅述"右方三崖棺泥秒充仞"，并未说其棺"依崖制作"[2]，与山体相连，不可移动，所以其"崖棺"的意思不一定同于本文。崖棺似无图像。

1914~1917年法国学者色伽兰（中文名又作谢阁兰）和法占等人组队在四川境内探险，首次发现汉代画像石棺[3]，该石棺位于彭山县高家沟282号崖墓内。后来葛维汉[4]、杨枝高[5]、常任侠[6]、罗希成[7]、任乃强[8]等在四川境内多地发现有画像石棺。

直至20世纪40年代泸州地区才发现第一具画像石棺[9]，解放后石棺发现数量逐渐增加，但是大多存放于文博机构内，资料并未发表，目前已经发现55具[10]，下面将发现情况简述于下：

20世纪40年代，四川省泸州市洞宾亭一带的崖墓中发现泸州地区第一具画像石棺，1985年收集至博物馆内。该石棺非科学发掘，墓葬情况不明，现陈列于泸州市博物馆，编号为泸州1号棺。

20世纪50年代，泸州市郊第二中学内发现一具画像石棺。该石棺也非科学发掘，墓葬情况不详，现陈列于泸州市博物馆，编号为泸州2号棺[11]。

1970年，泸州市龙马潭区大驿坝四川省水稻研究所附近发现一具画像石棺。棺已残，其前挡有双阙图，其它部位不详，现存于泸州市博物馆库房内，编号为泸州8号棺。

1970年，在泸州合江县密溪乡密溪园艺场新开山地中发现一具画像石棺。其墓葬情况不详，石棺棺身两挡以及一侧有图像。1998年11月运回合江汉棺博物馆内，编号为合江9号石棺。

1974年，泸州市龙马潭区大驿坝四川省水稻研究所附近的汉墓中（大驿坝2号墓[12]）又发现一具画像石棺。墓葬情况不详，棺身四周均有图像。该棺现陈列于泸州市博物馆，编号为泸州4号石棺。

1974年，泸州市小市镇杜家街小市骨胶厂内发现一座汉墓，墓内有画像石棺一具，墓葬情况不详。石棺棺顶和前后挡有图像，现陈列于泸州市博物馆，编号为泸州5号棺。

[1] [宋]洪适撰：《隶释·隶续》卷十三，中华书局，1985年。

[2] 周俊麒：《乐山东汉崖墓石刻文字考》，《四川文物》2001年第4期。高文、王锦生先生也认为此处"崖棺"是原岩石棺，见《四川新津县汉代画像石棺上之新发现(二)》，《四川文物》2003年第6期。

[3] Victor Segalen, La sculpture etles monuments funerires .Provinces du Chan-si et du Sseu-tchouan,mission archeoligique en Chine, 1914-1917,Paris,1923,plate LXVII.

[4] 葛维汉：《叙府发掘报告》，《华西边疆研究学会会志》卷八，1938年。

[5] 杨枝高：《四川崖墓考略》，《华文月刊》第一卷6期，1942年。

[6] 常任侠：《常任侠艺术考古论文选集》，文物出版社，1984年版。

[7] 罗希成：《蜀新津堡子山石窟内之石棺》，《美术生活》三十九期。

[8] 任乃强：《芦山新出土汉石图考》，《川大史学·任乃强卷》，四川大学出版社，2006年，40-59页。

[9] 此据泸州博物馆馆藏记录。

[10] 实际数量要稍多，因为有些棺原来是好的，在搬运过程已破碎，形制、图像已不详，未予统计。

[11] 高文、高成刚编成三号棺，见《中国画像石棺艺术》，山西人民出版社，1996年，44-45页。

[12] 罗二虎：《汉代画像石棺》，巴蜀书社，2002年，117-119页。

1978年，因为公路施工，在泸州合江县实录乡蒋湾村观音殿附近发现画像石棺一具，1998年11月运回合江汉棺博物馆内。该石棺所处墓葬情况不详，棺盖及四周均有图像，编号为合江10号棺。

1982年，泸州市区龙马潭区大驿坝又发现一座汉代墓葬，墓葬形制不详，墓内出土一具石棺及少量陶罐、盒等随葬品。石棺棺盖、棺身四周均有图像，现在陈列于泸州市博物馆内，编号为泸州6号石棺。

1984年5月，泸州江阳区干道麻柳湾新区的一座东汉崖墓中出土画像石棺一具。该墓早年被盗，随葬器物只出土陶鸡一件（残），碎陶片若干，石棺在墓中的具体位置不详。石棺棺盖、棺身四周都有图像，现陈列于泸州市博物馆，编号为9号石棺。

1984年7月，合江县城区张家沟1号崖墓中发现一座画像石棺。该墓早年被盗，出土数件陶俑、陶器残片等少量随葬品，石棺在墓中的具体位置不详。该棺现藏于合江汉棺博物馆内，编号为合江1号石棺[1]。

1987年9月，合江县胜利乡菜坝村草山上（合江城郊锻造厂基建工地）发现一砖室墓葬，后工作人员进行了清理，在墓室后部发现石棺两具。石棺盖、四周均有图像，此为泸州地区首次经科学发掘获得的画像石棺资料，有了简单的墓葬平面图，为画像石棺的研究提供了较为可靠的信息。限于当时条件，出土器物介绍不详，石棺如何摆放以及棺的前后挡如何界定并未叙述清楚，不利于进行深入的研究[2]。两具棺分别编号为合江2、3号石棺，现藏于泸州市博物馆库房内[3]。

1987年4月，在泸州市市中区新区计划生育指导站基建工地发现一座砖室墓，该墓距长江边约150米，墓砖上有纹饰，墓内出土一具画像石棺。石棺棺盖不存，棺身四周均有图像，现存于泸州市博物馆内，编号为泸州11号石棺。

1987年，第二次全国文物普查于合江榕右乡发现鱼天堂崖墓群[4]。崖墓均位于崖壁上，其中一座单室墓，距地面高约5米，墓室平面呈长方形，较为狭小，内并排放置两具画像石棺。左边石棺的前挡[5]为双阙，左侧图像车马，后挡为伏羲、女娲图像，右侧图像为半开门，棺盖是为柿蒂纹；右边石棺前挡也是双阙，左侧素面，棺盖上柿蒂纹，其它部位紧挨墓壁，难以识别。墓室右壁上刻有简陋的双阙纹饰。悬崖上，不易搬运，这两座石棺仍存留于崖墓中，编号为合江6、7号棺。

1994年12月9日，为配合基建，合江文管所对合江县城区张家沟2号崖墓(合江县公安局联建房施工中发现)进行了清理。该墓早年被盗，在墓道中发现陶鸡、俑、罐等残片。墓室内未见到随葬品，仅在墓室正中有一具画像石棺，棺身四周均有图像。该棺现藏于合江汉棺博物馆内，编号为合江4号石棺。

1995年1月16日，合江县城区张家沟5号崖墓中出土二具画像石棺。墓葬情况不详，石棺棺身四周均有图像，一具保存完好，编号为合江5号石棺；另一具图像有宅第、车马出行等，但已残，具体情况不详。石棺现藏于合江汉棺博物馆内。

1996年2月14日，在合江县合江镇黄溪后五嘴处发现一座东汉墓，墓中出土一具画像石棺。墓葬情况不详，石棺两挡有图像，现藏于合江汉棺博物馆内，编号为合江11号石棺。

1996年1月22日，在合江县实录乡慈竹村发现一座东汉墓，墓内出有一具画像石棺。墓葬情况不详，石棺四周有图像，现藏于合江汉棺博物馆内，编号为合江12号石棺。

1996年12月6日，在合江县合江镇柿子田村发现一座汉代墓葬，墓内出土两具石棺。墓葬情况不详，两

[1] 王开建：《合江县出土东汉石棺》，《四川文物》1985年第3期。
[2] 谢荔、徐利红：《四川合江县东汉砖室墓清理简报》，《文物》1992年第4期。
[3] 其中合江2、3棺被编为泸州12、13号棺。
[4] 笔者曾亲自到崖墓地点考察。
[5] 关于石棺的方位，后文有详细的论证。

具石棺棺身四周均为四神图像，现藏墓葬合江汉棺博物馆内，编号为合江13、14号石棺。

1997年5月，在合江县白米乡碾子塝村大耳朵崖墓群[1]中发现两具石棺。大耳朵崖墓群墓葬数量较多，多为单室墓，但两座石棺具体出土于哪座墓葬，已无法确认。两具石棺一具四周有图像，一具素面，现藏于合江汉棺博物馆内，编号为合江15、16号石棺。

1998年10月19日，在合江县实录乡幸福村柏树窝发现两具画像石棺。墓葬情况不详，两具石棺其中一具保存完好，棺身两挡及一侧有图像；另一具已残，主要图像为青龙、白虎和柿蒂纹。石棺现藏于合江汉棺博物馆内，编号为合江17、18号石棺。

1998年12月5日，在合江县实录乡幸福村观音岩附近发现一座东汉墓，墓内出有一具画像石棺。墓葬情况不详，出土石棺棺身四周都有图像，现藏于合江汉棺博物馆内，编号为合江19号石棺。

1998年10月18日，合江县白米乡碾子塝村的一座东汉墓中出土一具画像石棺。石棺棺身一挡已残，残存部分有图像，现藏于合江汉棺博物馆内，编号为合江20号石棺。

1998年7月29日，合江县虎头乡真武村渔连子的一座东汉墓中出土一具画像石棺。石棺略残（青龙图左上角残），四周均有图像，现藏于合江汉棺博物馆内，编号为合江21号石棺。

1999年7月20日，合江县城少岷路香樟林大坟坝附近出土一具画像石棺。墓葬情况不详，棺身四周均有图像，现藏于合江汉棺博物馆内，编号为合江22号石棺。

2000年10月21日，合江县合江镇黄溪村出土两具画像石棺。其中一具保存较好，四周均有图像；另一具，残甚，可观察到羽人、双阙、建筑等图像，现藏于合江汉棺博物馆内，分别编号为合江23、24号石棺。

2001年上半年，泸县云龙镇农贸市场工地中发现一汉墓，墓内出土一具画像石棺。墓葬情况不详，石棺现存于泸县文物局，编号泸县1号石棺。

2002年10月24日，合江县白米乡铜锣村四组发现两具画像石棺。两具棺四周都有图像，现藏合江汉棺博物馆内，分别编号为合江25、26号石棺。

2003年2月，泸县福集镇白云村一汉代崖墓内出土一具画像石棺。墓葬情况不详，棺已残，有图像，现藏泸县文物局内，编号泸县3号石棺。

2003年，在龙马潭安宁镇良丰村出土一具"五女"画像石棺。墓葬情况已不详。棺盖、棺身四周均有图像，一侧还有"五女"铭文，现藏于泸州市博物馆，编号为泸州12号棺。

2005年8月8日，泸州市龙马潭区石洞镇顺江村一座东汉崖墓中出土一具画像石棺[2]。墓葬早年被盗，内素面崖棺2具，画像石棺一具，棺盖、棺身四周均有图像，棺一侧刻有铭文"延熹八年闰月五日兹是仪寿百年"。该棺现藏于泸州市博物馆，编号泸州13号棺[3]。

2007年1月，四川省泸州市龙马潭区大驿坝木岩村天立翰林苑一座东汉墓中出土一座画像石棺。墓葬情况不详，石棺的两挡、一侧有图像，现存于泸州博物馆库房内，编号泸州14号棺。

2007年5月，《泸州画像石棺研究》课题组联合合江县汉棺博物馆对早年已暴露在外的合江县白米乡碾子塝村一组大耳朵崖墓群中的三座墓葬进行了抢救性的清理，在M3内发现了三具棺，其中两具石棺、一具陶棺。M3已被盗扰，两具石棺靠近墓口一挡（前挡）均被盗墓者破坏。石棺上图像：右边棺[4]前挡为伏羲，后挡为女娲，左边蟾蜍、玉兔、三足乌等西王母周围的神兽，右边为双阙和半开门图像；左边棺前挡为伏

---

[1] 笔者曾在该崖墓群考察，并清理过三座崖墓。

[2] 邹西丹：《泸州市石洞镇发现东汉"延熹八年"纪年画像石棺》，《四川文物》2007年第6期。

[3] 未见原始编号，此号为笔者临时所编。

[4] 以墓中死者面对墓门方向为基准点。

羲，后挡为女娲，左边双阙和房屋，右边为西王母和六博图等。墓内出土陶器有罐、马、钵、盆、瓮、甑、钵、俑、仓、瓮等，铜器有环、五铢钱，铁器有环首刀，时代为初步判断为东汉中期偏晚[1]。两具石棺2010年10月运回合江汉棺博物馆内收藏，编号合江30、31号棺。

2008年3月，泸县云龙镇一汉墓中出土一具画像石棺。墓葬情况不详，棺略残，盖、棺身四侧均有图像。该棺现藏于泸县文物局，编号为泸县2号棺。

2008年4月，合江县合江镇桥凼村二社棉花嘴出土一具画像石棺。主要图像为阙、西王母图像，现藏于合江汉棺博物馆内，编号为合江27石棺。

2008年3月，泸州市博物馆、泸县文管所工作人员对泸县太伏镇永利村3组烟灯山上牛石凼崖墓群中一座已暴露崖墓进行了清理，单室墓，墓室后部左侧有一崖棺，棺前挡阴刻朱雀衔珠，左侧为车马出行图[2]。

2010年11月23日，合江县魏家祠村7社百院子旧房改造时，发现1具画像石棺。墓葬情况不详，棺盖上为联璧纹，前挡为双阙，后挡为伏羲女娲，左侧为树木、人物、建筑、舂米图，右侧为联璧纹。石棺现收藏于合江汉棺博物馆，编号合江32号棺。

2010年12月12日，合江白米乡碾子村下白沙发现一具画像石棺。主要图像为宴饮，现藏合江汉棺博物馆，编号为合江33号棺。

2010年9月17日，在泸州合江县魏家祠密溪沟崖墓中出土两具石棺。石棺一具素面，一具有双阙、伏羲女娲等图像，现藏于合江汉棺博物馆内，其中有图像的石棺编号为合江27石棺[3]。

泸州江阳大坪市政大院出土一具"秋胡戏妻"画像石棺。石棺出土时间和墓葬情况不详，现藏于泸州市博物馆，编号为泸州15号棺。

泸县石寨乡久桥村沙洞子崖墓群三号崖墓中有两具崖棺，两具棺身上有图像[4]。

纳溪县石棚乡蒲灏子崖墓内发现一具画像崖棺，棺上有房屋和杂耍图像[5]。

目前泸州地区墓葬中发现的画像石棺的存放大概有三个途径：1. 收藏在文博机构内；2. 由于搬运的困难仍然存放在崖墓内；3. 被盗后大量流入民间甚至国外。本书所述的画像石棺皆收藏于文博单位内，其来源有三种：1. 征集；2. 出土；3. 追缴盗掘。

从上面的介绍来看，泸州地区虽然在20世纪40年代已经发现画像石棺，但是并没有引起足够的重视，更没有专门的机构收藏、研究。20世纪50年代以后，陆续出土一批画像石棺，文博部门开始予以收藏和保护。20世纪80年代至今，随着建设项目增多，画像石棺发现数量也大为增加，馆藏的石棺多是这个阶段发现的，其价值逐渐引起研究者和相关机构的重视。

然而这些珍贵的画像石棺一直藏于博物馆内，少人关注。直至80年代以后，部分资料才陆续被发表出来，逐渐引起重视。泸州6号石棺最早由高文发表于1985年[6]，同年王开建发表合江1号石棺[7]。1987年，高文编写《四川汉代画像石》，收录了泸州6号石棺[8]。1988年，高文、高成英又对四川新出土或者尚未报道

---

[1]　发掘工作记录《泸州汉代崖墓调查及合江汉代崖墓清理简报》曾发表于《泸州文物》2007年第2期。正式的简报正在整理中。

[2]　泸州市博物馆：《泸县出土画像石棺》，《四川文物》2010年第6期。

[3]　合江二十七号至三十三号石棺为新发现石棺，材料本书未及使用，将在成都文物考古研究所与合江县汉棺博物馆合作的"合江汉代画像石棺"课题中发表。

[4]　高文、高成刚：《中国画像石棺艺术》，山西人民出版社，1996年，124页。

[5]　高文、高成刚：《中国画像石棺艺术》，山西人民出版社，1996年，123页。

[6]　高文：《绚丽多彩的画像石——四川解放后出土的五个汉代石棺椁》，《四川文物》1985年第1期。

[7]　王开建：《合江县出土东汉石棺》，《四川文物》1985年第3期。

[8]　高文编：《四川汉代画像石》，巴蜀书社，1987年。

的画像石棺进行介绍、考释，其中有泸州1、2、4、5、9号等五具石棺，并对合江一号棺图像进行了详细的报道[1]。1991年，谢荔又重新介绍了泸州1、11、12、13号石棺。张遐龄、陈鑫明在考证泸州画像石棺上的鱼雀图时也介绍到多具泸州画像石棺情况[2]。1992年，谢荔、徐利红编写了考古发掘简报，详细介绍了12、13号（合江2、3号）石棺的出土情况[3]。1995年，王庭福、李一洪编写了发掘简报，发表合江4号棺资料。1996年，高文、高成刚编著了《中国画像石棺艺术》一书，收录泸州1、2[4]、5、7、9、11号石棺，合江1、2、3号石棺，纳溪石棚乡一具画像崖棺、泸县沙子洞两具画像崖棺[5]。1997年，高文编写的《四川汉代石棺画像集》收录了合江1、2、3、4、5、6、7、9、10号棺，泸州1、4、5、7、9、11、12[6]、13[7]号石棺，纳溪石棚乡一具画像崖棺、泸县沙子洞两具画像崖棺，此书是迄今收集画像石棺资料最多的一本图录[8]。1998年出版的《巴蜀汉代画像石集》，收录了泸州1、13号棺、合江1号棺等局部图像拓片[9]。2000年出版的《中国画像石全集》第7卷《四川汉画像石》收录了合江1、2、3、4、5、6，泸州1、4、7、9、11号石棺，纳溪画像崖棺[10]。2002年出版的《汉代画像石棺》收录了泸州1、2、4、5、6、9、11号棺，合江1、2、3号石棺，很多资料为罗二虎先生亲自考察测绘，介绍更为详细，然许多资料仅为作者草绘，没有拓片资料发表，科学性和准确性稍显缺欠。2007年，泸州15号石棺的简报发表[11]。同年，王庭福考释了合江1号至22号石棺，但资料的介绍过于粗略[12]。2010年，笔者参与编写发表了泸县牛石凼崖墓M1内的画像崖棺[13]。2010年《合江汉代画像石棺》一书出版，以表格的形式介绍了合江汉代画像石棺发现情况，但该书以分类为基础偏重于图像考释，对石棺图像的介绍较为简略[14]。其它还有零散的介绍[15]。

从上面的介绍来看，目前已见诸于各种刊物的画像石棺已有35具，但仅有十多具资料报道较为详细，其它介绍多不全面，甚至仅发表棺身上部分图像。限于当时的田野工作情况，资料的介绍过于简单，多注重重要位置画像，忽略出土位置、摆放方式、墓葬形制以及随葬品等背景资料。即使科学发掘的石棺，其报道也过于简单，多是以拓片的形式介绍石棺图像，背景信息几乎不予关注，给画像石棺的深入研究造成了一定的困难，导致研究者过于关注单幅或者局部图像，割裂图像之间的逻辑联系。2000年以后研究者开始注意到资料发表存在的问题，尽量介绍画像石棺和墓葬背景关系，将画像石棺作为墓葬的一个组成部分，尽可能将整个棺的形制予以详细介绍，并标明棺身每个位置的图像。

借鉴前人的经验，本书拟将全面、细致地介绍新收集到的泸州地区画像石棺资料，已经发表过的资料尽可能完善，补充棺的形制，标明图像在棺身的位置、雕刻方法，如果有可能的话，尽可能将棺在墓葬中的位置、形制以及伴出物都详细的报道出来，全面发表每一幅棺的拓片、照片、线图，让读者尽可能得到每一具

[1] 张遐龄、陈鑫明：《泸州出土汉画像石棺鱼雀图考》，《四川文物》1991年第1期。
[2] 谢荔：《泸州博物馆收藏汉代画像石棺考释》，《四川文物》1991年第3期。
[3] 谢荔、徐利红：《四川合江县东汉砖室墓清理简报》，《文物》1992年第4期。
[4] 书上误写成三号石棺。
[5] 高文、高成刚：《中国画像石棺艺术》，山西人民出版社，1996年。
[6] 据其原始编号，泸州12号石棺实际上合江的2号棺，此处应为高文先生重新编号，但笔者在泸州博物馆内又未见到该棺，无法确定其原始编号，有可能是经过多次搬运该棺已经破碎。
[7] 本文所述的8号棺。
[8] 高文：《四川汉代石棺画像集》，人民美术出版社，1997年。
[9] 龚廷万、龚玉、戴嘉陵：《巴蜀汉代画像集》，文物出版社，1998年。
[10] 中国画像石全集编辑委员会编：《中国画像石全集》第7卷《四川汉画像石》，河南美术出版社，2000年。
[11] 邹西丹：《泸州市石洞镇发现东汉"延熹八年"纪年画像石棺》，《四川文物》2007年第6期。
[12] 王庭福：《合江画像石棺考释》，《泸州文物》2007年第2期。
[13] 泸州市博物馆：《泸县出土画像石棺》，《四川文物》2010年第6期。
[14] 合江代画像石棺编委会：《合江汉代画像石棺》，中国戏剧出版社，2010年。
[15] 晏满玲：《泸州地区汉画资源调查与分析》，载于《中国汉画学会第十二届年会论文集》279页，中国国际文化出版社，2010年。

画像石棺的立体信息。

## 第三节　泸州画像石棺研究概况

汉画像石研究历史很长。最早著录汉画像石的大抵是东晋人戴延之的《西征记》：

> 戴延之《西征记》曰：焦氏山北数里，汉司汉校尉鲁峻穿山得白蛇、白兔，不葬，更葬山南，凿而得金，故曰金乡山。山形峻峭，冢前有石祠、石庙，四壁皆青石隐起。自书契以来，忠臣、孝子、贞妇、孔子及弟子七十二人形像，像边皆刻石记之，文字分明，又有石床，长八尺，磨莹鲜明，叩之声闻远近，时太尉从事中郎傅珍之、谘议参军周安穆拆败石床，各取去，为鲁氏之后所讼，二人并免官，焦氏山东即金乡山也。[1]

北魏时期的《水经注》对各地画像石多有记载。宋代以后对于汉画像石的著录、研究逐渐增多起来，直至20世纪之前，其方法仍然以金石学为主，多是在图录的基础上，结合文献对图像内容进行考释。20世纪以后，随着近现代特别是新中国成立以来考古事业的发展，各地画像石资料有了大幅增加，同时在研究方法上引入了现代考古学研究方法，著述大量增加，特别是近一二十年，画像石研究进入极盛时期。

画像石棺虽然也属于画像石的一类，但是关注者甚少，至于泸州地区的汉代画像石棺在20世纪80年代之前更是无人注意。当然，这和泸州画像石棺的资料大量未整理发表有很大的关系。上文已谈到直至20世纪80年代泸州画像石棺才逐步公开发表，所以大量整理研究也是从那时开始。

根据侧重点的不同，研究大致可以分成两个阶段：

第一阶段，20世纪80年代至20世纪末。

这一阶段侧重点是报道画像石棺资料，并在报道的基础上对图像进行释读，其著述主要形式为简报和图录。上文已经列出这个时期的主要报告和图录，不过这些著述不是单纯的对石棺进行叙述，还对石棺图像内容进行了不同程度的考释，如高文等发表的《四川出土的十一具汉代画像石棺图释》、《绚丽多彩的画像石——四川解放后出土的五个汉代石棺椁》、谢荔的《泸州博物馆收藏汉代画像石棺考释》等都结合文献对石棺上的西王母、阙、车马、四神、伏羲、女娲、鼎等图像进行了考释、认证。此为该阶段泸州画像石棺研究的最重要特点。

图录著作以《中国画像石棺艺术》、《四川汉代石棺画像集》最有影响，前者不仅收录了图像，而且还结合文献进行简单的考证。

此阶段还出现一些专题研究文章，如张遄龄、陈鑫明对泸州画像石棺上的鱼雀图进行考证，认为鱼雀同图意义："一是息居川南河谷先民图腾的标记；二是一种宗教祈祷；三是生产生活的一个典型缩影。"[2]夏忠润对合江东汉砖室墓出土石棺上"玄武"图像也进行了一些考辩[3]。

此阶段还有一些综合性的研究文章。如高文的《四川汉代石棺画像概论》[4]、《四川汉代画像石棺艺术

[1] 引自《水经注·济水》，见陈桥驿《水经注校释》卷八，杭州大学出版社，1999年，136—137页。
[2] 张遄龄、陈鑫明：《泸州出土汉画像石棺鱼雀图考》，《四川文物》1991年第1期。
[3] 夏忠润：《四川合江县东汉砖室墓石棺盖"玄武"质疑》，《文物》1993年第3期。
[4] 高文：《四川汉代石棺画像概论》，《四川文物》1997年第4期。

研究》[1]、《中国画像石棺艺术研究》[2]等文章，对画像石棺的渊源、研究史、雕刻技术、演变等内容进行了论述，其重点是对石棺上的画像内容进行分类：一是反映现实生活场景，如车马出行、宴饮、乐舞、历史故事、杂耍、民间巫术等；二是向往天堂世界的理想化生活场景，如天门、秘戏、天象图等；三是反映神仙鬼怪传说和图腾的画面；四是装饰性图案（这些著述虽然是以四川或是整个中国的画像石棺为研究对象，但是所用材料许多都出自泸州地区）。林巳奈夫对四川的画像石棺进行了论述，但其研究较注重经验性，缺乏严密的逻辑论证，更像是一部普及性著作[3]。

这一阶段最为重要的研究莫过于巫鸿的《四川石棺画像的象征结构》一文[4]，该文通过对几个例子的讨论认为"东汉石棺的画像装饰遵循着一种结构程序：天空的场景出现在顶部；入口的场景和宇宙的象征分别占据着前挡和后挡；石棺两侧的画面由多种题材组合而成，总是突出某种特定主题，如灵魂的护卫、宴饮、超凡的仙界或儒家的伦理。"将画像石棺看做一个"微型宇宙模式"。相比于结论，此文的论证方法才是最有价值的地方，不再局限于对文献的考证，而是希望着力解释各个画像之间在形式和意义方面的关系。最后得出"出处不同的单独画像往往构成一个结构严谨的图像组合"的论断。此文作于1987年，直到2005年以后才被翻译引进到国内，对国内研究者的思路产生巨大的影响。

第一阶段的基础工作为以后的系统和深入研究奠定了基础。

第二阶段，21世纪初至今。

此阶段资料报道有所减少，综合研究性文章增多，研究的方法有很大的改进，研究的深度和广度也得到了增加。

这一时期少见新资料，泸州"延熹八年"石棺是该时段较为重要的发现[5]。《四川汉画像石》虽然是该时期新出的图录，但基本未见新资料[6]。仍有部分文章承袭了前一阶段的研究方法，如王庭福对合江画像石棺的考释[7]，新出版的《合江汉代画像石棺》也是着重于对图像的诠释[8]。

也有一些专题性文章，如姜彦文先生的《四川汉代石棺六博画像艺术初步研究》，对石棺上六博图像进行了系统分析，虽非专门针对泸州地区，但其研究的过程和结论对该地域的此类图像有一定的参考价值[9]。

特别值得一提的是综合研究成为主流。罗二虎先生的《汉代画像石棺》、《汉代画像石棺研究》是该时期代表作[10]。罗二虎先生对汉代画像石棺进行实地考察、测绘，收集了百具以上的资料。其研究主要分为以下几部分：第一部分，根据石棺形制进行类型学的研究，了解石棺的结构与制作方法，对画像雕刻技术及艺术风格也有所涉及。第二部分，将石棺画像内容分成两大类：1. 仙境与升仙；2. 驱鬼镇墓，将以往所认为的反映现实社会生活、历史人物故事图像统统归入仙境与升仙中，还结合文献对各类题材进行考释。第三部分，分区、分期研究，将画像石棺分成三区、三期，三区为岷江、沱江、长江三区，三期为东汉早中期、东汉晚期、东汉末至蜀汉时期。另外，文中还对葬俗、族属、画像石棺渊源进行了论述，但其中根据车马出行

[1] 高文、范小平：《四川汉代画像石棺艺术研究》，《中原文物》1991年第3期。
[2] 高文、范小平：《中国画像石棺艺术研究》，见《中国画像石棺艺术》，山西人民出版社，1996年。
[3] 林巳奈夫：《刻在石头上的世界》第十三章，商务印书馆，2010年。
[4] 巫鸿：《四川石棺画像的象征结构》，载于《礼仪中的美术》，三联书店，2005年。
[5] 邹西丹：《泸州市石洞镇发现东汉"延熹八年"纪年画像石棺》，《四川文物》2007年第6期。
[6] 高文：《中国画像石全集》第7卷《四川汉画像石》，河南美术出版社，2000年。
[7] 王庭福：《合江画像石棺考释》，《泸州文物》2007年第2期。
[8] 合江汉代画像石棺编委会：《合江汉代画像石棺》，中国戏剧出版社，2010年。
[9] 姜彦文：《四川汉代石棺六博画像艺术初步研究》，《中国汉画学会第十二届年会论文集》229页，中国国际文化出版社（香港），2010年。
[10] 罗二虎：《汉代画像石棺》，巴蜀书社，2002年；罗二虎：《汉代画像石棺研究》，《考古学报》2000年第1期。

图像来判断墓主身份的方法值得探讨。其博士论文《西南汉代画像与画像墓研究》也论述到画像石棺诸方面问题，内容和观点与以上两篇著述相近[1]。晏满玲将泸州地区画像石棺内容分为五类，即生产图像、世态风情、建筑、神鬼祥瑞及图案花纹，并对雕刻技法、构图等进行了讨论[2]。

该阶段的论证思路和方法有了明显的变化。思路更注重以当时人们的观念来思考画像的内容及意义。具体研究方法上，眼光不再局限于单幅画像，而是关注画像之间的联系、配置方式、象征意义以及背后所隐藏的精神世界。朱存明先生认为四川石棺画像反映了汉代人把石棺作为一个完整的宇宙世界的观念，通过对棺身上图像的考察，汉代画像的选择和配置是严格按照当时人们的宇宙观进行的，小小的石棺画像是宇宙象征主义的，棺盖位置配置代表天上的图像或者符号，四壁配置有关幽明两界的内容。"与墓地、享堂、椁棺画像是一致的。"[3]其思路明显受到巫鸿、信立祥等影响。汪小洋先生以宗教视角为立足点讨论石棺画像，画像石棺相对于中原地区画像石有自己的特色，特别是其"天门"是标志性图像要素，画面主题有程序化的特点[4]。

一些关于画像石综合研究的专著，也有涉及四川画像石棺的内容。王建中先生《汉代画像石通论》中专辟章节叙述画像石棺[5]，信立祥先生的《汉代画像石综合研究》也拿出很大篇幅论述画像石棺，他通过对画像石棺各部位图像的论证，认为"在雕造这些石棺的石匠观念中，小小的石棺是一个完整的宇宙世界"，棺盖位置配置天上图像，四壁表现幽明两界关系的有关祭祀墓主内容画像，这一点与墓室、祠堂画像一样。还对石棺上的双阙图进行了考释，认为四川发现的双阙不完全都是"天门"[6]，这与赵殿增、袁曙光二位先生的观点有差异[7]，后者认为石棺画像中双阙符号即代表"天门"。

还有一些文章并不是专门论述画像石棺，但是涉及到了部分题材内容。比如对于天门、伏羲女娲[8]、半开门[9]、车马出行[10]、秋胡戏妻[11]等图像的论述，对于研究泸州地区石棺图像均有重要作用。

总的来说，泸州地区画像石棺资料已经积累到了一定的程度，前人也做了大量基础性工作，使进一步深入研究成为可能。

但这一阶段依然存在一些问题亟待解决。

1. 一些画像内容未能释读或存在争议。

这个问题比较普遍，比如很多棺盖上常见到"柿蒂纹"，在汉代如何称呼？这种图案为什么会出现在墓葬之中？有学者也认识到"它的象征与含义却几乎无人谈及"[12]，有些学者认为是代表天界的符号，但是缺乏严密的论证。还有石棺上的"树"、"鸟、鱼"、"五女"等图像究竟代表着什么？争论也颇多。所以图

[1] 罗二虎：《西南汉代画像与画像墓研究》，四川大学年博士论文，2002年。
[2] 晏满玲：《泸州地区汉画资源调查与分析》，《中国汉画学会第十二届年会论文集》，中国国际文化出版社（香港），2010年。
[3] 朱存明：《四川石棺画像的象征模式》，《民族艺术》2004年第4期，又见于《汉画像的象征世界》第四章第三节，人民文学出版社，2005年。
[4] 汪小洋：《汉画像石棺的宗教认识》，《江苏广播电视大学学报》2004年第4期。实际上该文是节选自其博士论文《汉画像石宗教思想研究》，南京艺术学院博士学位论文，2004年。
[5] 王建中：《汉代画像石通论》，紫禁城出版社，2001年。
[6] 信立祥：《汉代画像石综合研究》第五章，文物出版社，2000年。
[7] 赵殿增、袁曙光：《"天门"考——兼论四川汉画像砖(石)的组合与主题》，《四川文物》1990年第6期。
[8] 刘渊：《汉代画像石上伏羲女娲特征研究》，四川大学硕士学位论文，2005年。
[9] 盛磊：《四川"半开门中探身人物"题材初步研究》，《中国汉画学会第九届年会论文集》，中国社会出版社，2004年。
[10] 李立、谭思梅：《汉画车马出行画像的神话学诠释》，《理论与创作》2004年第6期。
[11] 江玉祥：《汉画〈列女图〉与〈秋胡戏妻〉图像考》，《四川文物》2002年第3期。
[12] 罗二虎：《汉代画像石棺研究》，《考古学报》2000年第1期。

像题材的考释还有待于进一步的完善，此为深入研究画像石棺的基础，一旦基础研究出现问题，争议也就不可避免。试想如果每一个图像我们都能清楚知道名称和内涵，那么图像之间的联系，图像背后隐藏的意义也就很自然的流露出来。

目前画像内容的释读方法仍存在很大局限性，往往限于单幅画面或者画面中的某个片段，这种释读方法割裂了同一墓葬、石棺不同部位的画像之间的联系，脱离画像出土的环境，其结果具有片面性、主观性，无法让人信服。

2．论证思路和方法较为狭窄，使研究深度难以继续突破。

图像的考释方法仍以金石学为主，深层次的研究缺乏必要的理论和方法，往往沦为经验性的推测，且缺乏严密的推论过程。甚至有学者认为"汉代画像石的研究已经达到很高的水平，在没有新材料出土的情况下，要想再突破，并且在整体上对汉代画像石有所贡献，是相当困难的。因此，不少人认为，汉代画像石的研究应当稍放一放。"[1]笔者于此不敢苟同。首先，这种等的态度不符合科学研究的精神，学术无涯，汉画像研究不可能在某一代人手中就达到最高峰、无法突破；其次，汉画像研究的困难在于研究思路和方法出现了瓶颈，这个问题不解决，堆积再多的新资料也起不到多大作用。杨孝鸿先生认为汉画学研究"仍存有某些传统方法论的沿袭现象束缚着汉画学研究的视野，或针对个别图象的考证、寻找古代风俗的来源承脉，或陵墓形制和其反映社会关系等问题，或历史、神话的问题，总感于零散、不系统，'游击作战'局面，难能窥视出或掌握住墓葬图象的主题思想，在某些图象或整体坟墓之布局、明器之置位无法解析出它们之间的内在密码性，从而失去汉代画像学术研究的整体、系统观，不利于全方位的深层次的开拓。"[2]陈淳先生以良渚文化研究为例对这种现象进行了批判，"考古发掘和发现纯粹在量上的积累是根本无法增进我们对过去文明发展了解的，除了发掘出一些重复的考古遗存或偶尔发现一些大墓来补充我们对该文化时空分布的了解之外，如果没有解决问题的思路，这样低层次的发掘实际上是文明探索的死胡同"[3]。所以汉画研究目前最迫切的任务是转换思路和方法，研究理论和方法一旦改变后定会有很大的收获，近些年美术考古引进了巫鸿先生的研究方法就是一个很好的例子。

3．对汉代四川地区的文化背景了解不够。

汉代中原地区的政治、经济、文化都对四川有很大的影响，如石棺画像上的"孔子见老子"、"秋胡戏妻"、"聂政刺韩王"、"董永侍父"等图像很明显是从中原传来。然而巴蜀文化并未因此淹没于大一统的文化中，她继承了很多先秦文化传统，并在新的环境下形成了具有区域特色的文化。如画像石棺这种葬具目前就仅见于巴蜀文化区，石棺上的画像具有浓厚的升仙气息与中原地区有很大的差异。所以对石棺画像的释读必须在巴蜀文化大背景下进行。如果研究者不了解这一点，看到图像就随手引用文献来予以释读，必然会出现误差。因为汉代存世文献以中原文化区最多，而以中原文化为背景的文献不一定能代表巴蜀区域文化特点，这也是利用文献释读图像常为人所诟病的地方。谢柏轲先生在评价楚墓帛画研究时发出感叹："我们真能相信如此精细的工作、天衣无缝的画面，是以如此散漫不一的文献材料作为创作背景的吗？一个形象来自于这个文献，一个形象来自于那个文献？"[4]应该说，石棺画像研究也存在这样的问题。当然，并不是说古文献不可靠，前提是要了解画像材料的背景，在这个大背景下引用属于该文化背景的文献材料，才能正确释读画像的含义。那汉代巴蜀地区的文化背景又是什么样子呢？目前的研究过于零散、不系统，我们将尽可

---

[1] 杨爱国：《幽明两界——纪年汉代画像石研究》，陕西人民美术出版社，2006年，14页。
[2] 杨孝鸿：《汉代羽化意志及其墓葬图像构造》，《四川文物》1995年第4期。
[3] 陈淳：《考古学理论》，复旦大学出版社，2004年，263页。
[4] 转引自巫鸿：《礼仪中的美术——马王堆再思》，载于《礼仪中的美术》，三联书店，2005年，101页。

能在这方面进行探索。要了解石棺上的图像，根本的是了解汉代巴蜀地区生死观、宗教观的问题，古代巴蜀人死后的世界是什么样子？有哪些鬼神信仰和风俗习惯？当时的宗教信仰是怎样的？利用哪些巫术、方术服务于人？如果这个背景了解清楚，笔者相信画像石棺的研究定会有一个突破。

　　4．画像石棺的年代问题。

　　由于大部分画像石棺非科学出土，所以其年代的判定一直是个难点，为避免错误，多数研究者给定的年代都很宽泛，或是东汉晚期，或是东汉。有学者虽然对四川大部分石棺进行了重新断代，"但是仍有一部分画像石棺由于墓葬和随葬品等相关物不详，从而无法进一步断代"。[1]年代是基础研究，缺乏具体年代的石棺便无法确定其详细的历史背景，何谈深入研究？

---

[1]　罗二虎：《汉代画像石棺》，巴蜀书社，2002年，243页。

# 第三章　泸州画像石棺

　　介绍画像石棺之前必须先了解清楚画像石棺的方位，即画像石棺在墓葬中的摆放位置、方向以及各部位所对应的图像。这个问题看起来很简单，但是从目前的材料来看，并无准确结论。原因有三：一、以往发表的画像石棺多是采集品，出土情况记录不详，在墓中的摆放情况已然无法探究；二、资料的发表形式以拓片为主，过于关注图像，而棺的形制、方位往往忽略不提；三、由于发掘、研究水平限制，往往忽视了这个问题，即使偶有科学发掘的墓葬，图、文、照资料多不完善，对于石棺方位的介绍往往语焉不详，难以确认。其中最根本的原因是受到时代研究水平制约，20世纪之前多注重图像的释读，很少关注图像之间的联系、象征意义等深层次的问题，所以忽略石棺的方位问题。

　　本书对于石棺方位的确认主要根据几具科学发掘的石棺，如泸州13号棺、合江鱼天堂画像石棺、大耳朵崖墓群石棺，这几具石棺位置确定，大致相同的画像配置模式可以依次判断。如确实无法确认，以棺中死者为参考基点，界定石棺前后左右，即使笔者判断错误，读者亦可据此复原石棺各部画像。

　　泸州汉代画像石棺主要分布在泸州市区、泸县及合江县境内，多出土于沿江、河两岸分布的崖墓中（图一）。泸州市区集中分布于龙马潭区、江阳区等地沿江崖墓及砖室墓中。合江县除城区范围内发现有大量画像石棺外，在胜利乡、密溪乡、实录乡、榕右乡、白米乡、虎头乡等地也出土有大量的画像石棺。泸县出土画像石棺的数量相对较少，仅在福集镇出土1具，云龙镇出土2具。下面按行政区划分别予以介绍：

## 第一节　泸州市区汉代画像石棺

　　泸州市区出土画像石棺12具，以龙马潭区最多，纳溪区最少，多分布于长江两岸。下面分别予以介绍：

### 一、泸州市1号画像石棺

　　20世纪40年代发现于四川省泸州市洞宾亭一带的崖墓中，1985年收集至博物馆内。因是非科学发掘，墓葬情况不明，该棺现陈列于泸州市博物馆，编号为泸州1号棺。

　　石棺身长2.23、宽0.83、高0.78米，棺壁厚0.12、棺底厚0.24米，凿痕宽0.3厘米（图二、三）。红砂石质，整料雕造。棺已残，图像保存较差，局部模糊不清。画像以浅浮雕为主，细部用阴线刻绘，图像有青龙、白虎、玄武图像。

　　前挡：双阙图（图四、五，图版一）。

　　棺弦上方为倒三角纹，棺身上地纹为编织席纹，但大部模糊。双阙无立体感，均作独立式单檐。阙屋顶

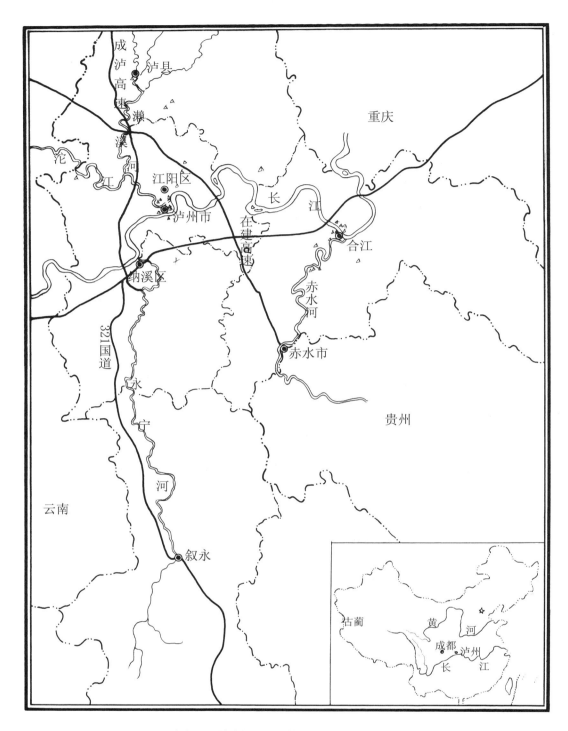

**图一　泸州地区画像石棺分布示意图**

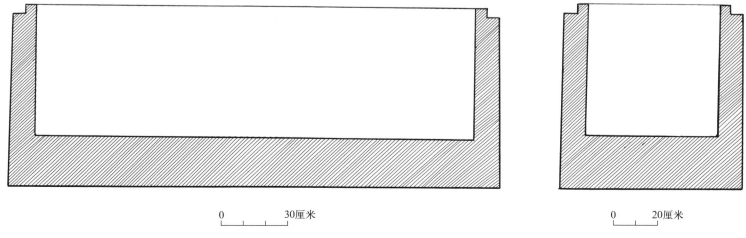

图二　泸州1号棺纵剖视图　　　　　　　　　　图三　泸州1号棺横剖视图

图四　泸州1号棺前挡视图

为庑殿式，阙身微斜直向上内收。整体不甚规则，稍显歪斜扭曲。阙顶左右有两人，均坐龙虎座，左侧一人肩后似有双翼，可能为西王母，右侧一人，头有背光，似为佛像[1]。阙中部上刻朱雀，下为玄武，中间悬一圆形璧。

　　双阙之间上部刻一朱雀，头平抬，微前伸，胸微挺，双翅展开上扬，腹背浑圆，左腿蹲立，右脚平抬前伸，短尾上有六羽上举展开。下部为玄武，龟、蛇身缠绕。中间悬一圆形璧。[2]

　　[1]　西王母与佛像并列出现的情况，在过去的考古资料中也有发现。例如：山东沂南汉代画像石墓（南京博物院、山东省文物管理处编：《沂南古画像石墓发掘报告》，文化部文物管理局，1956年）；内蒙古和林格尔壁画墓（内蒙古自治区博物馆文物工作队编著：《和林格尔汉墓壁画》，文物出版社，1978年）。

　　[2]　此与文献中记载的凤阙、壁门相似。凤阙，汉代宫阙名。《史记·孝武本纪》："前殿度高未央，其东则凤阙，高二十余丈。"司马贞索隐引《三辅故事》云："北有圆阙，高二十丈，上有铜凤皇，故曰凤阙也"。《汉书·东方朔传》："陛下以城中为小，图起建章，左凤阙，右神明，号称千门万户"。颜师古注："凤阙，阙名。"《艺文类聚》卷六二引晋潘岳《关中记》："未央宫东有青龙阙，北有玄武阙，《汉书》所谓北阙者也，建章宫圆阙，临北道，凤在上，故曰凤阙也"。（欧阳询

图五　泸州1号棺前挡拓片

后挡：伏羲女娲[1]图像（图六）。

上部残，伏羲女娲图像位于棺挡正中，地纹为编织席纹。伏羲女娲尾部交缠、侧身相对。左侧[2]为女娲，梳高髻，身着宽袖长袍，腰束带，肩部浑圆。左臂横于胸前，手部已残；右手前臂上举，掌心向上，手托一圆月。右侧为伏羲，上部已残，也应穿袍束带。两条交缠在一起的尾部较长，尾端尖细。

棺身左侧：青龙图（图七）。

略残，上、下用三角纹组成一个长方形方框，中间地纹用三角纹组成菱形纹。青龙位于方框正中，头部已残。从残存部来看，身体呈弧形弯曲，两后腿做奔跑状。尾巴细长、弯曲，向后甩。

---

撰，汪绍楹校：《艺文类聚》，上海古籍出版社，1982年，下同）璧门则位于汉建章宫南，武帝时造。《史记·封禅书》："于是作建章宫……其南有玉堂、璧门、大鸟之属。"《水经注·渭水二》引《汉武故事》："〔建章宫〕南有'璧'门三层，高三十余丈，中殿十二间，阶陛咸以玉为之。铸铜凤五丈，饰以黄金，楼屋上椽首，薄以玉璧，因曰璧玉门也。"

[1] 以前有人称为常羲、羲和，但根据简阳三号石棺的榜题，此图像为伏羲、女娲无疑。《鲁灵光殿赋》："伏羲鳞身，女娲蛇躯。"虽然是宫室壁画，但说明伏羲、女娲为常见图像，也是一个辅证。

[2] 对棺前后挡图像的方向叙述仍和棺的方位一致，仍以棺中死者为立足点，死者面对前挡、背对后挡，即前挡方向是观察者相反，后挡方向和观者一致，下同。

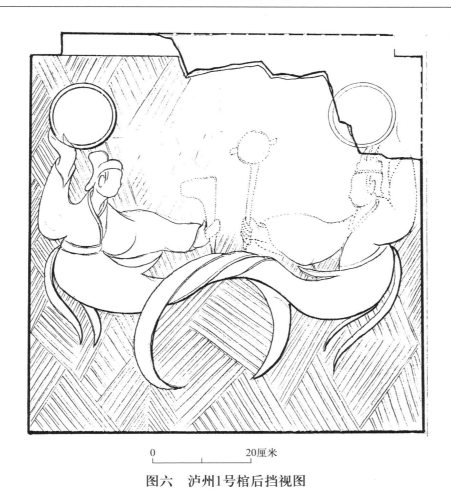

图六　泸州1号棺后挡视图

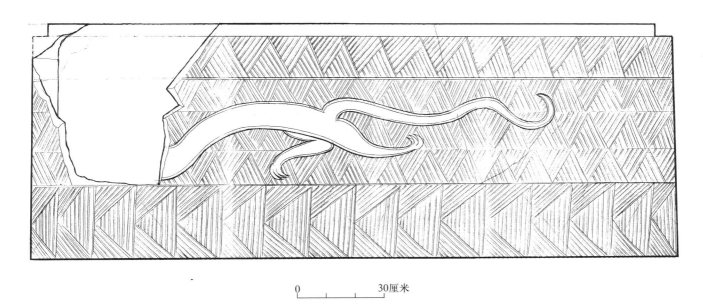

图七　泸州1号棺棺身左侧视图

棺身右侧：白虎图（图八、九，图版二）。

上下用三角纹组成一个长方形方框，中间地纹为编织席纹。白虎位于方框中间，占据画面绝大部分空间。头较圆，略向外侧，面部五官用阴刻线。双目圆睁，口怒张，露出上下各两颗獠牙，舌头细长。双耳圆突较小，脖粗、身长、背微隆。四腿作奔腾状，左后脚用阴线刻出三趾。尾较长，摆动呈波曲状。白虎身体曲线明显，颇具流线型美感。

虎头前有一飞鸟（与泸州市大驿坝双阙上之立鸟形态相似），头平抬偏向身后，尖喙，鼓腹，双翅平展，翼近菱形。尾中部之下有一游鱼，目圆睁，背鳍宽而长，下部有两腹鳍，尾鳍张开。背鳍与尾鳍均用阴

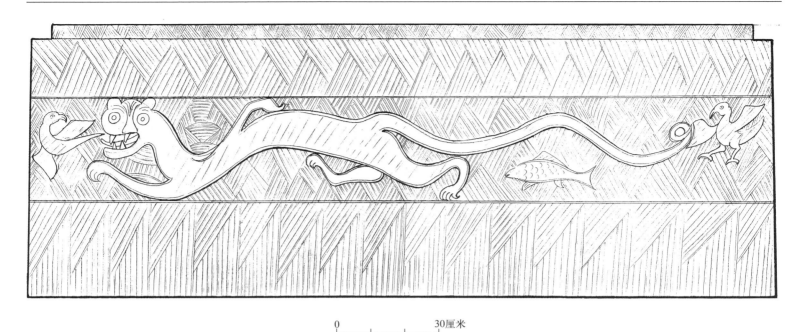

0 _____ 30厘米

图八　泸州1号棺棺身右侧视图

图九　泸州1号棺棺身右侧拓片

线刻，鱼身用成组短弧线刻出鱼鳞。虎尾立一鸟，头平抬，尖喙，挺胸，展翅，尾较粗，微上举，双腿作奔
走状。

## 二、泸州市2号画像石棺

　　20世纪50年代出土于四川省泸州市郊第二中学内的汉墓中。非科学发掘出土，现陈列于泸州市博物
馆，编号为泸州2号石棺。

　　石棺身长2.04、宽0.72、高0.72、通高0.93米，棺壁厚0.09~0.11、棺底厚0.22米，凿痕宽0.2~0.6厘
米（图一〇、一一）。青砂石质，四壁为整料雕造，图像保存状况不是很好，棺身右侧左上角及左壁右上角
毁坏。雕刻方式为浅浮雕，细部用阴线刻绘（图版三）。

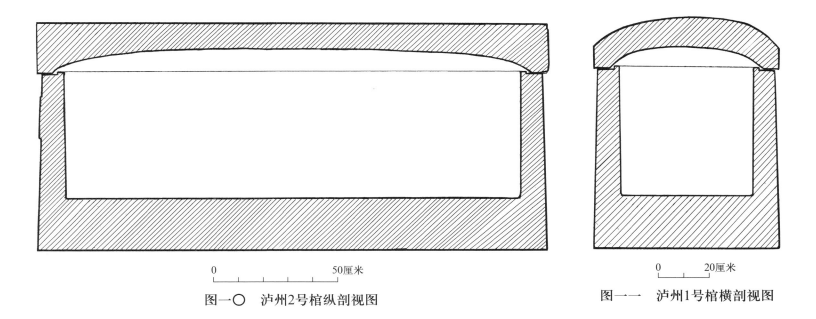

图一〇　泸州2号棺纵剖视图　　　　　　　　　图一一　泸州1号棺横剖视图

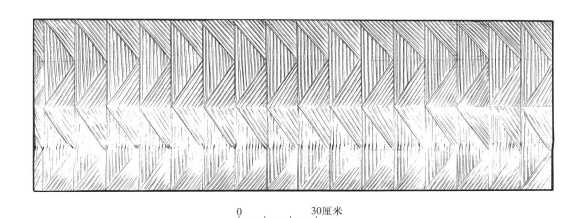

图一二　泸州2号棺棺盖视图

图一三　泸州2号棺棺盖拓片

　　棺盖：顶呈弧形，无图案，有规律的刻凿三角形纹。盖身四侧，除前部为斜线纹，其它均为三角形纹，前侧面刻有"日"纹图案，当为日（太阳）（图一二、一三）。

　　前挡：已残。棺身前挡无图案，地纹为编织席纹，中间用竖刻阴线分成了六个部分（图一四）。

　　后挡：在上部有一圆形"月"纹图案，当为月（月亮）。地纹由三角形组成的编织席纹，为5道阴刻线分成六组（图一五、一六，图版四）。

　　棺身左侧：青龙图（图一七、一八，图版五）。

图一四　泸州2号棺前挡视图

图一五　泸州2号棺后挡视图

图一六　泸州2号棺后挡拓片

嘴部残失，地纹与棺身右侧相似。青龙雕刻情况嘴部不详，头平抬，睁目，头上生两长角，角弯曲、细长。曲颈，腹背浑圆。肩生双翼，翼细长，展开上扬。前两腿抓住一棍状物似绶带，后两腿分开着地。尾巴斜直向下，尾端着地，尾尖上翘。龙身整体用斜线雕饰。

棺身右侧：白虎图（图一九、二〇，图版六）。

右上角缺失，地纹与后挡地纹类似。白虎口怒张，长舌。向后伸出。肩部生两翼，细长，上扬展开。腹部较长，臀部上翘，四腿做奔跑状。尾巴细长，呈波状弯曲，尾尖上翘。翅膀用细阴线条刻饰，白虎总体呈动态，雄健有力。

# 三、泸州市4号画像石棺

1974年出土于泸州市龙马潭区大驿坝四川省水稻研究所附近的汉墓中。因不是科学发掘，故无出土记录，随葬品不详。该棺现陈列于泸州市博物馆，编号为4号石棺。

石棺身长2.18、宽0.72、高0.83米，棺壁厚0.08～0.09、棺底厚0.19米，凿痕宽0.3厘米（图二一、二二）。青砂石质，整料雕造。棺盖已无存。石棺四壁均镌画像，画像保存状况比较好。雕刻方式为浅浮雕，细部用阴线刻绘。

前挡：朱雀衔珠图（图二三、二四，图版七）。

带边框，边框略呈"II"形，上下两端刻绳纹，左右为浮雕素面。边框宽度约5.5～6厘米，框内地纹为编织席纹。框内刻一朱雀，长喙衔珠，曲颈，挺胸。双翅展开上扬，尾较粗，下垂着地，左腿微曲着地，右腿微曲前伸，似作奔跑跳跃状。

后挡：双阙图（图二五、二六，图版八）。

除无左右边框外，其它与前挡相似，边框宽度约5.5～6厘米，框内地纹为编织席纹。内刻子母双阙，对称构图，无立体感，重檐，阙身瘦高。母阙脊饰作"山"形，单檐，脊端斜出，较小。檐角上折，较宽，围栏作长方形，该处阙身折收，基座剖面呈梯形。母阙屋顶用阴线粗略刻划，子阙较为模糊，拓片几乎反映不出来。

棺身左侧：鹤啄鱼图[1]（图二七、二八，图版九）。

―――――――――――――――――――――

[1]　1973年5月，在山东省苍山县西城前村北发掘了一座汉画像石墓（山东省博物馆、苍山县文化馆：《山东苍山元嘉元年画像石墓》，《考古》1972年第2期），在墓前室西横额画像石下支柱上发现了一条长篇题记，详细记录了画像石墓中各件画像石的刻绘内容及所在位置。其中有一句"龙雀除央（殃）鸊（鹤）噶（啄）鱼"，在前室南横额（即相石背面）（编号5；图六，2）发现与之相对画像，画像石上格左侧刻两龙一虎；中部刻兽

0 _____ 30厘米

图一七　泸州2号棺棺身左侧视图

图一八　泸州2号棺棺身左侧拓片

带边框，图像用三道边框分成两层，上、下边框刻绳纹，中层为素面。地纹以三角形为主。

上层中心为"胜纹"，"胜纹"中心为圆形纹。

下层用竖立边框分成三个画面[1]。边框内刻画云纹和三角形三角纹。左右两幅画面一致，且对称。格内四角为乳钉纹，两边中间饰三角纹，内阴刻三角纹和圆形纹。乳钉和三角形之间对称分布有四个半圆，半圆之间用菱形绳纹连接，绳子中间系一"胜"。

中格鹤啄鱼。左侧为一鱼，鳍尾明显，鱼身用弧曲阴线刻出鱼鳞，鱼肚向上，作腾跃状。右侧一鸟，尖喙，脖颈弯曲微后缩，挺胸，双翅敛于身侧，可见左翅用阴线刻出四羽，两腿作前行状，尾微下垂，尾尖向上。画面似紧扣鸟捕鱼前的一刹那。

棺身右侧：龙雀衔鼎图[2]（图二九、三〇，图版一〇）。

画面长2.18米，宽0.67米。带边框，边框形制与左侧相近，画面中由上而下近四分之一处有一道框线将画面分成上、下两个部分。地纹有三角形和斜线纹。

上层用2条宽约5厘米的竖凸棱将整个空间分做3格，分别为柿蒂纹、胜纹、柿蒂纹。左格柿蒂纹中横向

_____

身鸟首异兽，仰首，嘴吐一圆物，作伸颈吐气之态。右刻双鹤啄鱼。该图像与之相似，因名之。

[1]　由于无法确定石棺左右侧壁的各图像之间顺序，因此均以观察者视角描述图像。

[2]　高文、高成刚、罗二虎等均识为虎雀（鸟）衔鼎，从图像上来看，龙虎之身并无多大差别，其差别主要在头部，龙嘴、颈均较长；虎颈短、头大，所以此图无疑为龙雀衔鼎。

0 ———————— 30厘米

图一九　泸州2号棺棺身右侧视图

图二〇　泸州2号棺棺身右侧拓片

柿蒂叶作四片，两侧各两片，内侧较大，均作扁桃形状，叶尖细长；纵向柿蒂叶似椭圆形，极扁，叶尖微突出。中格胜纹，中心为璧纹，上下两端略呈梯形，左右两侧为等腰三角形，尖角朝向璧纹，三角内用阴线刻出一小等腰三角形。两三角形外侧各有一更瘦长的等腰三角形与之相背。右格柿蒂纹，横向柿蒂纹略呈菱形，叶尖细长，纵向两叶略呈椭圆形，较扁，叶尖微突出。

下组为龙雀衔鼎图。龙位于左侧，回头含绳，头部较小，体态纤长，五官模糊不清，脖颈细长向后弯曲，前右腿向前弯曲抬起，其它三腿用力向前奔走。背部生翼，敛于身侧，用阴线刻出六羽。

右侧为朱雀，其形态与泸州9号石棺之朱雀相似，回头含绳，脖颈微向后弯曲，挺胸，左翅敛于身侧，右翅展开。左腿向前弯曲微抬，脚爪蜷曲；右腿撑地向前。脚爪及羽毛用阴线表示，但多模糊不清。

龙雀之间刻一圆鼎，鼎盖微隆，成弧形。盖钮约为菱形，中间用阴线刻一圆孔。两耳斜向上，穿绳，绳子从左右上方圆孔中穿过。鼎身鼓腹，圜底，蹄足。口沿部分似饰有波浪纹。两玉璧中间有一倒三角形，三角形底部有一阴线刻半圆。

## 四、泸州市5号画像石棺[1]

1974年出土于四川省泸州市小市镇杜家街小市骨胶厂内的一座汉墓内，因不是科学发掘，故无记录，墓

[1]　高文、高成刚所著《中国画像石棺艺术》中说："此石棺除挡头刻伏羲女娲外，其余各方面均无雕刻。"记录有误。

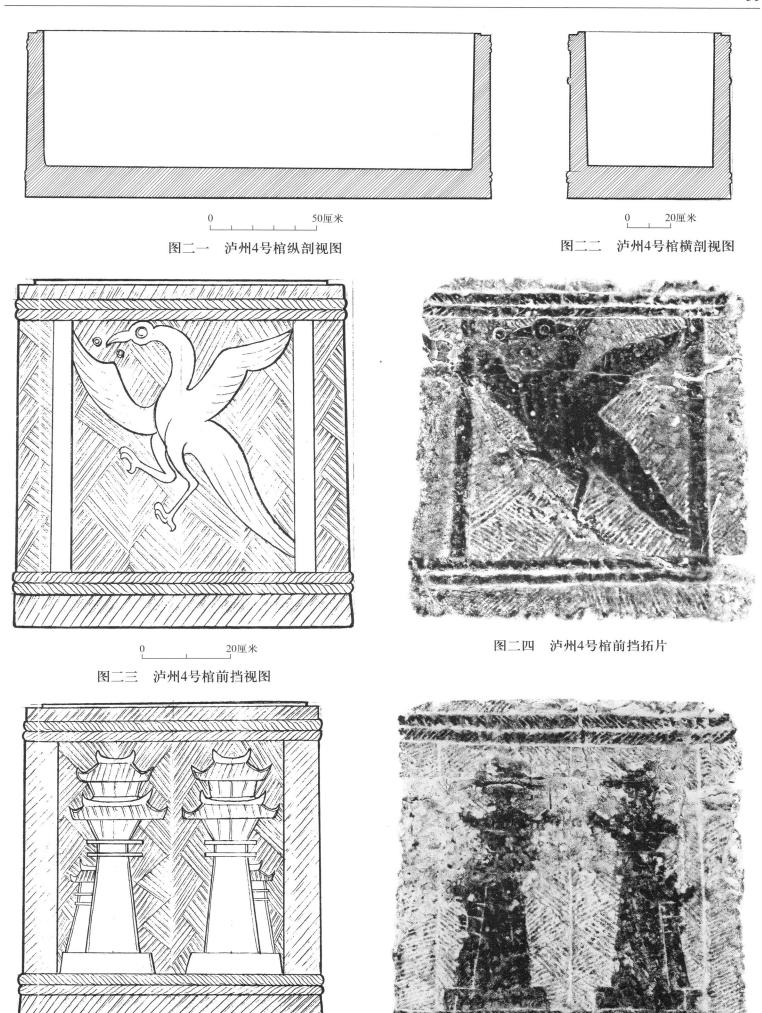

0 _____ 50厘米

图二一 泸州4号棺纵剖视图

0 ___ 20厘米

图二二 泸州4号棺横剖视图

0 ___ 20厘米

图二三 泸州4号棺前挡视图

图二四 泸州4号棺前挡拓片

0 ___ 20厘米

图二五 泸州4号棺后挡视图

图二六 泸州4号棺后挡拓片

图二七　泸州4号棺棺身左侧视图

0　30厘米

图二八　泸州4号棺棺身左侧拓片

葬情况不详，有无随葬品不详。该棺现陈列于泸州市博物馆，编号为五号石棺。

棺盖为弧形顶，但两边均有仿房屋顶部的瓦棱装饰，两侧对称分布九脊瓦棱。棺身长2.11、宽0.93、高0.93、通高1.21米，棺壁厚0.09～0.10、棺底厚0.21米（图三一、三二）。红砂石质，图像保存状况一般，局部画像漫漶。雕刻方式为浅浮雕，细部用阴线刻绘，仿房屋顶用斜杠线装饰，凿痕宽约0.5～0.8厘米，后挡边框内地纹凿痕宽约0.2厘米。

棺盖顶：柿蒂纹（图三三、三四，图版一一）。

盖顶长2.23米、最宽0.98米、最高0.28米。地纹以三角形为主，柿蒂纹位于棺盖中心。纹饰整体较肥

图二九　泸州4号棺棺身右侧视图

30厘米

图三〇　泸州4号棺棺身右侧拓片

厚，横向两蒂略呈纵向椭圆形，蒂端微凸，蒂尾向内蜷曲；纵向两蒂约呈桃形。四蒂用长条形柄相连，交接处大致呈菱形。

前挡：双阙图（图三五、三六，图版一二）。

带方形素面边框，地纹为编织纹，凿痕宽约1厘米。内刻双阙，均为独立式单檐，庑殿顶，对称构图，无立体感。阙脊饰作弯月形，两端圆钝上翘，檐部作曲尺形翘起。基座较宽，较矮，作长方形。阙身、楼呈亚腰形，二重腰檐，檐头方形，平出。阙身用斜杠线装饰，凿痕宽约0.5～0.8厘米，不甚一致。

后挡：伏羲女娲图（图三七、三八，图版一三）。

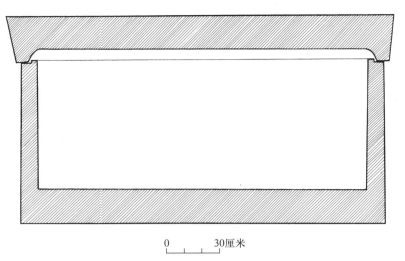

图三一　泸州5号棺纵剖视图

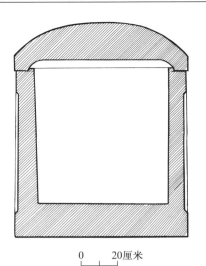

图三二　泸州5号棺横剖视图

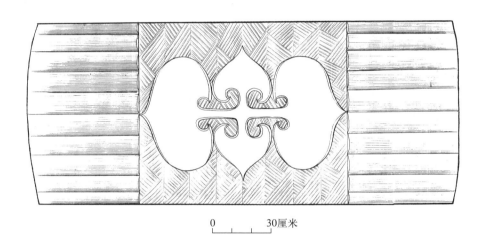

图三三　泸州5号棺棺盖视图

图三四　泸州5号棺棺盖拓片

带方形边框，素面。地纹为编织席纹，凿痕宽约0.2厘米（估计为尖头凿凿出）。左侧为女娲，侧身与伏羲相对，梳三环髻，额戴巾，束于脑后，尾端上飘。方脸，面带微笑，身穿右衽宽袖短襦，腰束带。左手微上举，手持排箫[1]，云袖自然垂下。右手上举，托住圆月，内用阴线刻出桂树、蟾蜍。腰下有两腿，奔跑状。尾较粗，卷曲。衣服边缘内侧均刻阴线一周，尾部用一条贯通曲线代表尾鳞。

---

[1]　排箫阴刻较浅，未能拓出。

0　　　　30厘米

图三五　泸州5号棺前挡视图

图三六　泸州5号棺前挡拓片

0　　　　20厘米

图三七　泸州5号棺后挡视图

图三八　泸州5号棺后挡拓片

　　右侧为伏羲。侧身与女娲相视，装束、相貌与女娲基本相同，但是戴冠、右手持鼗鼓、左手托日，太阳中心刻金乌，作飞翔状。纹饰与女娲基本相同。袖管与肩相连，用直线隔开，外侧饰短线。

　　棺身左、右侧面均为素面（图三九、四〇）。

## 五、泸州市6号画像石棺

1982年，在泸州市区龙马潭区大驿坝水稻研究所又发现一座汉葬，墓葬形制不详。墓内出土少量随葬品，如陶罐、盒等。出土石棺有棺盖，棺身四周均有图像，现藏于泸州市博物馆，编号为泸州6号石棺。

棺身长1.98、宽0.61、高0.64米。棺盖为弧形顶，整块青砂石雕造，画像为浅浮雕，局部阴线刻。

棺盖：柿蒂纹（图四一）。

中心为柿蒂纹图案，两侧用绳纹突起做边框。柿蒂纹横向两叶较长、大，纵向两叶较小，均成扁桃形。中间连接圆形蒂结，用阴线装饰细部。

前挡：双阙图（图四二）。

无边框，画面中部为单檐独立式双阙。阙底有台基，阙身、楼剖面呈亚腰形，阙脊较高，四角高挑。

后挡：女娲图（图四三）。

图像位于右侧，左侧空白，似为伏羲图像而留。女娲人首蛇身，头戴冠，穿有右衽袍服，腰束带。右手持排箫，左手高举，托一圆物，圆物内中心阴刻一小圆，周围阴刻一菱形，似钱纹。腰下有两爪，两爪之间伸出一尾，向左卷曲。

棺身左侧：人物与鼎（图四四）。

四周留有凸起边框。左侧大量留白。在右侧有一鼎，整体呈圆形，盖上有圆形钮，盖口附近有云纹。鼎身上有两立耳，圜底，底下接三马蹄形鼎足。鼎右侧有一人，手持节杖，圆脸，似有头光。身穿宽袖右衽袍服[1]。鼎边人一侧有一侍者，侍者戴巾帻，右衽长袍，腰束带，其右手持一圆物[2]。

棺身右侧：仙人与麒麟（图四五）。

四周留有凸起边框。框内大量留白。左侧一麒麟，背上长有羽翼，尾部较长下垂，四腿作行走状，其形制与泸州市江阳六坪市政大院画像石棺上的神兽相似。麒麟前边有一人持仙草，似在喂食神兽。人物刻画粗略，其再向右一人，已经漫漶。

## 六、泸州市8号画像石棺

1970年出土于泸州市龙马潭大驿坝四川省水稻研究所附近的汉墓中，采集品，出土情况不详，大部已毁坏，仅存一挡。石棺宽0.71、身高0.71米。雕刻方式为浅浮雕，细部用阴线刻绘，凿痕宽0.2～0.3厘米。现藏泸州市博物馆，编号泸州8号石棺。

棺挡：凤阙图（图四六，图版一四）。

地纹为有规律的三角纹组成，主图为双阙，对称构图，无立体感。阙身瘦高，形制规整朴实，皆有基座，阙身、楼呈亚字形，庑殿式顶，屋檐平出微上翘，瓦脊作七道。两阙顶各立一鸟，右侧[3]立鸟头微向下视，尖喙较短，挺胸，敛翅，尾平举，翅膀用阴线刻出七羽；左侧侧立鸟站于右阙顶中部，与左侧立鸟应属同一种类，回头与右侧鸟对视，敛翅，尾平举。

## 七、 泸州市9号画像石棺

1984年5月出土于四川泸州江阳干道麻柳湾新区的一座东汉崖墓中，该墓早年被盗，只出土陶鸡一件（残），碎陶片若干，石棺在墓中的具体位置不详，保存状况不详。该棺现陈列于泸州市博物馆，编号为九

---

[1] 罗二虎先生认为是道士（方士）。

[2] 《汉代画像石棺》中未见，当是遗漏。

[3] 因为棺的方位不详，因此以观察者视角描述图像。

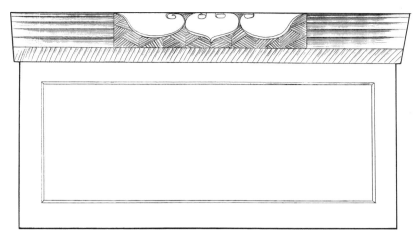

0　　　30厘米

图三九　泸州5号棺棺身左侧视图

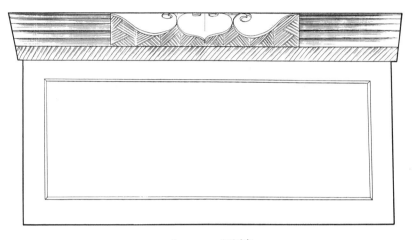

0　　　30厘米

图四〇　泸州5号棺棺身右侧视图

图四一　泸州6号棺棺盖图

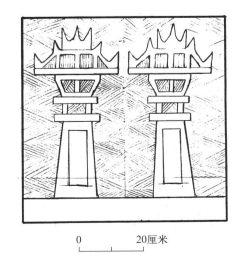

0　　　20厘米

图四二　泸州6号棺前挡图

0　　　20厘米

图四三　泸州6号棺后档图

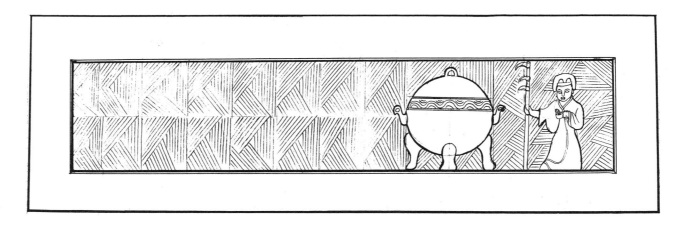

0    20厘米

图四四　泸州6号棺棺身左侧图

0    20厘米

图四五　泸州6号棺棺身右侧图

号石棺。

棺盖弧形顶，长2.2米、宽0.72米、高0.24米，石棺身长2.09米、宽0.69米、高0.72米、通高0.96，棺壁厚0.08～0.10、棺底厚0.20米，凿痕宽0.20～0.30厘米（图四七、四八）。青砂石质，整石雕造，除底外均有画像。画像以浅浮雕为主，细部用阴线雕刻。

棺盖顶：柿蒂纹图（图四九、五〇）。

边框呈横"II"形，靠近一挡的边框似有交错波浪纹，地纹为编织纹。框内刻柿蒂纹，横向两叶较大，叶前端尖细；纵向两叶较小，呈心形，四蒂内各有一朵阴线雕刻四瓣形花卉，花瓣为三角形。纵向两蒂中，有一朵花的一个花瓣漫漶，另一朵花的花瓣为不规则菱形。纵横向四叶交接处为同心圆。

前挡：朱雀图（图五一、五二，图版一五）。

边框略呈方形，框上面雕刻斜线纹，地纹为不规则斜线纹。框内浅浮雕朱雀，头微昂，双目圆睁，尖喙较长，挺胸，双翅展开上扬，尾较粗，略下垂。左腿直立，右腿抬起，做助跑欲飞状，动感十足。

后挡：双阙图（图五三、五四，图版一六）。

结构与前挡基本相同。地纹为编织纹。框内浅浮雕双阙图，阙为单檐独立双阙，顶做四阿式，屋檐用阴线刻出瓦垄，阙身、阙楼呈亚腰形，未见台基。

图四六　泸州8号棺棺挡拓片

　　棺身左侧：双雀衔物图（图五五、五六，图版一七）。

　　边框为长方形，上面雕刻斜线纹，地纹为编织纹，框内浅浮雕，刻有两只展翅欲飞的朱雀（其形态与后挡朱雀相同）。两只朱雀中间刻一鼎形容器，一绳状物穿过器物边上的环形物，从上方两环形物中穿出，为双雀所衔[1]。

　　棺身右侧：巫觋、人物、鹤啄鱼图（图五七、五八，图版一八）。

　　有长方形边框，边框上雕刻斜线纹，长1.90米，宽0.6米。框内剔地浅浮雕，画面分为三组：

　　左边二人站立，装束相似，均着紧身衣裤，头戴双耳上立形帽，嘴微张。左边一人，似举手操蛇，在其胸前似有一只蛇头向右上方昂起，张口吐信，蛇与人之间有一物，不详。从其肩部向前方似有两只蛇，又似两只手。右边一人手执一物，或为铃铎，具体何物不详。

　　中间两人相对，左边一人头戴冠，口微张，身穿右衽宽袖长袍，长袍曳地，腰束带，右手横于胸前，左手

―――――――――――――――

[1]　该鼎形容器类似泸州7号石棺棺侧的鼎，唯底部由喇叭形高圈足代替三蹄足。

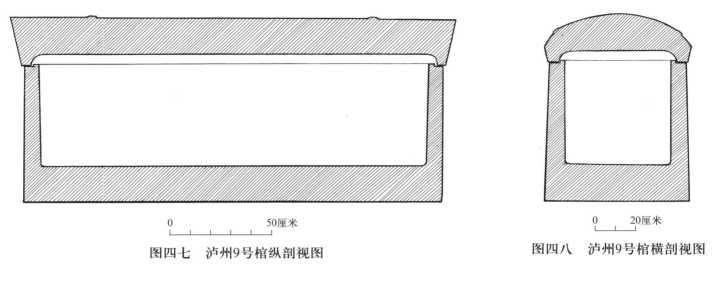

图四七　泸州9号棺纵剖视图　　　　　　图四八　泸州9号棺横剖视图

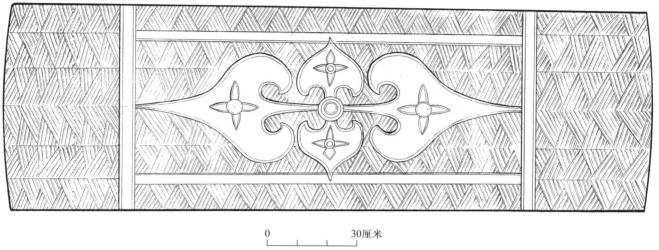

图四九　泸州9号棺棺盖视图

图五〇　泸州9号棺棺盖拓片

向前平举，执一物，何物不详。右边一人头戴山形冠，口微张，身穿右衽宽袖长袍，腰束带，脚尖微露，左手横于胸前，右手向左平举，执便面。

右边一组，为鹤啄鱼图。鱼翻跃而起，长吻有须，鱼肚向上，有锯齿状肚鳍，鱼身呈"S"形，身体上饰波浪纹。鹤尖喙较长，双目圆睁，左腿直立，右腿抬起，敛翅垂尾，脖颈和双腿上均饰波浪纹，脖颈向后弯曲，作衔鱼状。

0       20厘米

图五一　泸州9号棺前挡视图

图五二　泸州9号棺前挡拓片

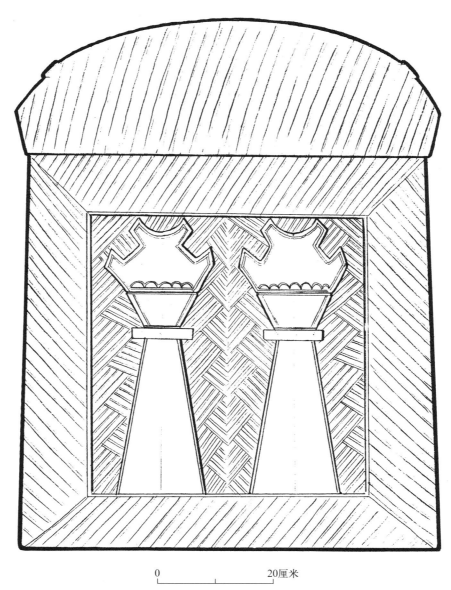

0　　　　　　　　　　20厘米

图五三　泸州9号棺后挡视图

图五四　泸州9号棺后挡拓片

## 八、泸州市11号画像石棺

1987年4月出土于泸州市市中区新区计划生育指导站基建工地一砖室墓中，该墓用花纹砖砌建，随葬品有陶鸡、狗、俑等，编号为泸州11号石棺。

石棺长2、宽0.59、高0.62米，未见盖。

前挡：朱雀（图五九）。

四周留有凸起的边框，上边框刻有云纹，其它三方素面。框内正中为朱雀，双翅展开，两脚分开站立，抬头向前望着圆形且周边似有光芒之物。图像细部用阴线表现，细腻、生动。

后挡：单阙图（图六〇）。

四周均有凸起边框，上方刻有云纹和绳纹，其它的素面，边框内构图与前挡相近。单阙部分残缺，仅阙身表现完整，限于面积，阙楼以上仅刻画出部分。阙左右各有一人，左一人戴平巾帻，右衽宽袖袍服，躬身，双手抱拢，握一上部残断之长物[1]，右一人带巾帻，穿袍服，躬身，双手捧一物。

棺身左侧：鹤啄鱼（图六一）。

图像周围有凸起边框，除上部刻有云纹和绳纹外，其它的都是素面。中间用竖栏将画面分成三个部分：

左边一组为树和人物图，但已残缺，图像不详。

中间为鹤啄鱼图。中间一鱼跳跃，头向上，尾部下摆，左右各有一鹤啄住鱼肚和腹，左侧鹤两腿跳跃，两翅微展，头向后甩，啄鱼。右侧鹤双翼合拢，俯身昂头，从腹部啄鱼，一脚直立、一脚抬起。构图合理、大气，细部用阴线刻画。

右边为菱形图案，菱形有规律排列，四角相互连接，中间阴刻圆形。

棺身右侧：车马、升鼎、宴饮图（图六二）。

构图与棺身左侧相同，中间竖栏上有卷云纹，且用竖栏将画面分成三个部分：

左侧为车马图。图右侧一马拉车，马四脚作行走状，马的旁边有一人，戴平巾帻，应为驾者。马后为一辇车[2]，车轮辐辏刻画清楚细腻。

中间一组二人为升鼎图。中间为一椭圆形鼎，上有圆形钮，盖上有波浪纹，圜底，马蹄形足，两立耳。鼎上有三个圆形物，似有光芒。有一绳子从系耳中穿过，并通过两半圆形穿，两边各一人椎髻，裸上身，穿裤，分别用力下拉穿鼎绳索。

右侧一组：画面上方以及两侧装饰帷幔，帷幔正中坐有二人，戴平巾帻，右衽袍服。两人前后摆满器物，其状似在交谈。帷幔左侧有一人，束高髻。人物后有卷曲的树枝和草。

## 九、泸州市12号画像石棺

2003年，泸州市龙马潭安宁镇良丰村出土一具"五女"画像石棺，由于是采集品，墓葬情况不详。现藏

---

[1]　参考泸州市江阳大坪市政大院画像石棺后挡，应是旗幡。

[2]　罗二虎先生称之为栈车，高文先生称之为棚车。王振铎先生依据文献结合画像将此类车考证为辇车。（王振铎：《东汉车制复原研究》，科学出版社，1997年）辇，《说文解字·车部》："大车驾马也。"段玉裁注："辇，驾马。所以载任器。与许说同。云大车驾马者，言者以别于驾牛也。古大车多驾牛。其驾马者则谓之辇"。武威擂台东汉墓中出土的三辆铜辇车，铭文："冀张君夫人辇车马"、"守张掖长张君前夫人辇车马"、"守张掖长张君后夫人辇车马"，此类车有篷，似为女性所喜欢。《史记·淮南衡山列传》："以辇车四十乘反谷口"。其谋反也是利用此类车伪装返回。

图五五　泸州9号棺棺身左侧视图

图五六　泸州9号棺棺身左侧拓片

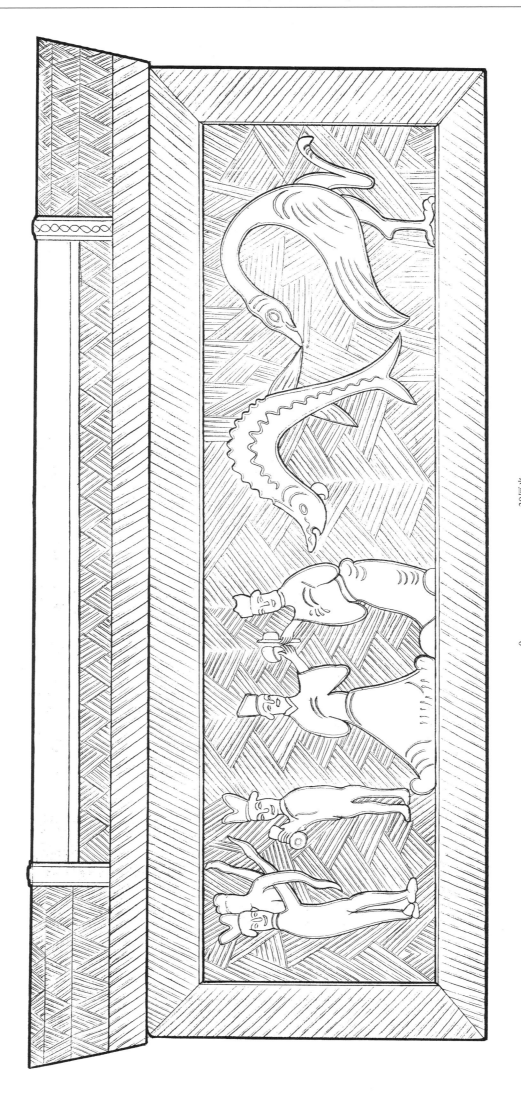

图五七　泸州9号棺棺身右侧视图

0 　　　　　30厘米

图五八　泸州9号棺棺身右侧拓片

0　　　　　　20厘米

图五九　泸州11号棺前挡图

0　　　　　　20厘米

图六〇　泸州11号棺后挡图

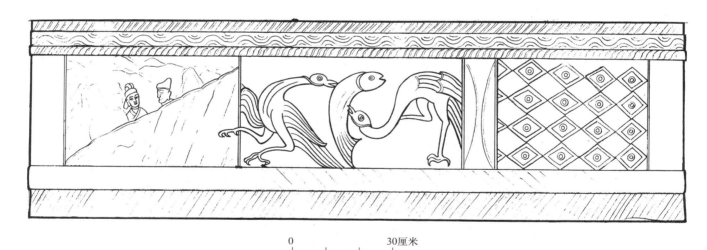

0　　　　　　30厘米

图六一　泸州11号棺棺身左侧图

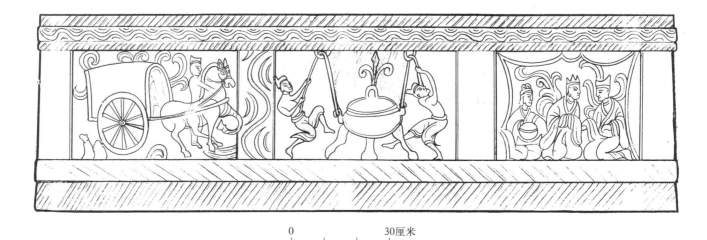

0　　　　　　30厘米

图六二　泸州11号棺棺身右侧图

于泸州市博物馆，编号为泸州12号石棺。

石棺身长2.02～2.12、宽0.63～0.67、高0.66、通高0.87米，棺壁厚0.09、棺底厚0.18米，凿痕宽0.2～0.3厘米（图六三、六四）。青砂石质，整料雕造，画像清晰，保存较为完好。画像以浅浮雕为主，细部用阴线刻绘。

棺盖：四蒂、莲花纹和昆虫、鸟、田螺图（图六五、六六，图版一九）。

棺盖正面地纹由三角纹组成，前后两侧有两道凸起作为边框，边框上刻有连续波浪纹。棺盖两侧为斜线纹、两挡为三角纹。盖面中心为柿蒂纹图案，四叶对称，与中心蒂结相连。四叶内用阴刻线划出稍小轮廓，中心为两同心圆圈纹，蒂结中心也阴刻有两同心圆圈纹，略大于四叶。以柿蒂纹为中心，周边分布着昆虫、莲花、水鸟、田螺图像。昆虫两只，头尖似甲虫，四肢较长作爬行状，名称不详。鸟尖喙、长脖、短尾，两脚正在走动，嘴下有一田螺，作啄食螺状。莲花雕刻精致，用阴刻线刻画出花瓣和花心。整个画面除柿蒂纹外，与汉墓中常发现的水田模型相似。

前挡：朱雀（图六七、六八，图版二〇）。

上下有边框，上边框刻绳纹，下边框素面。地纹以三角纹为主，局部斜线纹。框内刻一朱雀，尖喙下勾，三角眼，头上有一羽，向前弯曲，长曲颈，挺胸，双翅展开，长尾上扬。右腿前抬、左腿抓地，似作奔跑跳跃状。羽毛用阴线表现。

后挡：双阙（图六九、七〇，图版二一）。

边框、地纹与前挡基本一致。双阙无立体感，用凸起的边框表现出独立式单檐，图像较为抽象。屋顶庑殿式，檐角圆钝上翘。

棺身左侧："五女"人物图（图七一、七二，图版二二）。

三道边框将棺上图案分成上、下两层，上层边框上刻绳纹、下（中间边框）刻弧形纹，下层底框素面。地纹以三角形为主，部分为编织席纹。

上层浮雕倒三角纹，三角纹内有阴刻弧线。

下层用三个竖立边框将画面分成三幅图案。

第一幅有两个人，侧面对立，头戴平巾帻，身穿短襦，束腰带。左侧一人张开双臂[1]，两手五指伸开，向另一人奔去，另一人手持草作迎接状。

中间一幅图像，站立五人，均侧身。最左边一人，身材较为矮小，束高髻，穿曲裾深衣，曲裾似反曲向前[2]，且衣襟下似做成花边，鞋尖微露。其它四位衣着基本相同，只是头上裹巾。第二位手持圆物，似为镜。第四位深衣下襟无花边，一手持棍状物，一手持便面[3]。第三位和第五位身姿形象相同，手中无物。在人物中间上部阴刻铭文隶书"𠂤女"。

第三幅图像中有四人。左一人，戴巾帻，穿袍，双手上举；第二人戴"三山"冠，穿袍，左手上扬，右手持棍状物，此两人均侧向注视右二人。右边两人，侧立相对，右边一人右手挽对方的脖子，另一手与对方

---

[1] 棺的左右壁方向性一般不强，所以为叙述方便，以观察者的面向来描述画面，下同。

[2] 任大椿在《深衣释例》说到："故别以一副布裁为曲裾，而属于右后衽，反曲之向前，如鸟喙之句曲，以掩其里衣，而右前衽即交乎其上，于覆体更为完密。"此深衣形制似与所说相符。但孙机先生认为曲裾反曲之向前有误，认为着衣时，裾当在背后。

[3] 实际上就是扇子，《汉书·张敞传》："然敞无威仪，……自以便面拊马。"颜师古注："（便面）所以障面，盖扇之类也。不欲见人，以此自障面则得其便，故曰便面。亦曰屏面。"长沙马王堆一号西汉墓出土的长柄扇，扇面较大，呈梯形状，外侧长55、内侧长76、宽45厘米，由两经一纬的本色细竹蔑用压二拿二的织法编织而成。同时出土的竹简记载的"大扇一"，形制与图像中的"便面"形制相同。

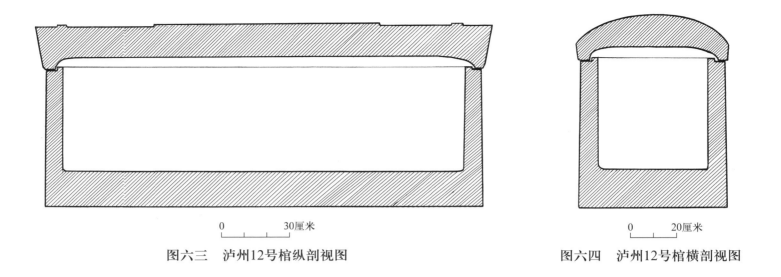

图六三　泸州12号棺纵剖视图　　　　　　　　　　　　　　图六四　泸州12号棺横剖视图

图六五　泸州12号棺棺盖视图

图六六　泸州12号棺棺盖拓片

相握、紧贴相拥、作亲吻状。四人着衣着基本相同，仅左边两人长袍宽大些，两组人物右边一位的帽子似为三山冠。这幅图似表现巫术、方士为二亲密者作法的场面。

　　棺身右侧：百戏杂耍（图七三、七四，图版二三）。

　　图案结构与左侧基本相同，地纹以三角形为主，部分为编织席纹。上面边框刻绳纹、中间刻弧形纹，底框素面，三道边框将棺上图案分成上、下两层。

　　上层用三个竖立边框将画面分成四个部分：第一幅为柿蒂纹，其形与棺盖不同，较长，左右两侧对称

0　　　　　　　　20厘米

图六七　泸州12号棺前挡视图

图六八　泸州12号棺前挡拓片

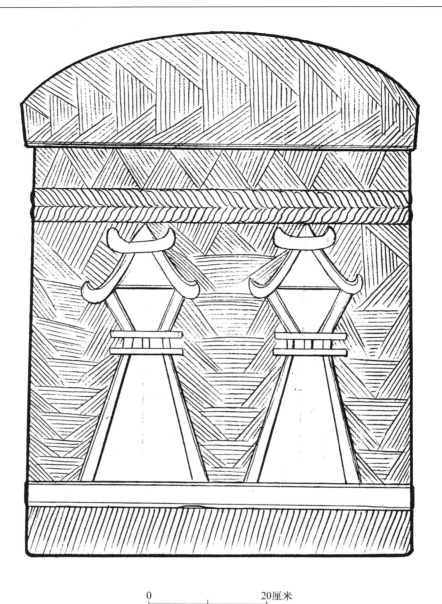

0            20厘米

图六九　泸州12号棺后挡视图

图七〇　泸州12号棺后挡拓片

四叶，上下两叶，中间为圆形蒂结，蒂结和叶中用阴线刻绘轮廓。第二幅图像由多个椭圆形连接在一起，连接处打结，可能是联璧纹的抽象和变化。第三幅鸟、蛇斗图[1]，左边一蛇向右爬行，抬头、张口，右边一鸟抬脚、尾羽怒立，张嘴向蛇扑去。第四幅，前面有两只鸟头兽身的动物在搏斗，后面一鸟，头下勾，张开双翼。

第二层图像为百戏杂耍。左边一人倒立于凳子上，第二人奔跑射箭，第三人在敲鼓。前三人均未穿上衣，着裤，第三人戴平巾帻。第四人较矮，身体下蹲双手在胸前比划，似是武术。第五人穿长裤，裸上身，倒立于凳子上，两腿尽量前屈。第六人戴巾帻，穿袍，额头上顶一伞（？）。第七人戴巾帻，裸上身，运动中抛接4球。第八人戴巾帻，裸上身，穿裤，运动中抛3剑。右侧边框上装饰"胜"纹。

## 十、泸州市13号画像石棺[2]

2005年8月出土于四川省泸州市龙马潭区石洞镇顺江村一座东汉崖墓中。墓葬早年被盗，2005年8月8日，泸州市博物馆把画像石棺从盗墓分子手中抢救回馆。

该崖墓位于顺江村漆溪河畔观音冲半山腰上，距村民胡玉仁家约200米，墓向334°。墓葬由墓道、墓门、墓室和后龛构成，墓门两重，墓室平面呈长方形，拱形顶，后龛拱形。墓室内南北向摆放两石函一石棺，两石函均为素面，有盗洞。左侧石函长2.12、宽0.90、高0.85、壁厚0.1米，右侧石函长2.20、宽1.00、高0.80、壁厚0.10米。

石棺棺身完整，仅棺盖有一缺口。棺盖弧形顶，四壁斜直内收，与棺身作企口连接，长约2.23、宽约0.89、最高处约0.23米。棺身平面长方形，底略大于口，底为抹角方形，长约2.08、宽0.70～0.75、高约0.78、通高约1.01米，棺壁厚约0.04、棺底厚0.20米，凿痕宽约0.2～0.3厘米（图七五、七六）。石棺为红砂石质，整料雕造。棺盖及四壁均镌刻画像，画像保存状况较好。雕刻方式为浅浮雕，细部用阴线刻绘。

棺盖：柿蒂纹（图七七、七八，图版二四）。

带长条形边框，边框上、下两端宽约0.07米，左、右侧宽约0.10米，左、右侧边框条两头压住上、下端边框条两头。框内地纹由编织纹组成，凿痕宽约0.2～0.3厘米，两凿痕间距约0.3～0.5厘米，凿刻较规整。柿蒂纹居中，图形较肥大，占据画面中大部分位置。其横向两蒂叶较长，纵向侧较小，且横向柿蒂纹叶尖各连有一垂直方向的变形"胜"纹，图形对称。四蒂叶交汇于中间的圆形蒂结，蒂结内阴刻弧线，形似变形四出五铢钱纹。四蒂叶纹图案又将周围画面分成四个部分，有两鱼、两鸟衔物，斜向对称。左上角和右下角所刻鱼似草鱼，鳞、鳍明显，呈跳跃状。左下角刻有鸟衔鱼，鸟头微向下，张嘴衔住一鱼头部，右上角为鸟衔一物，仅见两手，余部已残，不详。

前挡[3]：伏羲女娲图（图七九、八〇，图版二五）。

带边框，上端边框装饰绳纹，左右素面。地纹为编织纹，凿痕宽约0.2厘米。

画像中伏羲、女娲，两人装束基本相同，唯有通过人物手中持物确定左侧为女娲。其像人身、蛇尾，头包巾，长脸，颧骨高耸，身穿右衽束袖衣。左手握一排箫柄部，箫管八根，竖排，中间用长条形器身固定。

[1]　刘敦愿：《试论战国艺术品中的鸟蛇相斗题材》，湖南省博物馆编：《湖南考古辑刊（第1辑）》，岳麓书社，1982年。
[2]　邹西丹：《泸州市石洞镇发现东汉"延熹八年"纪年画像石棺》，《四川文物》2007年第6期。
[3]　参考发掘者意见，后又咨询泸州博物馆工作人员确认，其有伏羲女图像的一挡对应墓门，据此定为前挡。如为前挡，以棺中死者的角度观察，则伏羲在左、女娲在右，符合汉代阴、阳位置习惯，也反过来印证其为前挡。据此棺或可推测泸州地区画像石棺图像配置为：伏羲、女娲在前，双阙在后，以上多具石棺也可能为此配置模式。与合江地区的画像配置传统略有差异。

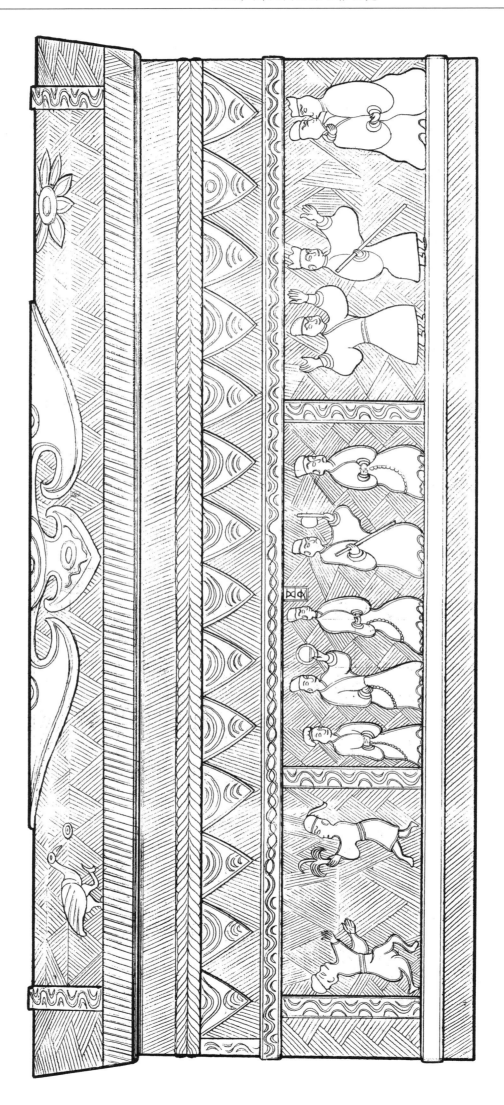

图七一　泸州12号棺棺身左侧视图

0 ⊢━━━━━┤ 30厘米

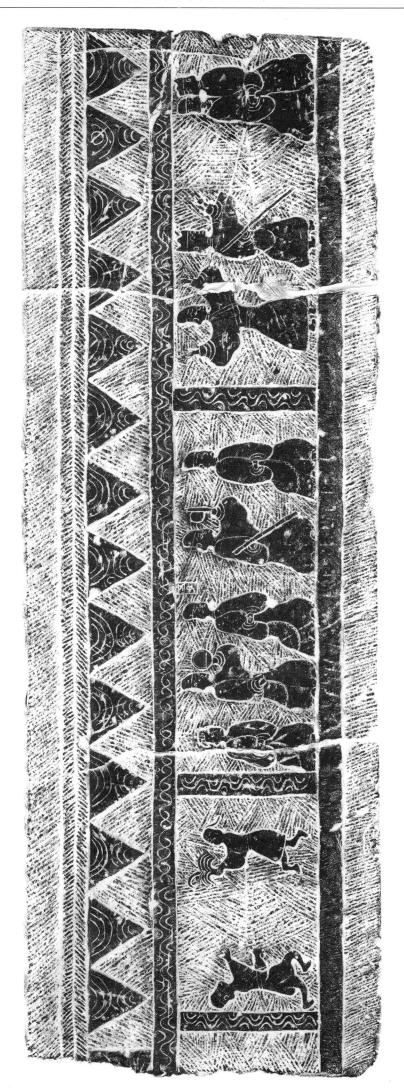

图七二　泸州12号棺棺身左侧拓片

图七三　泸州12号棺棺身右侧视图

图七四　泸州12号棺棺身右侧拓片

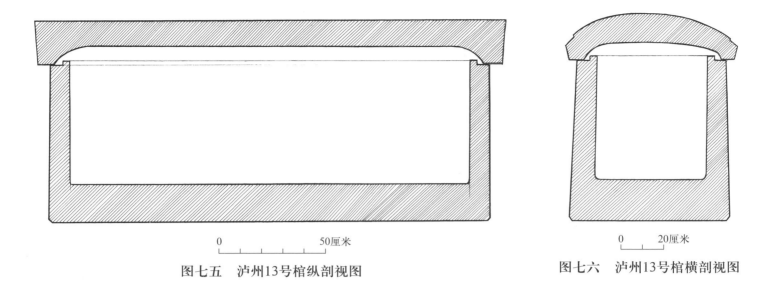

图七五　泸州13号棺纵剖视图　　　　　　图七六　泸州13号棺横剖视图

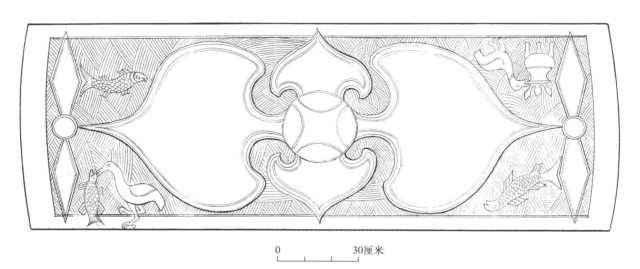

图七七　泸州13号棺棺盖视图

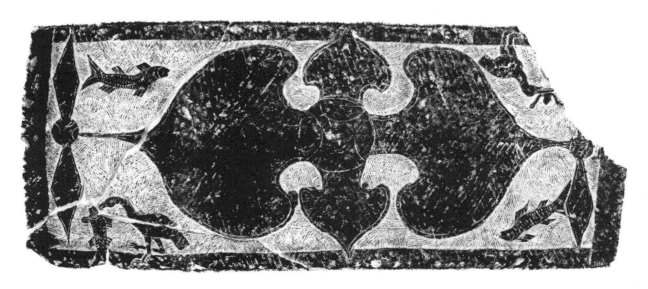

图七八　泸州13号棺棺盖拓片

右臂上举，托住一圆饼形物，当为月。蛇身下生两腿，阴线刻画出四趾。尾部细长，呈"S"形曲线摆向右侧，与伏羲尾部交缠，尾端上翘。

右侧伏羲与女娲装束基本相同，只是左手托日，右手持鼗鼓。其胸前用阴线表示衣服纹理。

伏羲女娲交尾所形成的下部空间另刻有两个人首蛇身形象图案。左边人物体与女娲形象相似，身穿右衽

0        20厘米

图七九　泸州13号棺前挡视图

图八〇　泸州13号棺前挡拓片

束袖上衣，尾向外翘。而右边形象略显矮胖，除少双足外，其它形象与左边一致。

整个画面雕刻似乎有些粗糙，人物形象简略，衣纹杂乱，部分人体部位大小失调，不成比例。

后挡：双阙图（图八一、八二，图版二六）。

带边框，边框与前挡基本相似，只是在左边边框上阴线刻："蜀（？）延熹八年闰月五日兹是仪寿百年"[1]。其中"蜀"、"年"二字为小篆，其它均是隶书。地纹为编织纹，凿痕宽0.2厘米。

框内刻双阙，对称构图，阙身和阙楼总体为亚腰形。未见台基，无立体感。屋顶为庑殿顶，顶上有莲花座，座上均有动物。左阙上方有一鸟头，长尖喙，叼一只动物；右阙上方亦有一相同的鸟衔着一条蛇身中部。

两阙之间刻一横物，其顶部上放置一物，形状似倒置"M"形[2]，像是斗拱。其上有一飞鸟，鸟头偏向左侧，鸟喙较长，呈钩状。脖上刻一周颈羽，双翅平展，长尾向上弧翘。横物下端有两钩，各挂一尾鱼，用阴线刻鳞、鳍细部，鱼形与棺盖上所刻之鱼属同一种。

两阙中间有二人博弈，应为"先人博"[3]。二仙人均为半蹲坐状，中间有一方形棋盘。两仙人体形略瘦长，两耳上立，着紧身衣裤。中间有棋盘，两人一手前伸，一手舞动一巾状物，整个画面仿佛定格在互搏的瞬间。

棺身左侧：人物图（图八三、八四，图版二七）。

带边框，上端边框条宽约4～5厘米，装饰绳纹。左右侧边框条宽约5～5.5厘米，素面，局部残留横向平行阴刻线凿痕。地纹为编织纹，较凌乱。

中间有一边框将图像分为上下两层，边框上画有连续的卷云纹。上层图像中间为"胜纹"，两边为联璧纹，璧已经演化为方孔圆钱。

下层图像较为复杂，地纹凿痕宽约0.1～0.3厘米，疏密不均。上方为浅浮雕连续的倒三角纹。左上角刻一只飞鸟，形态与棺身右侧画面的飞鸟接近，回头，尖喙略弯，双翅平展，中间用阴线刻绘羽毛。

飞鸟右前下方站立五人[4]，最中间一男性，侧立，戴巾帻，执便面，穿袍，腰束带。两边为对称的一对男女，似在交谈，形态、装束完全相同。女性头梳三环髻[5]，脑后隐约可见巾带尾部，侧身执便面，对面立一男子，体型较胖，戴巾帻，身穿圆领宽袖长袍，束袖，袍长至脚踝上方，腰束带，左臂下垂置于腹前，五指张开，右臂前伸，五指张开。

再往右为一挑担男子，身材较小面左而立。男子头戴巾帻，身着圆领束袖短襦，长度及于膝盖处。右肩负担，右手搭在担上。左手提壶，壶带提梁，圈足，腹上部饰二道波浪纹。担前为一鱼，担后一壶，形制与右手所提之壶相似，肩部饰一道波浪纹。

画面右侧中部刻连理木[6]，形态与棺身右侧所刻之大树相似，枝条上附生有小枝桠。树上挂着两只猴

---

[1] 东汉桓帝延熹八年为165年，考其年闰月为闰七月。

[2] 高文、高成刚对简阳二号棺的双阙中间之物考证为"罘罳"，是汉代设在门外或城角上的网状建筑，用以守望和防御。《汉书·文帝纪》："未央宫东阙罘罳灾。" 颜师古注："罘罳，谓连阙曲阁也，以覆重刻垣墉之处，其形罘罳然，一曰屏也。"按《五行志上》作"罘思"。 汉桓宽《盐铁论·散不足》："今富者积土成山，列树成林，台榭连阁，集观增楼。中者祠堂屏合，垣阙罘罳。"（桑弘羊著、王利器校注：《盐铁论校注》，中华书局，1992年）但该图像不知是否与其有关。

[3] 简阳三号石棺上也有二人博弈图像，除头戴长物、背生羽翼之外，图像基本与此同，因名之。

[4] 此图像与"五女"图相似，但是多一女性，站立顺序也不相同，可能也是一典故，但缺乏榜题，无从考证。

[5] 《说文》："髻，总发也。案：古妇人首饰，琢玉为两环"。郑珍注："谓盘髻如环。"此处发髻形式，应属于"髻"。作于唐代的《炙毂子》记载的"飞仙髻" 发型，大概也属于这种高鬟髻，"汉武帝时，王母降，诸仙髻皆异人间，帝令宫中效之，号飞仙髻。"（《格致镜原》卷十一）可见这高鬟髻为仙人常见发式。

[6] 连理，指不同根的草木、枝干连生在一起。《后汉书·安帝纪》："东平陆上言木连理"。山东嘉祥武梁祠刻有相依二树，榜题"木连理，王者德纯洽，八方为一家，则连理生"。连理在汉代喻指大德，吉祥之兆。汉班固《白虎通·封禅》："德

0 ⊢━━━━━━┤ 20厘米

图八一　泸州13号棺后挡视图

图八二　泸州13号棺后挡拓片

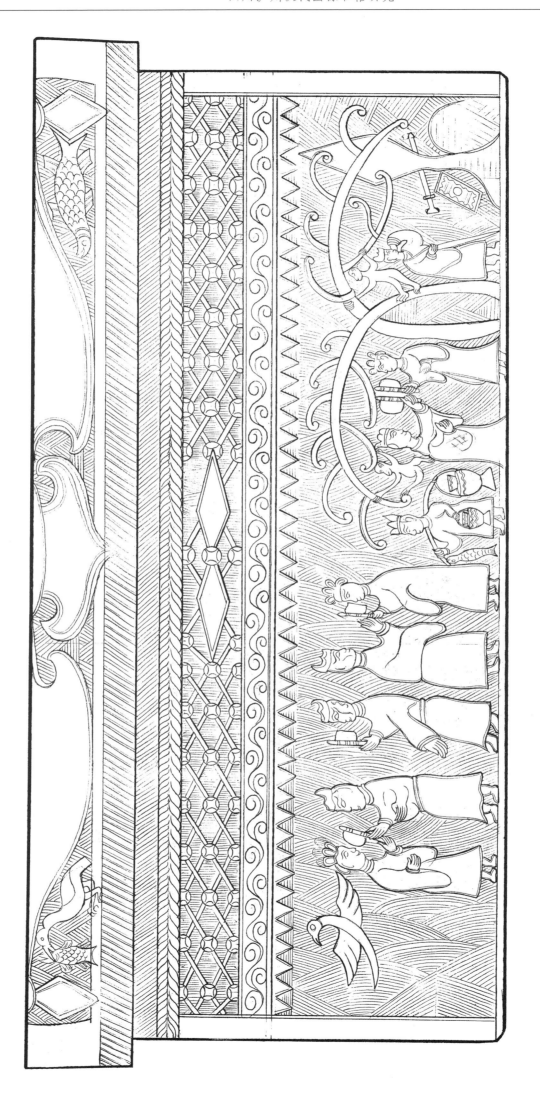

图八三　泸州13号棺棺身左侧视图

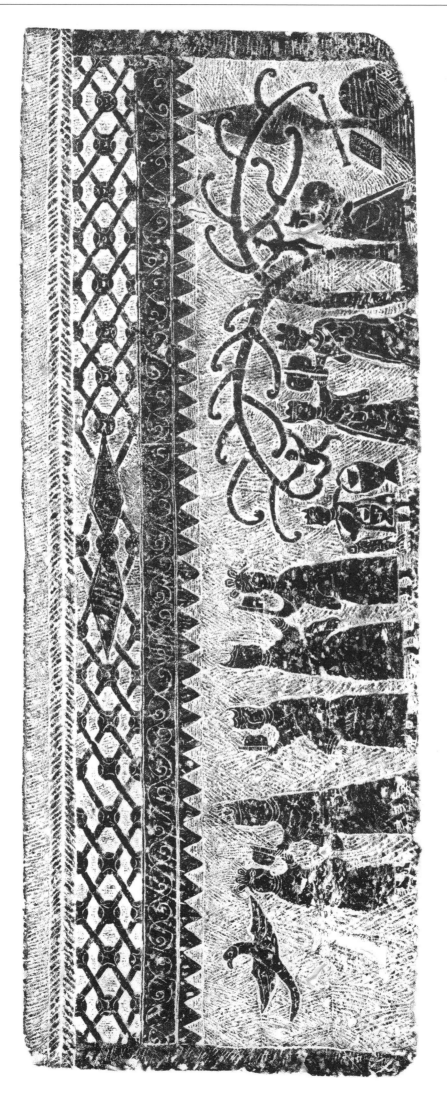

图八四　泸州13号棺身左侧拓片

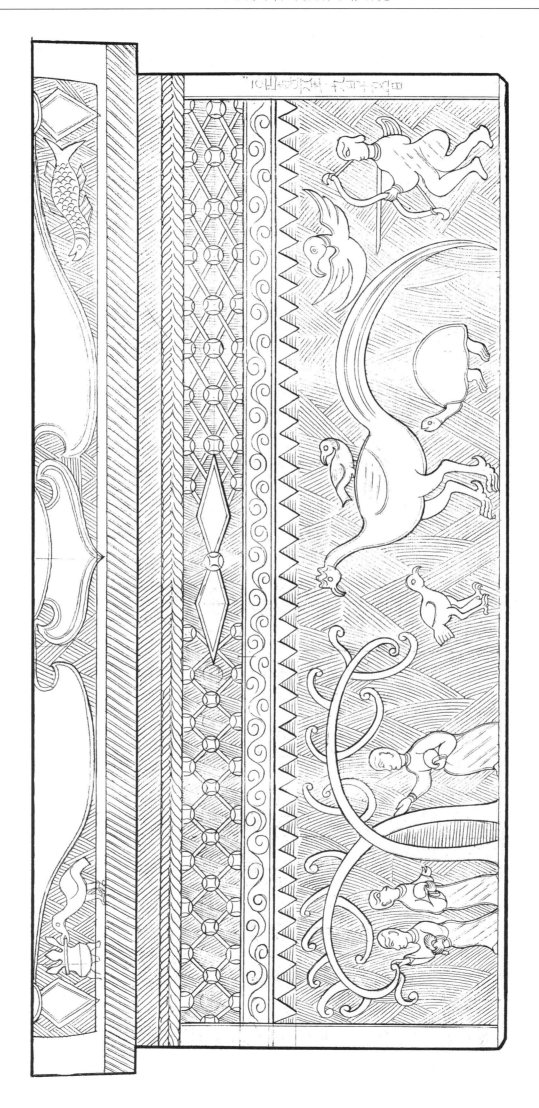

图八五　泸州13号棺棺身右侧视图

图八六　泸州13号棺棺身右侧拓片

子，猴子呈攀援状。

树下左边有两人，相对而立。左侧一人，身体较臃肿，微向右倾，头戴山形冠，身着圆领宽袖长袍，下摆垂地，左手上握便面，右臂向下斜伸。右侧一人与其相对而立，形态与穿着与左侧男子相同。

树下右侧站立一男性，与树左侧立人相背。戴高巾帻，小眼狭长，鼻较大。身穿圆领束袖长袍，身体微曲，左臂上抬，左手置于脑后，右手执杖。

男性前方似为一棵松树，树冠呈菱形，树根于地下呈喇叭状，树干上部被一柄长剑穿过。剑茎扁平，茎与剑身交接处有铜镡，镡两端弯向前作成钩状。剑首应为圆形，侧面看近似覆钵形。

松树左侧，长剑下方，刻有一案形物。紧靠树右侧刻一圆形物，上面阴刻纹饰。

棺身右侧：射鸟图（图八五、八六，图版二八）。

构图与棺左侧基本相同，也是用边框分成两层图像。右边框上阴刻"延熹八年九月十五日"几字[1]。地纹由编织席纹组成，凿痕宽约0.1～0.3厘米。

框内画面分作上下两层，上层图像与左边相似，只是"胜纹"处无联璧纹。

下段为射鸟图。左侧有两棵大树，至树干中部相交，左右反向生长，形制与棺左侧相似。树下左侧有两人，左一人梳高髻，着圆领长袍，右脚尖微露，左手置于胸前，右手上抬向树上作采摘之状，左手执一物，不详；右一人戴平巾帻，身着圆领束袖长袍，左手平抬，右手持一物置于胸前，走向树干。树右侧亦站有一人，戴平巾帻，着圆领束袖长袍，左手持一物置于胸前，右手平抬，搭向树干。

右侧靠中部刻一只长尾大鸟，疑为朱雀。鸟体形硕大，背微隆，敛翅较小，双腿直立，头微下垂，朝向画面左侧。尖喙较长，上喙微卷，包住下喙，冠为"山"字形。长颈微前伸，头与颈相连处有两圈颈羽。长尾弯曲垂地，尾羽分作三条，背上有一小鸟，尖喙较长，头回望，敛翅，尾略显短粗，微下垂。大鸟前方下部站立一小鸟，短尾较粗，微展，双腿粗长，尖喙弯曲，背微隆。大鸟后尾羽下有一只乌龟，朝向画面左侧，圆头，抬头略前伸，口微张，睁目，短颈，龟背甲呈拱形，脚掌肥大，与朱鸟相对可能为玄武。大鸟长尾右上方刻一只飞鸟，形制与棺左侧的飞鸟形制相近。

画面最右侧刻一侧身张弓之飞人，带平巾帻，束发于脑后，脖子异常粗大圆鼓，瘦肩，身穿圆领束袖短襦，长度仅及膝盖处。背生短翼，末端微上翘，内用两条阴线刻饰。左右手做拉弓状，身体微下蹲，臀部后翘，双腿微曲，左腿在前，前脚掌蹬地，右腿在后，脚掌着地。弓呈"M"形，箭细长，置于手上部弓下凹之处。整个形象动感十足，箭在弦上，蓄势待发。

# 十一、泸州市14号画像石棺

2007年1月出土于四川省泸州市龙马潭区大驿坝木岩村天立翰林苑一座东汉墓中。墓葬情况不详，石棺现陈列于泸州市博物馆，编号为泸州14号棺。

---

至草木，朱草生，木连理。"《南史·垣崇祖传》："后为竟陵令，惠化大行。木连理，上有光如烛，咸以善政所致。"以后才指夫妻恩爱，如白居易有"在天愿作比翼鸟，在地愿为连理枝"之诗。《海内十洲记》又将这种树木称为"扶桑"："扶桑在东海之东岸，岸直，陆行登岸一万里，东复有碧海。海广狭浩污，与东海等。水既不咸苦，正作碧色，甘香味美。扶桑在碧海之中，地方万里。上有太帝宫，太真东王父所治处。地多林木，叶皆如桑。又有椹树，长者数千丈，大二千余围。树两两同根偶生，更相依倚。"扶桑为东方神话，而蜀地信仰昆仑神话，所以本文暂称为"连理木"。

[1] 与棺前挡日期相差2个月零10天，相差日期有两种可能：一，制作棺的日期，7月5日为始作石棺之日，9月15日为完工之日；二，7月5日为棺完成之日，9月15日为下葬之日。不管是哪种对于考察当时的葬俗都有意义，第一种，说明此棺制作花费很长的时间和精力；第二种下葬相隔两个月，对于考察当时葬俗有重要意义。

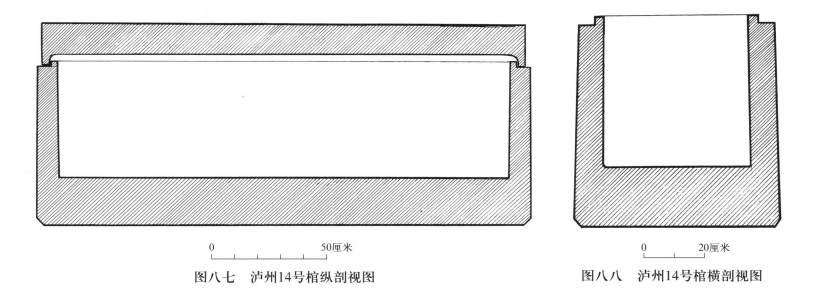

图八七　泸州14号棺纵剖视图　　　　　　　　图八八　泸州14号棺横剖视图

棺盖弧形顶，棺盖与棺身作企口连接，长约2.74、宽约0.83、最高处约0.19米。棺身平面长方形，底略大于口，长2.59、宽约0.66~0.69、高约0.70、通高0.89米，棺壁厚0.09、棺底厚0.21米，凿痕宽0.2~0.3厘米（图八七、八八，图版二九）。石棺为红砂石质，整料雕造，画面清晰，保存状况较好。雕刻方式为浅浮雕，细部用阴线刻绘。

棺盖：无主图，地纹以三角形为主。

前挡：凤阙图[1]（图八九、九〇，图版三〇）。

地纹由三角形组成，用阴线分六段，凿痕宽约0.3厘米，两凿痕间相距约0.7厘米。双阙对称构图，从画面看为先修一高台作基座，再在上面建左、右两阙，无立体感。两阙均作独立式单檐，阙身向上斜直内收，腰檐两重平出，楼身作倒梯形。屋顶庑殿式，檐角圆钝上翘，瓦脊七道。左、右阙顶各一立鸟。两阙之间阙楼位置刻一朵花，花心圆形，外着六瓣花瓣，似莲花。

后挡：伏羲女娲图（图九一、九二，图版三一）。

地纹由三角纹组成，用阴刻线横向分7段，凿痕宽约0.2~0.3厘米，两凿痕间相距约0.6~0.8厘米。伏羲、女娲人身蛇尾，尾部交缠，侧向相对。左侧为女娲，戴抹额，梳两环髻，两巾尾自抹额内伸出于头两侧，耳发较长，垂于肩部。身着宽袖长袍，袖口微束，腰束带，衣服下摆紧包住臀部。腰下部长有爪，下身为长尾。左手横于胸前，手持排箫，放于口中。右手贴于身侧，托一圆月。右侧为伏羲，除头戴冠外，其它与女娲装饰基本相同。左臂上举，手托一圆日。右臂上举，手握鼗鼓，五指握于长柄中部，柄上端接一圆饼形物，圆饼形物两侧各伸出一长条形物。伏羲、女娲形态均略显纤细，容貌俊美。

棺身左侧：无主图（图版三三）。

棺身右侧：房屋建筑图。（图九三、九四，图版三二）地纹与前挡相似，凿痕宽约0.2厘米，两凿痕间相距约0.6~0.7厘米。

左侧为楼阁。硬山式木框架结构，其结构用多根主柱构建出房屋，正面可见一个主柱，中间有一个主柱，主柱上方有斗拱，斗拱为一斗三升式。双重檐，底面为台基。房屋两层，底层面阔四间，用多根短柱隔开，中间有一根横梁，两侧各有一对开门，左侧阴线刻出门缝，右侧门则不明显。下檐屋顶用四级板瓦覆

---

[1]　汉代宫阙上常立凤鸟，故名之，实为祥瑞意。《史记·孝武本纪》："其东则凤阙，高二十余丈。"司马贞《索隐》引《三辅故事》："北有圆阙，高二十丈，上有铜凤皇，故曰凤阙也。"《汉书·东方朔传》："陛下以城中为小，图起建章，左凤阙，右神明，号称千门万户。"　颜师古注："凤阙，阙名。"《艺文类聚》卷六二引晋潘岳《关中记》："建章宫圆阙，临北道，凤在上，故曰凤阙也。"

0 |————| 20厘米

图八九　泸州14号棺前挡视图

图九〇　泸州14号棺前挡拓片

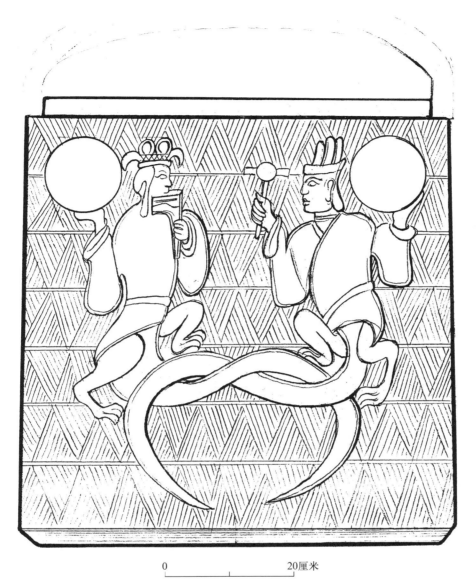

0      20厘米

图九一　泸州14号棺后挡视图

图九二　泸州14号棺后挡拓片

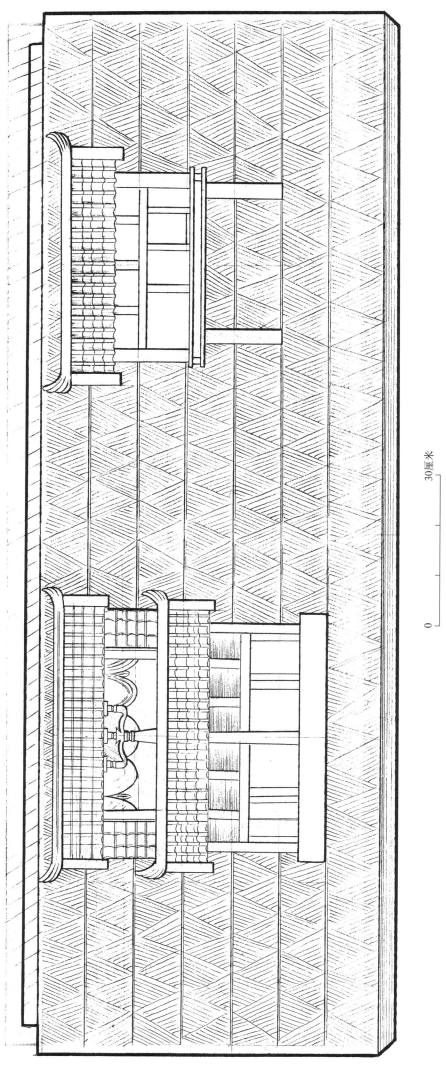

图九三　泸州14号棺棺身右侧视图

0 —————— 30厘米

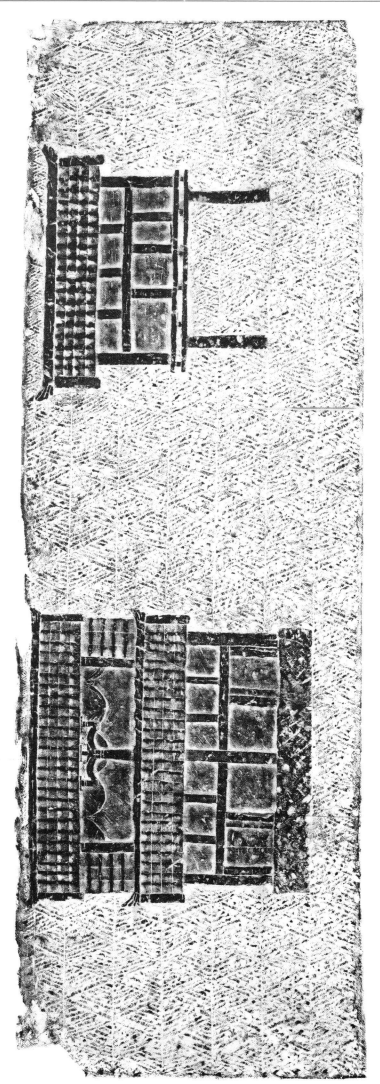

图九四　泸州14号棺棺身右侧拓片

盖，瓦垄26脊，檐角上翘。上层被中心柱隔成两大间，左右似为窗，斗拱后面有布幔，瓦陇25脊，檐角与上层相同。画面用浮雕高低表现立体视觉，廊柱在前，较分间立柱浮起更高。

右侧为干栏式建筑[1]。单檐，底层可见两根上小下大立柱承重，带围栏，两栏杆平出，中间由五方短柱相连。房屋中上部也用横梁分成两部分，下部立柱三根，面阔四间，从左至右，房间面积逐渐变小。上部分有三根立柱，立柱间距离略相当。屋顶用四级板瓦覆盖，瓦陇18脊，檐角形制与左侧楼阁相同。

## 十二、泸州市15号画像石棺

2002年10月出土于泸州江阳大坪市政大院，墓葬已遭破坏，出土情况不详，资料未发表，现藏泸州市博物馆，编号为泸州15号画像石棺。

棺盖不存。石棺身长2.07、宽约0.75～0.85、身高0.84～0.85米，棺壁厚0.08～0.10、棺底厚0.19米，凿痕宽0.3厘米（图九五、九六）。青砂石质，整石雕造，棺身四周均有画像，画像以浅浮雕为主，细部用阴线雕刻。

前挡：铺首衔环、伏羲女娲图（图九七、九八，图版三四）。

上下有边框，上边框为雕刻绳纹，下边素面，地纹以三角形为主。中间一道框带将图像分成上下两层，框带上刻云纹。

上层图像中部为铺首衔环[2]。兽面，额头中央有一圆凸起，脸略呈圆形，鼻大眼小，大嘴咧开，上排有两颗尖长獠牙。口中衔一环，双手从脸两侧伸出，握环。铺首左、右各有两个倒三角形，其内用阴线装饰。地纹阴线宽约0.2～0.3厘米，间隔0.5厘米；云气纹和三角形内阴线宽0.2～0.3厘米；铺首人物中的阴线宽0.1～0.2厘米。

下层为伏羲女娲图。

右侧为女娲，头侧向左与伏羲对视，头梳高髻，面带微笑。上身着右衽宽袖袍服，阴线刻饰衣皱、袖口。身体向前倾，右手向后托月，由于空间限制，月轮只刻画出下部的1/3。左手前臂贴身，手中有一物，呈长方形，似排箫。腰下有两腿，作奔跑状。两腿之间伸出一长尾，粗壮，至尾端逐渐变细，与伏羲尾相交缠。[3]

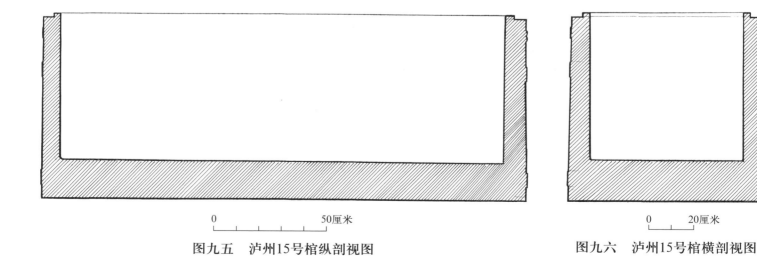

0　　　　　　　50厘米　　　　　　　　　　　　　　0　　　　20厘米

图九五　泸州15号棺纵剖视图　　　　　　　　　图九六　泸州15号棺横剖视图

---

[1]　简阳三号石棺将这类房子称为"大仓"

[2]　铺首一般放置于靠近墓门位置起镇墓作用，也说明此为前挡。

[3]　此伏羲女娲下身着裤，与前述形制不同。

0 _____ 20厘米

图九七　泸州15号棺前挡视图

图九八　泸州15号棺前挡拓片

左侧为伏羲,头向右侧与女娲对视。头戴山形冠,面带微笑,鼻下有八字胡。上身着右衽宽袖袍服,阴线刻饰衣皱、袖口,上半身前倾,左手向后直伸,托日,形制与女娲所托圆月相同。右手执鼗鼓。两腿一前一后,奔跑状。两腿之间伸出一长尾,粗壮,至尾端逐渐变细,与女娲尾部交缠,两尾相交成圆圈状。

后挡:双阙图(图九九、图一〇〇,图版三五)。

上下两道边框,上边框装饰绳纹,下边框素面。地纹以编织纹为主,地纹和绳纹中阴线宽约0.2厘米,间距约0.5厘米,画像中阴线除鸟羽,阙顶瓦垄为0.1厘米外,其余为0.2厘米。绳纹边框上方刻一庑殿顶,正脊端呈弧形尖角上翘,垂脊刻画不完整,呈弧形上翘。一长垂带从中间绕过边框呈"人"字形垂落,垂带上两边各有一阴线,中间部分阴刻卷云纹加波浪纹。在边框的下方,垂带两侧各刻有两个半倒三角形,内阴线装饰。

框内雕刻子母双阙图。两阙形制一致,对称构图,为双重楼独立式子母阙。左侧母阙无台基,阙身瘦高呈梯形,阙身上方与阙楼之间有两重长方形腰檐,两重腰檐之间有阴线菱形刻饰,腰檐上方为一长方形台,其上阴线刻饰云纹。腰檐上有两重阙楼,楼身上阴线刻饰仿木结构,下层庑殿顶,正脊脊端与垂脊脊端呈尖角弧形上折,屋顶上刻有右上-左下方向阴线饰瓦垄。第二层楼正脊中央有一三角形脊饰,屋顶上为左上-右下方向的阴线饰瓦垄。子阙位于母阙的左后方,较矮,梯形阙身,无腰檐,单层檐,庑殿顶,脊端呈尖角弧形上翘,屋顶上刻右上-左下阴线饰瓦垄。阙身、阙楼的边缘各有一圈表现轮廓的阴线刻饰。右侧阙与左侧形制基本一致,唯屋顶阴线刻饰的瓦垄方向相反。

在双阙之间上方,垂带的下方中央处刻一向左的飞鸟,昂首,尖喙较短,鸟头上有一长翎,向后弯曲后略上翘,颈部略粗,双翅展开上扬,尾上翘,鸟图形动感很强,羽毛细部用阴线表现。

在双阙的两侧各有一猴攀阙楼檐下,攀援跳跃,神态逼真。双阙内侧有两人,左侧一人头戴高低冠,神态庄重,身着宽袖袍服,腰束带,身上阴线刻饰衣皱,双脚隐隐露出,上半身略向前倾,双手笼于袖中,袖口宽长下垂,双手握一旗杆,旗杆上有一幡飘动,旗幡中阴刻纵向曲线数条。右侧一人头包巾帻,额头束一带,双目正视前方,身着宽袖长袍,腰束带,身上用阴线刻饰衣皱,上身向左倾,双手捧一物横于身前,双脚于袍下隐隐露出。

棺身左侧:仙人骑羊(图一〇一、图一〇二,图版三六)。

有边框,边框形制与前挡相同。地纹以编织纹为主,横栏上雕刻卷云纹,中间有一横栏将画面分成两层。

上层图像用凸起竖栏分割成三个部分,竖栏内装饰云纹。

左边一组为向两侧拉长变形的柿蒂纹,四角各有一弧形装饰,其内又阴刻同样形状的弧形阴线。柿蒂纹中间为一圆形,与棺身左侧联璧纹中的"璧"形制相同。竖向两蒂叶较短,呈扁桃形;横向两边各有三叶相连而成,均呈扁桃形,叶柄较长。柿蒂纹内用阴线装饰。

中间一组画像为人物图,面部均漫漶不清:

最左边一人为半开门图像,只露出半身,身着宽袖袍服,背上有翼。

第二组为荆轲刺秦王图。画面中间有一立柱,上顶一栌斗,立柱两边各有一人,相对而立。左边一人着宽袖袍服,腰系带,两臂屈肘前伸。右边一人着宽袖袍服,左手伸于腰前,右手上举,似持一剑于肩上,两腿后退。

第三组二人各持一长物向右躬身前行。长物竖直,细长柄,顶端接一圆球状物(似为节?)。

第四组四人,均穿袍服,各持一物,似为杂耍,第四人前有一猴子,长尾向上卷曲。

最右边为聂政刺韩王图。左边一人裸上身前俯,仰首,右臂屈肘,手向上伸持一匕首向上斜刺。右腿屈膝,

0              20厘米

图九九　泸州15号棺后挡视图

图一〇〇　泸州15号棺后挡拓片

图一〇一　泸州15号棺棺身左侧视图

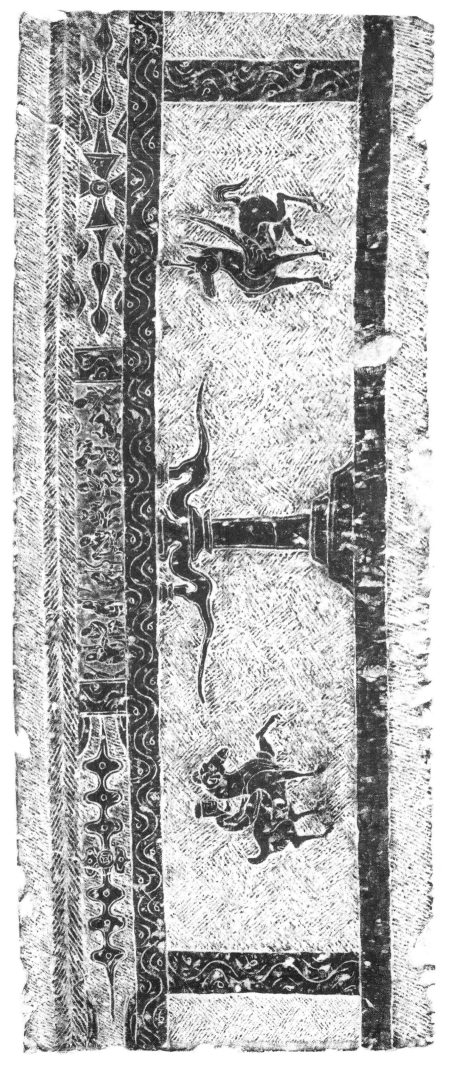

图一〇三 泸州15号棺棺身左侧拓片

左腿前伸，应为屠夫聂政。右边之人站立，低首，身着右衽袍服，右手持一环首刀斜于腰前。左前臂屈肘贴身，手向外上举。两腿分立。应为韩王。

右边一组为"胜纹"。胜纹中间为一圆形，中央有一阴刻小圆圈，胜纹外左右有多个叶纹，其结构与左边的柿蒂纹对称。

下层图两侧有竖边框，边框上刻云纹。图像中间为一立柱，立柱双层柱础，剖面均呈梯形。柱础上立一竖柱，略粗。柱顶接一栌，再上接一斗拱，山字形，中间立柱中接一齐心斗，两边立柱上接散斗。拱的两端各伸出一较长尖角形饰物，略向下弧。立柱及斗拱靠近外边缘处均有沿外轮廓的阴线一圈。斗拱将画面分成两部分：

左侧为仙人骑羊。中间略偏左刻一人骑羊向右行，羊卷角，长嘴较扁，上绑一缰绳，颈部较粗，身体肥壮，短尾上翘。四肢较细，四脚做奔走状。羊背上一人，头戴平巾帻，阴线刻画五官，表现四分之三侧脸庞，身着宽袖袍服，双腿跨于羊背，右腿屈膝，小腿后摆。

斗拱右侧刻一麒麟[1]。头顶一角，竖立，中间细长，顶端有一圆球。两耳较长，略有尖角，嘴似马嘴，颈部较粗，挺胸，身体肥壮。胸部两侧刻有双翼，阴线刻饰羽毛。尾上翘后弯曲下垂，阴线刻画细毛。四肢细长、健壮，两前肢站立，后腿略弯曲。

斗拱两侧下方各阴刻一飞鸟。[2]左侧为飞鸟，右侧为朱雀。

棺身右侧：秋胡戏妻图[3]（图一〇三、一〇四，图版三七）。

构图与棺左侧相同。地纹以编织纹为主。地纹阴线多宽0.2~0.3厘米，间距0.5~0.6厘米。边框上方中间画像的人物阴线宽0.1厘米，其余画像阴线宽0.2厘米。中间有一横栏将图像分成上下两层。

上层画像又可分成三个部分。

第一部（左边一组）为三猴戏鸟图。图左为一鸟，向右站立，圆首、尖喙，头上有一突起，细颈较长，翅合于背，长尾下垂，尾端上翘，至尾端略细。双腿直立，鸟颈被一猴抓住，向下趴伏。鸟前有三猴，单手相拉嬉戏，形象接近。

第二部分（中间）为几组人物画像。浅浮雕，人物均以粗线条勾勒出轮廓，面部漫漶不清，分四组：

左边为半开门图像。一人半身露出，伸手至门外，门外一人手捧一物，似在接受门内之人给物。

第二组似是二桃杀三士。左边两人像在拉扯，右边两人手中均持有兵器，似在争斗，其上方有一圆物，可能是桃子。[4]

再右一组为一人二马图。一人向右行走，上身着右衽袍服，两手前伸，手中抓一物，两腿行进状。人前为一卧马，头颈部直竖，身体卧于地上。卧马后为一立马，体形矫健，四肢健壮，站立，尾较长，上翘后下垂。马臀部上方刻一物，略呈梯形，下部两端有两长柄立于马上，上部两端伸出两短柄，呈弧形。

最右一组为秋胡戏妻图。左为一桑树，其上阴线横向刻画若干道。树顶左右两边各伸出两片树叶，叶片

---

[1]　武梁祠屋顶有此类画像，榜题"（麒）麟不刳胎残少则至"。 该兽形象与之相近，只是在前肢附近多了一对羽翼。麒麟，亦作"骐麟"，简称"麟"，雄性称麒，雌性称麟。汉许慎《说文解字》十："麒，仁兽也，麋身牛尾一角；麐（麟），牝麒也。"段玉裁注云："状如麕，一角，戴肉，设武备而不为害，所以为仁也。"总结其形象 "麋身牛尾一角"，与石棺上形象相同。古人把麒麟当作仁兽、瑞兽，《管子·封禅》："今凤凰麒麟不来，嘉谷不生。"（黎翔凤、梁连华：《管子校注》，中华书局，2009年）《宋书》："麒麟者，仁兽也。牡曰麒，牝曰麟，不刳胎剖卵则至，麋身牛尾而一角，狼项而一角，黄色而马足。含仁而戴义，音中钟吕，步中规矩，不践生虫，不折生草，不食不义，不饮洿池，不入坑穽，不行罗网。明王动静有仪则见。" 麒麟是神的坐骑，可通神界。

[2]　由于阴刻较浅，未能拓出。

[3]　此图像虽无榜题标明，但相同且有榜题的图像发现很多，当为"秋胡戏妻"之图像。

[4]　图像不清晰，也有可能是杂耍、搏斗图。

略呈椭圆形。一人立于树右侧，回首右视。着右衽袍服，腰系带，袍下双脚隐隐露出。右手伸向桑树，手中拿一长方形物，似为采桑之篮。左手伸于胸前，似欲采桑。往右有一人持物而立，面目不清，着右衽袍服，双脚露出。右手上举，持一物，椭圆形。其身后又有一人向左站立，面目不清，着右衽袍服，双手拱于胸前，似为随从。

第三部分（右边一组）为联璧纹。联璧纹由绳索联系玉璧而成，绳索粗短，交错成菱形，玉璧共三行，每行八个，交错分布，玉璧圆形璧面，沿轮廓阴刻一大圆圈，中心阴刻一小圆圈，两圆圈之间刻有四条弧线，向外弧，各弧线并不相接。

下层画像由中间一竖栏分成两部分。

左侧画像为鹤啄鱼图。画像左侧为一鱼，整体呈背部拱起，向左跳跃状。头部略呈椭圆形，背部拱起，头、身上均有沿体侧的阴线一圈，躯干中央亦有阴线一条。右侧为一大鸟，向左站立，展翅，弯颈，低头啄鱼尾部，头较小，颈部细长，略弯，尾部下垂拖地。头、颈、身、翅、尾均有沿体侧下部边缘的一道阴线，双腿较长，前行。

右侧画像为秋胡戏妻图，构图与上层的相近。

画像左侧为秋胡之妻采桑，左侧为一桑树，近根部略成三角形，树干粗直，枝干盘结，树干中部向右下伸出一枝，枝头阴线刻饰树叶，为秋胡妻摘采。桑树右侧向左站立一人，当为秋胡之妻，头梳高髻，阴线刻画五官，表现出四分之三侧脸庞，作回视状，神情庄重，身着右衽宽袖长袍，袖口下垂，下摆拖地，上卷，阴线刻画袖口褶皱，右手前伸，正在抓住一片桑叶，作采摘状，左手抚于胸前。身前阴刻两环略成椭圆形上下相交，似为采桑之篮，上为其提手。

右刻秋胡，向左站立，头戴冠，阴线刻画五官，表现四分之三侧脸庞，眉清目秀，作咧嘴嬉笑状。身着右衽宽袖袍服，袖宽大下垂，阴线刻饰袖口，衣服褶皱，袍底双脚隐隐露出，左手放于胸前，手持两物，似上为便面，下为一口袋，右手前伸，手拿一物，呈圆形，正以之引诱前面采桑之人。

# 第二节　泸县画像石棺

## 一、泸县1号画像石棺

2001年上半年出土于泸县云龙镇农贸市场工地的一座汉墓中。墓葬情况不详，石棺现存于泸县文物管理所，编号泸县1号棺。

棺身略成长方体，长1.95、宽0.53、高0.59、通高0.75米，棺壁厚0.05～0.06、棺底厚0.22米（图一〇五、一〇六）。整棺青砂石雕造，以剔地减浮雕为主，细部阴线刻。

棺盖：无画像，地纹以三角纹为主，棺盖四周有些斜线纹。

前挡：伏羲图（图一〇七，图版三八）。

有边框，形制与后挡相似。边框内剔地浅浮雕画像，地纹为三角纹。边框内左侧留白，右侧刻画伏羲图。伏羲头戴山形冠，阴线刻划五官，脸略向右手侧。身着右衽宽袖袍服。双手向两侧平伸，袖口下垂，左手平托一圆轮（日）。无双腿，腰以下有一长尾，至尾端逐渐变细，长尾下垂后向右呈"L"形。

后挡：单阙图（图一〇八，图版三九）。

图一〇三 泸州15号棺棺身右侧视图

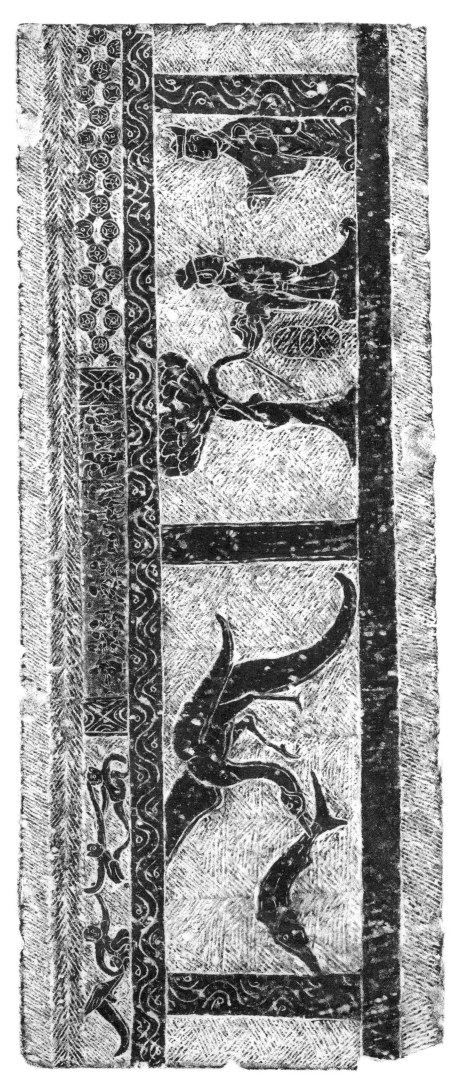

图一〇四　泸州15号棺棺身右侧拓片

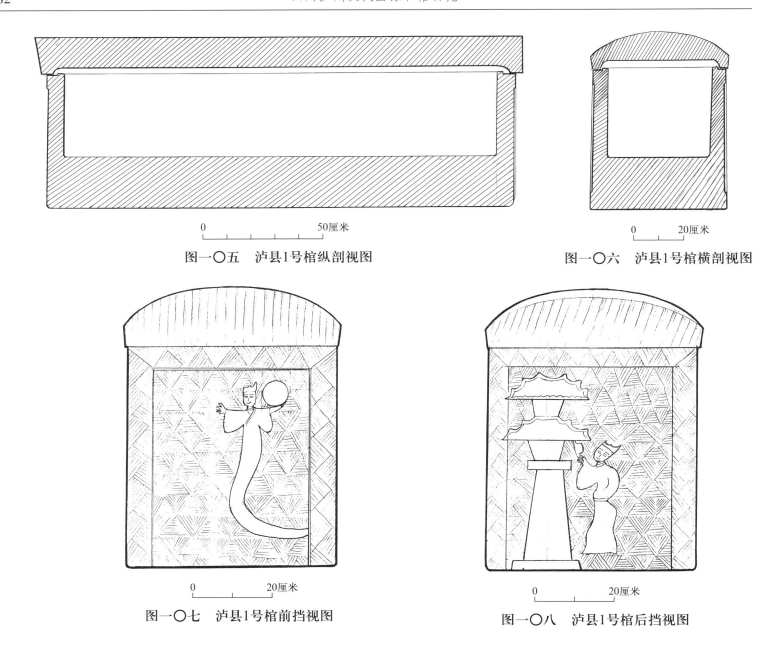

图一〇五　泸县1号棺纵剖视图　　　　　　　　　图一〇六　泸县1号棺横剖视图

图一〇七　泸县1号棺前挡视图　　　　　　　　　图一〇八　泸县1号棺后挡视图

　　上、下、左、右四边皆有边框，边框上刻有三角纹，边框内剔地浅浮雕画像。剔地呈斜坡状，在沿上侧边框的下缘最深达0.5厘米，至挡的下端则与边框上表面相平。边框内地纹为三角纹类，其左侧刻画一单阙。画像底为台基，阙身瘦高，呈梯形，阙身与阙楼之间有一长方形腰檐。阙楼为双重楼，楼顶为歇山式，垂脊背端呈尖角上折。屋檐处有一横向曲线，饰瓦垄。阙身右侧刻一人，左向站立，头戴介帻，阴线刻画五官，身着宽袖袍服，腰系带，左手叉腰，右手上举，手持便面，仰视阙楼。

　　棺身左侧：出行图（图一〇九，图版四〇）。

　　四周有边框，边框上装饰三角纹。边框内剔地浅浮雕画像，剔深约0.5厘米，地纹以编织纹为主。边框内中部刻画出行图：

　　一行人向右前进，最前面（右）一人骑马，马体形较小，头大，尖竖耳，头上套有绳，四腿奔跑状，尾短下垂。马背坐一人，头戴介帻，表现四分之三侧脸庞，身着宽袖袍服，左手前伸，抚于马颈部，右腿下垂略前伸。

　　马左后侧有两鸟一前一后，均作前进状。前面一鸟头顶三角形羽，尖喙向下伸，身体较胖，双翅合拢，阴线刻饰羽毛，背上背负一罐状物。后面一鸟除头上无羽外，其它基本与前一鸟相同。背上亦背负一罐状物。马后右侧有一狗，头略圆，三角形耳朵竖起，颈较粗，身体肥，尾上卷，四肢较短，作奔走状。

图一〇九　泸县1号棺棺身左侧视图

图一一〇　泸县1号棺棺身右侧视图

狗后面有两人，均作行走状。前一人，头戴介帻，阴线刻画五官，表现四分之三侧脸庞，身着宽袖袍服，下摆及于踝上方，左手前伸，手拿一棍状物末端向上竖起，右臂略弯，右手抚于腰际，腰间左侧悬挂一环手刀。后一人，头戴锐顶冠，刻画五官，正视前方，表现1/2侧脸庞，身着窄袖袍服，下摆较长，左手前伸，略向上抬起，手执一月牙形状物，右手抚于腰际[1]。

棺身右侧：宴饮图（图一一〇，图版四一）。

有边框，形制与左侧同。边框内剔地浅浮雕画像，图中剔深约0.5厘米，地纹为三角形。画面左面大量留白，右半部分雕刻宴饮图。

图中右侧为一房屋，顶为歇山式。正脊中央有一三角形脊饰，正脊脊端、垂脊下端呈尖角上折。屋顶下大厅两侧各有一根立柱，立柱顶端各有一斗拱，拱眼突起，拱头下垂，拱两端各有一散斗。右侧立柱下有一方形柱础，斗拱中间竖一短柱，左侧立柱则无此短柱。

房屋内有三人，两人对坐，一人站立。中间两人相对坐，中间置一豆形器。右边一人头戴介帻（高髻？）阴线刻画五官，表现四分之三侧脸庞，身着宽袖袍服，两手向前伸，手执一勺，似从豆形器中盛物，请对方品尝。左边一人装束、姿态基本相同，两手前伸，似在恭敬接受。边上有一人站立。头戴巾帻，阴线刻画五官，表现四分之三侧脸庞，身着宽袖袍服，腰束带，右手前伸，手执一便面，可能是侍者。

房屋左侧刻画一树，树干粗壮、弯曲，树枝散漫。树枝上立三鸟，嬉戏、啄食，阴线刻饰羽毛。下层左枝上挂一猴（小人），阴刻五官，表现正面脸庞，其两上肢抓住树枝，身体悬垂，两下肢略屈膝。

## 二、泸县2号画像石棺

该画像石棺为采集品，仅知出土于泸县云龙镇的一汉墓中，其它不详。现藏于泸县文物局，编号为泸县2号棺。

石棺身长2.10、宽0.79～0.80、高0.80、通高1.08米，棺壁厚0.10～0.12、棺底厚0.30米（图一一一、一一二）。青砂岩质，整料雕造，局部残损。棺盖呈弧形，棺盖与棺体四壁均镌画像。雕刻方式为浅浮雕，即先剔地雕出动物人物等形象造型，再在其剔地表面用阴线修饰。

棺盖：柿蒂纹图（图一一三）。

弧形顶，两侧有边框，横向分刻三个大小相近的柿蒂纹。左、右两柿蒂纹形制相近且对称，横向蒂叶较狭长而蒂端尖细，纵向蒂叶较短小，纵横向柿蒂叶相交于中心，交接处为同心圆。中间柿蒂纹，蒂叶均宽大，蒂结内为同心圆，圆内刻九瓣花。棺盖一端饰一圆轮。

前挡：伏羲、女娲图（图一一四，图版四二）。

四周有边框，仅在右侧边框上刻有几个符号，隐约可识为："二□者上"，其它素面，地纹为编织纹。左右边框外分刻一胜[2]，中间为伏羲、女娲图。画像对称构图：右侧女娲，挽三环高髻，脸较圆，面部为四分之三侧面，用阴线粗略刻画五官，着圆领宽大长袍，胸部阴刻两圆圈表示乳房，双手上举，右手上托一月轮，左手持鼗鼓，腰下有两条腿，腿中伸出长尾，向左与伏羲相交。左侧伏羲除左手托日、右手持排箫外，

---

[1] 鸟负罐等物品，似非人间所见，可能是为了表现墓主升仙，似有"一人得道，鸡犬升天"的气氛，典故出自东汉王充《论衡·道虚》："淮南王学道，招会天下有道之人。倾一国之尊，下道术之士，是以道术之士，并会淮南，奇方异术，莫不争出。王遂得道，举家升天。畜产皆仙，犬吠于天上，鸡鸣于云中。此言仙药有余，犬鸡食之，并随王而升天也。"罐中之物，或为仙药，其表现之情景倒也吻合。

[2] 武梁祠有玉胜图，在两胜旁榜题"玉胜王者"，可证实该类图像为"胜"。

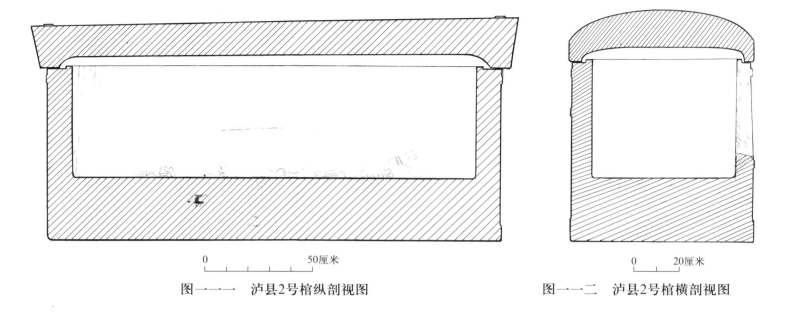

图一一一　泸县2号棺纵剖视图　　　　　　　图一一二　泸县2号棺横剖视图

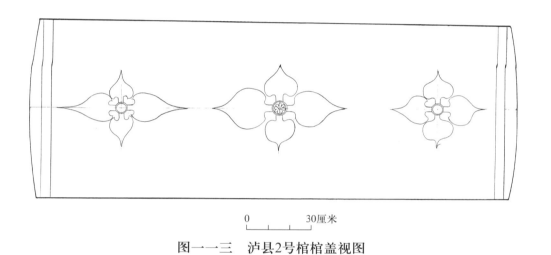

图一一三　泸县2号棺棺盖视图

其它装束与女娲同。[1]

后挡：双阙图（图一一五，图版四三）。

有边框，构图中地纹以编织纹为主。边框外左右分刻"胜纹"，左边"胜纹"略长，右边略短。中间为双阙，左、右阙不对称。左阙为单出阙，有台基，单重腰檐平出，腰檐刻饰波浪纹，庑殿式顶，阙顶上有三角尖形脊饰，檐角和脊端作尖方角向上翘。左阙少一层阙楼，留出空间横向刻一人，戴巾帻，面部为二分之一侧面，双手平举。右阙仅多一层阙楼，其它基本与左侧阙相同。双阙阙身间刻一柿蒂纹，柿蒂叶呈桃形，纵横向柿蒂叶根相交于中心，交接处为同心圆，圆心饰以四连弧纹（似铜钱状）。

棺身左侧：对饮、杂耍图（图一一六，图版四四）。

有边框，上、左、右三侧为素面，底面为斜线。地纹以编织纹为主，较杂乱。中间有一道横栏将画面分成两层，栏上装饰波浪纹。

上层有一竖栏将图案分成两个部分，竖栏上也装饰波浪纹。左侧为一组联璧纹；右侧两边为对称的柿蒂纹，柿蒂叶呈桃形，纵横柿蒂叶相交于中心，交接处为同心圆，圆心饰以四连弧纹（似铜钱状），柿蒂纹中间为联璧纹。

---

　[1]　此棺伏羲、女娲的图像很特殊。从泸州地区画像石棺的此类图像来看，一般是女娲持排箫，伏羲拿鼗鼓，而此处正好相反，这是否应为泸县一个地区的特征？后面介绍的泸县2号棺前挡也是如此。特别应该注意的是女娲胸部刻画出乳房特征，可以确定为女性无疑。

图一一四　泸县2号棺前挡视图

图一一五　泸县2号棺后挡视图

下层图案的左上角隔出一组图像，共六人三桌相对而立，均左者戴平巾帻，右者戴介帻，着宽袖长袍，用阴线粗略刻画五官。手持之物有所不同，有便面、圆物（铜镜？）。每一组图像中间均有一四腿案，案上摆杯等器物。

下层主体部分画像正中偏右刻一树，树枝左右展开：

树左侧为杂耍图，其中三人戴巾帻，四人光头，阴线粗略刻画五官。左边两人搏斗，左一人双手平举，右手持环柄剑，左手执一弓状物，右一人双手持矛前刺。其后一人倒立，旁有一鸟，喙细长尾。再右一人抛三剑，再右一人抛八丸，近树一人扶树欲攀爬，神树顶端右侧倒立一人，似作翻滚状。

树右侧画像为两人，其一人戴进贤冠，一人戴平巾帻，相向而立。左一人图像较大，似地位较重要，面部为四分之三侧面，用阴线粗略刻画五官，脖子较细，着长袍，右手握拳置于胸前，左手执便面平微上举，上身微倾，一长条状器物（悬剑？）横挂腰间，肚子微突。右侧一人除形象较小和腰间无物外，其它形态与左相同。

棺身右侧：迎谒图（图一一七，图版四五）。

以横栏将图案分成上下两个部分，栏内装饰波浪纹。

上层图案内有一竖栏，将图像分成左右两组，均是联璧纹。

下层图像分为三组：

右侧为二人迎谒一骑马人。二人侧立向右，额顶挽一发髻，前偏。面部为四分之三侧面，用阴线粗略刻画五官，弓身，右手执便面，右臂腋下夹一长物，腿弯曲似行走状。右一人骑马向左，左手握拳置于胸前，右手执辔绳，低头，扁直短尾斜上翘起，缓步慢行状。

中间立一树，树枝分开，上立一雀，尖喙弓身，羽翅合拢，扁直长尾微斜向上翘，以阴线刻饰翅膀、身尾羽毛。树下立二人，二人侧立向左，戴巾帻，着袍，面部为四分之三侧面，用阴线粗略刻画五官，左手握

图一六　泸县2号棺棺身左侧视图

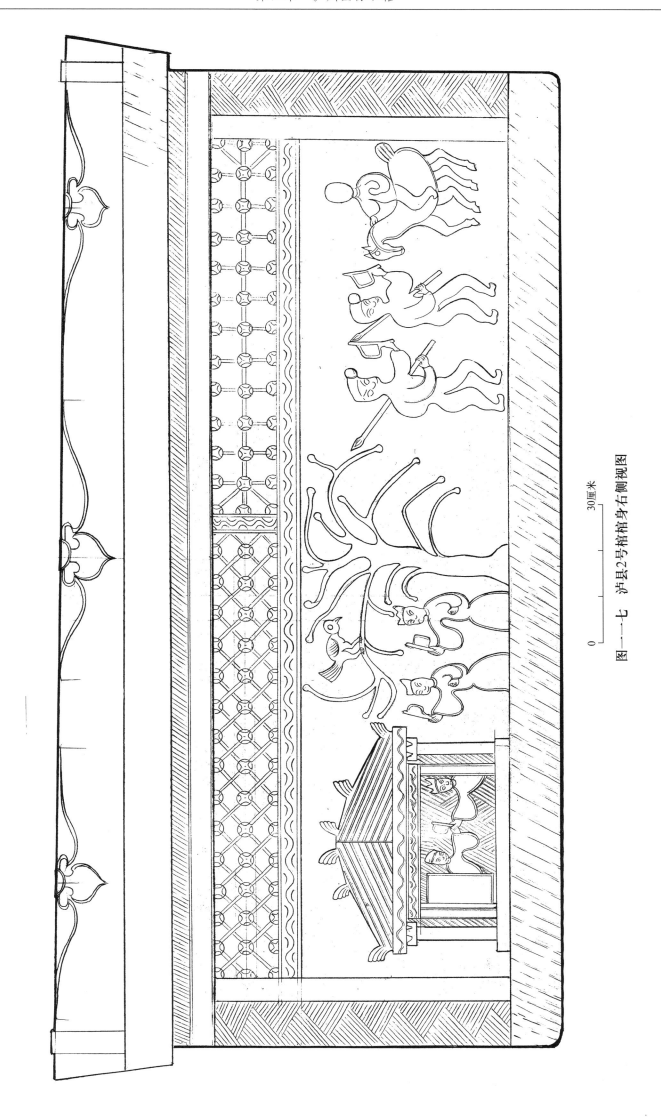

0 ____ 30厘米

图一一七　泸县2号棺棺身右侧视图

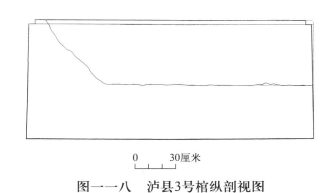

0    30厘米

图一一八　泸县3号棺纵剖视图

0             50厘米

图一一九　泸县3号棺前挡视图

拳置于胸前，右手上举执便面，似为屋内人物侍者。

左边为一房屋，屋顶为四阿顶式，上有顶饰和脊饰，平行斜条纹表现瓦垄，刻出檐柱斗拱，檐上刻单线波浪纹，面阔一间，左右各侧身探出一人，左侧一人被门半掩，戴平巾帻，右侧一人戴山形冠，二人各伸一手，共举便面，作迎接状。

## 三、泸县3号画像石棺

2003年2月出土于泸县福集镇白云村汉代崖墓中，墓葬情况不详。现藏泸县文物局，编号泸县3号石棺。

棺盖残失，棺身残破严重，只有前挡完好，其它部位未发现图像。棺长2.11～2.14、宽约0.84～0.88、身高约0.88～0.89米（图一一八）。青砂石质，以剔地减浮雕为主，局部阴线刻。

棺挡[1]：双阙、伏羲女娲图（图一一九）。

呈梯形，四周有边框，上、下边框装饰波浪纹，两侧素面。边框内减地，用两道横栏将画面分成两部分，底部横栏装饰编织纹，中部横栏装饰波浪纹。地纹为编织纹。

上层图像为"胜纹"，"胜纹"中间有一圆形，圆形中间为一小圆圈，其左上、左下、右上、右下方各有一道向外的弧线。中心圆形的上、下、左、右两侧各有一梯形，梯形的上底与圆形相接。左右两侧较长，边上各有一圆。

下层画像由两条宽1.5厘米的素面竖栏分为三部分：

左右部分雕刻双阙。双阙整体对称，个别地方略有不同。阙无台基，阙身、楼瘦高呈亚腰形，阙身与阙楼之间有两层长方形腰檐。阙楼单层，楼顶为庑殿式顶，脊饰上立一鸟，圆首、尖喙、短颈、合翅，阴线刻饰羽毛，短尾上翘，双爪一前一后。

中间部分为伏羲女娲图。左侧为女娲，束三环髻、穿宽袖袍服，左手持鼗鼓，右手托圆物，腰下有两爪，两爪之间伸出尾巴，向右与伏羲之尾相交。伏羲形象除右手持排箫、戴平巾帻外其它与女娲相同。

---

[1] 仅一侧有图像，破坏过于严重，方位不详。此图像将伏羲、女娲、双阙、胜等集中于一个画面上，比较少见，一般是一挡为双阙，另一挡为伏羲、女娲的配置模式。该幅伏羲、女娲的图像也很特殊，从泸州地区的伏羲、女娲形象来看，一般是女娲持排箫，伏羲持鼗鼓，而此处刚好相反，这应该是泸县一个地区特征。

## 第三节　合江画像石棺

## 一、合江县1号画像石棺

1984年7月出土于四川省合江县城区张家沟一号崖墓中。该墓早年被盗，据说出土有数件陶俑和陶器残片等少量随葬品，其他情况不详，现藏于合江汉棺博物馆，编号为合江1号石棺。

石棺为青砂石质，整料雕造，保存较完整。棺盖呈弧形，长约2.31、宽0.74、最高处高0.21米，棺身长2.15～2.17米、宽0.60～0.62米、高0.60～0.62、通高0.81米，棺壁厚0.14～0.15、棺底厚0.2米、凿痕宽度大约为0.3～0.6厘米（图一二〇、一二一）。棺体四壁均镌画像，雕刻方式为浅浮雕（图版四六）。

棺盖：无主图。

前挡：双阙图（图一二二、一二三，图版四七）。

无边框，地纹凿刻规律，为编织纹。双阙分立，对称构图，无立体感。阙为单出阙，重檐庑殿式，阙顶上有方形脊饰，檐角和脊端作圆角向上翻折，折角近直角，双重阙楼，楼身呈漏斗形，以阴线勾勒轮廓，阙身高筑，束腰，双重腰檐，檐头方圆形，平出，浅台基，阙未经打磨，凿刻粗糙，无纹饰。

后挡：伏羲女娲图[1]（图一二四、一二五，图版四八）。

无边框，地纹凿刻较规律，为编织纹。左刻伏羲，右刻女娲，对称构图。伏羲头戴山形冠，面部为四分之三侧面，用阴线粗略刻画五官，与女娲对视，上身着袍，右手平举托一日轮，左手执排箫，腰下有两爪，左爪与女娲相握，两腿中伸出长尾，与女娲相交成"∞"字形。女娲，除束高髻、右手持鼗鼓外，其它形象基本与伏羲相同。

棺身左侧：西王母图（图一二六、一二七，图版四九）。

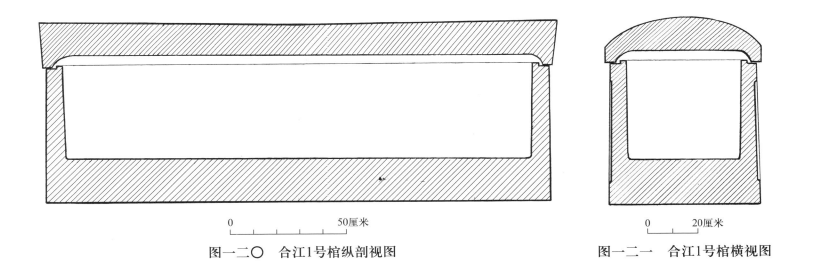

图一二〇　合江1号棺纵剖视图　　　　　图一二一　合江1号棺横视图

[1] 合江的伏羲和女娲图像很难辨认，就目前所见资料来看，伏羲、女娲除了头戴之物有所差别外，装束基本相同，日、月内也很难见到蟾蜍和三足乌，而且另一手所持之物也不固定，有时候戴三山冠的持排箫，束高髻的持鼗鼓，有时却又相反，说明该区域的工匠对伏羲、女娲手持之物比较模糊或是没有一个固定的格式。但无论如何当时的工匠对男、女发式的区别是很清楚的，所以此处的伏羲、女娲主要依发式而辨别。也正是由于工匠对伏羲、女娲形象认识比较模糊，致使伏羲、女娲左右位置较为混乱，不能作为判定石棺方位的依据。前文已述，合江地区的石棺两挡图像组合为双阙+伏羲女娲时，以双阙为前挡。所以该石棺图像前挡为双阙。

0 ⊢————————⊣ 20厘米

图一二二　合江1号棺前挡视图

图一二三　合江1号棺前挡拓片

0　　　　　　　　　　20厘米

图一二四　合江1号棺后挡视图

图一二五　合江1号棺后挡拓片

　　残长0.95，高0.45米。带边框，边框上刻三角纹，地纹凿刻较规律，为成组编织纹，近西王母浅浮雕附近较乱。框内为一组合图像，西王母居中，戴冠，冠为倒梯形，饰两根条状冠饰，正面阴线雕刻五官，神情平和庄重，身着袍服，袍服袖口紧束，上有阴线刻饰衣纹，双手并于胸前（揖手）。背生双翼，正向端坐于龙虎座上，其座左青龙右白虎。其（虎头一侧）一裸体仙人，侧向西王母而立，双耳上立，面部为二分之一侧面，用阴线粗略刻画五官，双手平举，左手持一物。两侧大量留白。

　　棺身右侧：龙虎衔璧（图一二八、图一二九，图版五〇）。

　　带边框、地纹与左侧接近。对称构图，正中上部刻一璧，璧下有一物，为龙、虎所抓。左侧为龙尾，头上双角，面为二分之一侧面，三角形眼，张嘴含璧，颈脖长而弯曲呈"S"形，颈背有八个鳍，龙身体态修长纤细，长尾细长，弯曲成"S"形，着意刻画其生殖器，龙身用不规则斜纹表示龙鳞。虎立右侧，圆耳，面为四分之三侧面，咧嘴含璧，显露若干虎齿，颈脖长而弯曲，虎身体态修长纤细，长尾纤细摆后，弯曲成"S"形，着意刻画其生殖器，虎身用不规则斜纹表示皮纹。

## 二、合江县2号画像石棺

　　1987年9月，泸州合江县胜利乡菜坝村草山上（合江城郊锻造厂基建工地）发现一砖室墓内[1]，后工作人员进行了清理，在墓室后壁发现石棺两具，编号为合江2、3号石棺，现藏于泸州市博物馆。

　　2号石棺略残（图一三〇、一三一）。有盖，青砂石质，整料雕造，保存较完整，仿木形棺，石棺棺盖及四壁均镌有画像，雕刻方式为浅浮雕，局部阴线刻。图像雕刻简单、粗糙、草率，石质也较差，而且画面大量留白，尺寸不详。

　　棺盖：联璧纹（图一三二）。

　　弧形顶，平面呈长方形，四周为浮雕长方形边框。边框四边均宽5.5厘米，其上阴刻重叠云纹。边框外为阴刻三角形纹，边框内地纹亦为阴线刻斜线纹，交错排列，较杂乱无规律。主纹为联璧纹，绳索从圆璧中穿过，多交错成菱纹。棺盖前端地纹为阴刻斜线纹，主纹为变形胜纹图，胜纹中间为圆形，中间方孔，方孔四周为两重弧形。凿痕宽0.2～0.3，间距0.5厘米。

　　前挡[2]：双阙图（图一三三、一三四，图版五二）。

　　四周有凸起边框，边框上阴刻三角纹，边框内剔地，地纹为编织纹。框内两侧有对称双阙，双阙之间有一人持旗幡。画像下部略有漫漶。双阙作独立式子母阙，形制整体相似。母阙有台基，阙身较矮，阙身之上为双重腰檐，腰檐之间为阴刻网格纹，整体为仿木结构的双层阙楼。其下层为庑殿顶，脊端与檐角呈尖角向上斜翘起；上层为四角攒尖式屋顶，顶做尖角形，四边檐角呈尖角翘起，屋顶上用阴线刻饰屋顶之瓦。子阙在母阙后方，阙身矮，庑殿式顶，顶阴线刻饰瓦。双阙中间一人向左而立，该人头戴武弁大冠[3]，刻划四分之三侧脸庞，身着右衽宽袖袍服，腰系带，带上阴线刻饰网格纹，袍底隐隐露出双脚，左手叉腰，右手持一旗幡向上抬起，旗尖略呈矛形，旗内阴线刻饰网格纹。

　　[1]　详见谢荔、徐利红：《四川合江县东汉砖室墓清理简报》，《文物》1992年第4期。
　　[2]　据发掘者回忆，双阙图像对着墓门，因此定为前挡。
　　[3]　从其形象来看很像"武弁大冠"，或称"武冠"。《后汉书·舆服志下》："武冠，一曰武弁大冠，诸武官冠之。侍中、中常侍加黄金珰，附蝉为文，貂尾为饰，谓之'赵惠文冠'。"　刘昭注引《晋公卿礼秩》："大司马、将军、尉、骠骑、车骑、卫军、诸大将军开府从公者，着武冠，平上帻。"《隋书·礼仪志六》："武冠，一名武弁，一名大冠，一名繁冠，一名建冠，今人名曰笼冠，即古惠文冠也。"实际上就是平上帻和弁的组合。自先秦以来武士主要戴弁，《周礼》："凡兵事，韦弁服。"所以阙门口之人应为武士，负责守卫天门，接引即将到来的墓主。

后挡：伏羲、女娲图（图一三五、一三六，图版五三）。

无边框。地纹为编织纹，较有规律。左刻女娲图[1]，头梳高髻，脸向右侧偏，刻划四分之三侧脸庞。阴线刻五官，颈部用交错阴线表示衣领，身着宽袖袍服。左手向左高举，持鼗鼓，右手托圆月，腋下有两爪，两脚中间自腰部伸出一长尾，下垂后向右翘起，呈"C"形与伏羲相交。右刻伏羲图，除右手持排箫、头戴山形冠外，其它与女娲形态基本相同。

棺身左侧：西王母图（图一三七、一三八，图版五四）。

四周有凸起边框，边框上阴线刻三角纹，边框内地纹为编织纹。边框内画像有两组：

左侧为联璧纹。绳子连续穿过多个璧，交错成菱形，图形整体与棺盖上的联璧纹略有不同。

右侧画像为西王母图。西王母站于龙虎座前，头戴山形冠，冠两侧插鹖尾。阴线刻划五官，张口，额上有道阴刻弧线，略成"v"形，颈部用交叉阴线表示衣领。身着宽袖袍服，胸前有九个小方格构成的阴线方格纹，似乎双手交叉于胸前。西王母身后为龙虎座，其座左龙右虎。

棺身右侧：舞乐舂米图（仙境迎谒图）（图一三九、一四〇，图版五一）。

凸浮雕刻左、右、上三边边框，均宽约5厘米，其上阴刻重叠弧线纹，与棺盖上边框略同。边框外四边地纹与棺身左侧相同。边框内为舞乐舂米图。

边框内画像分为左右两部分。

左边为三人站立。第一人向左站立，头戴山介帻，刻划1/2脸庞，阴线刻划五官。身着右衽宽袖袍服，颈部阴线刻划网格纹。腰系带，带上阴线刻划网格纹饰。左手横于腰前，右手持一棒状物向前上方伸出。

第二人持便面向左站立。头戴尖帽（？），刻划1/2脸庞，阴线刻划五官。身着右衽宽袖袍服，颈部阴刻交错斜线。左手似叉腰，右手前伸，持一便面，扇面上阴刻网格纹。

第三人弹琴（？）。头戴山形冠，脸向左侧偏，面部漫漶不清，颈部阴刻网格纹。身着宽袖袍服。左臂屈肘，横于胸前，左手托琴，琴身较长，顶端向下斜置，端头横折，尾端略粗圆。人上方有一象形兽向左站立，体形较小，象鼻，小双耳竖起，身体较瘦，尾较长，尾端尖，四肢粗壮。

画像右边为一组干栏式建筑。左侧为两层楼的杆栏式建筑，下面有立柱支撑楼房，两立柱之间一犬向左蹲坐。凸浮雕表示房屋各个构件，屋顶为庑殿式顶，脊端呈尖角状，正脊中有一尖角状脊饰，顶上有阴刻斜线饰瓦脊。

右侧房屋除了顶上多一层阁楼，形制基本与左侧相同。楼底下有一人坐于碓锥长柄尾端。

画像中两房屋之间利用空隙搭建了一座四角攒尖式顶房屋使两房相连。房顶上方一人向左站立，体形较小，头似戴武冠，两侧插鹖尾，面部漫漶，上身窄袖，下身着短裤至膝下，左手叉腰，右手向前上方举起。屋内有两人相对而坐，左侧一人脸向外偏，似在吹横笛，右边一人头戴介帻，面部不清，左手屈肘置于腰际，右手向前上方举起，五指分开。

## 三、合江县3号画像石棺

与合江2号棺出土于同一座墓葬，现藏于泸州市博物馆，现编为合江3号棺。

棺盖呈弧形，长2.28、宽0.83、高0.21米，棺身长2.26～2.28、宽0.80～0.83、高0.82～0.85米（图一四一、一四二）。棺盖与棺体四壁均镌画像，雕刻方式为浅浮雕，先剔地雕出动物人物等形象造型，再对

---

[1]　其头部略有残缺，发型不明，暂定。

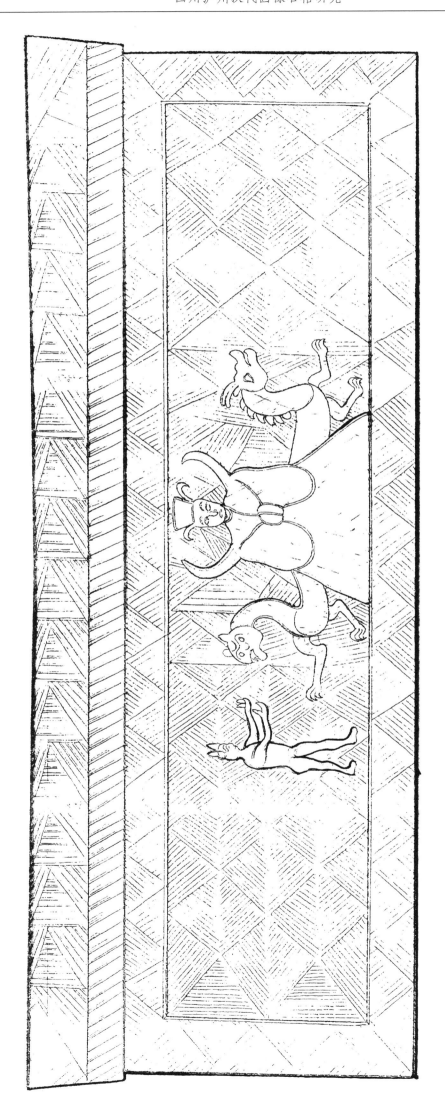

图一二六　合江1号棺棺身左侧视图

图一二七 合江1号棺棺身左侧拓片

图一三八　合江1号棺棺身右侧视图

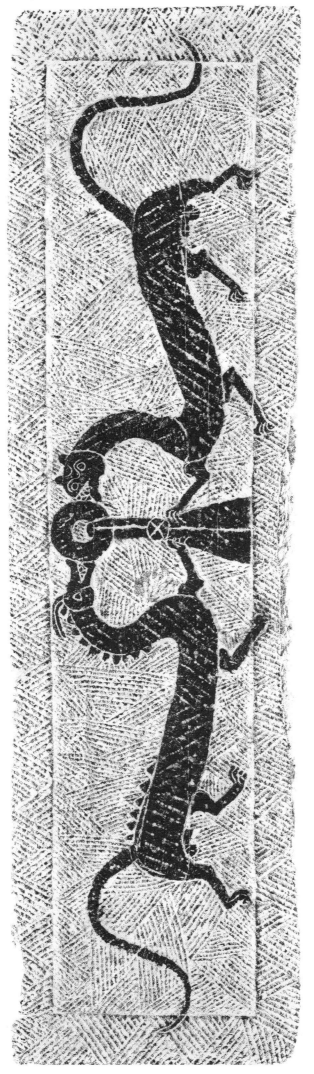

图一二九　合江1号棺棺身右侧拓片

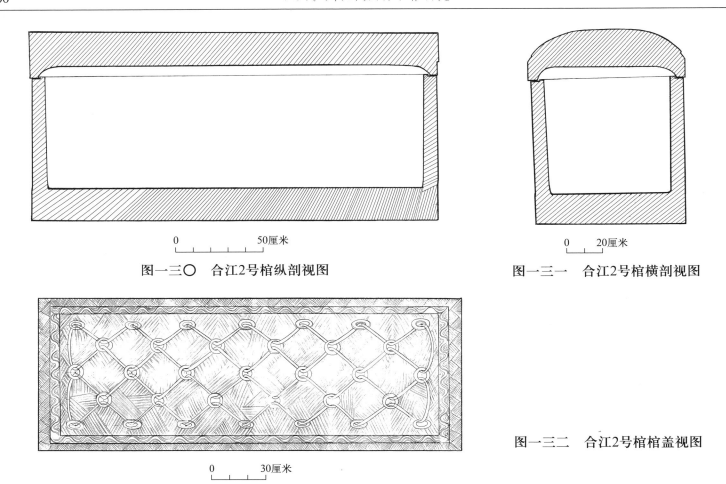

图一三〇　合江2号棺纵剖视图　　　　　　　　　　　图一三一　合江2号棺横剖视图

图一三二　合江2号棺棺盖视图

其剔地表面用阴线修饰，浮雕高约0.5厘米（图版五五）。

棺盖：蟾蜍柿蒂纹图（图一四三）。

弧形顶，棺盖前后两端头均刻出一方胜。无边框，地纹凿刻规律，以三角纹为主。画像左边为一蟾蜍，伏地，俯视图，身体扁圆，饰以小圆圈纹；右为一柿蒂纹，柿蒂叶刻画完整，叶瓣较小，椭圆形带尖状突起，左边一叶上刻十字纹，蒂端细长十字相交。

前挡：双阙图（图一四四、一四五，图版五六）。

无边框，地纹凿刻规律，以三角形状为主。双阙分立，对称构图，单出阙，重檐庑殿式顶，上有方圆形顶饰，檐角和脊端作圆角向上翘。双重阙楼，中间有双重腰檐，阙身较高，下方台基较低矮。浮雕部分凿刻粗糙。整体观之，双阙有高耸入云的气势。

后挡：伏羲女娲图（图一四六、一四七，图版五七）。

无边框，地纹凿刻较乱，有细线斜纹和编织纹。左刻伏羲，右刻女娲，对称构图。伏羲，山形冠，正面像，方形脸，用阴线粗略刻画五官，着袍，双手上举，右手托日，左手执排箫，身下有两爪，两爪间刻划一长尾，向右与女娲之尾相交成"∞"状。女娲除束高髻，右手持鼗鼓外，其它与伏羲同。

棺身左侧：西王母图（图一四八、一四九，图版五八）。

带边框，上刻三角纹。框内剔地浅浮雕，地纹为三角纹组成的菱形纹。西王母居中，正向端坐于龙虎座上，戴冠，两侧插鹳尾。长方圆脸，正面相，阴线雕刻五官，神情平和庄重，身着宽袖袍服，袍服袖口紧束，上有阴线刻饰衣纹，双手拢于胸前，背生双翼。其座左龙右虎，张嘴嗔舌，动感十足，细部用阴线表现。其余大部留白。

棺身右侧："东海太守良中李少君"图（图一五〇、一五一，图版五九）。

0　　　　　　　　20厘米

图一三三　合江2号棺前挡视图

图一三四　合江2号棺前挡拓片

0 |————| 20厘米

图一三五　合江2号棺后挡视图

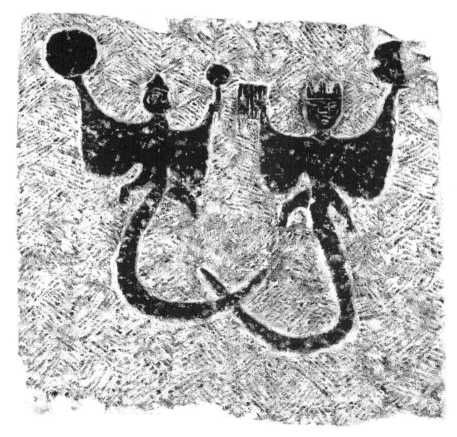

图一三六　合江2号棺后挡拓片

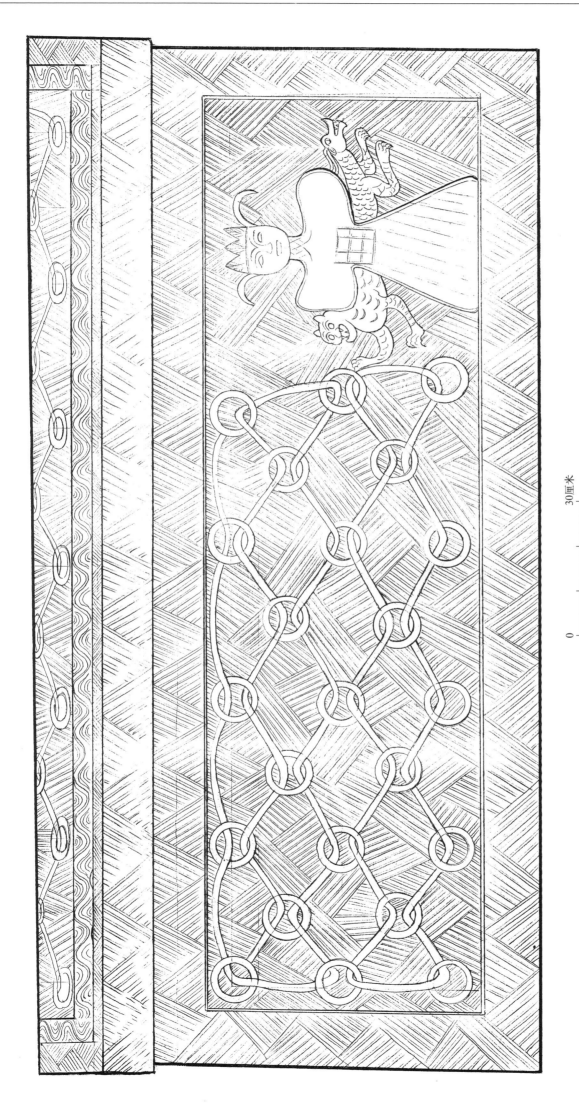

图一三七　合江2号棺棺身左侧视图

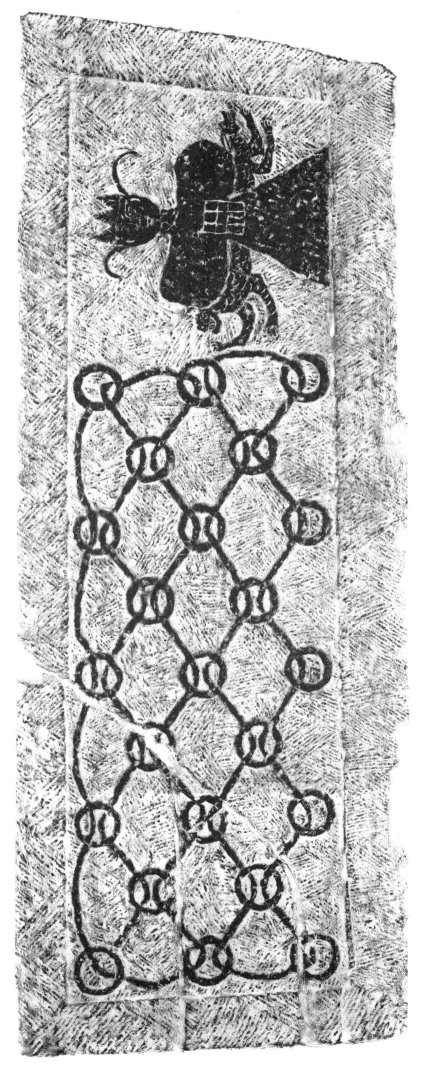

图一三八　合江2号棺棺身左侧拓片

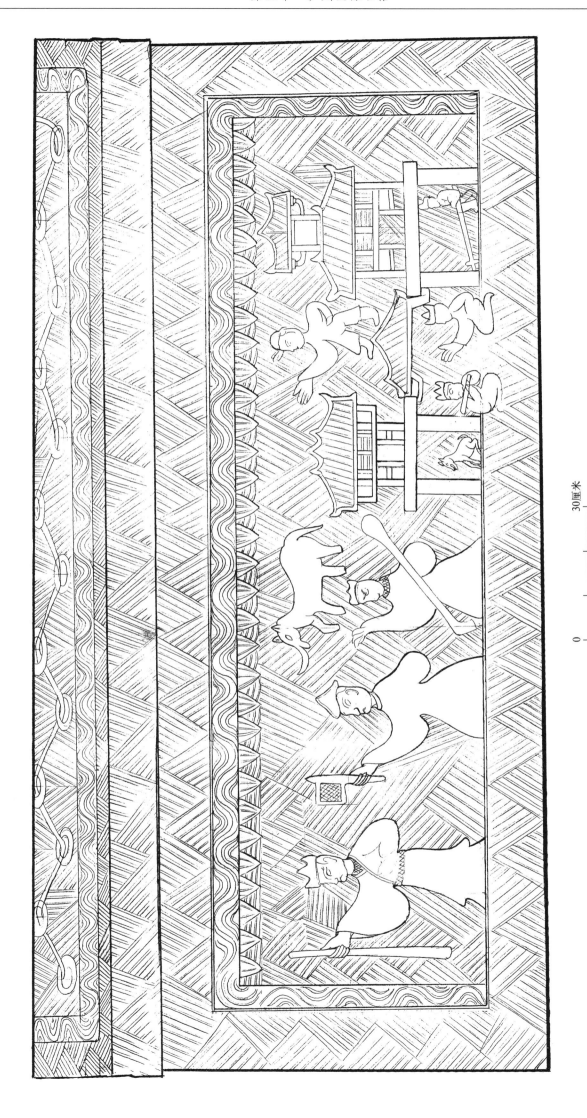

图一三九 合江2号棺棺身右侧视图

30厘米

0

图一四〇　合江2号棺棺身右侧拓片

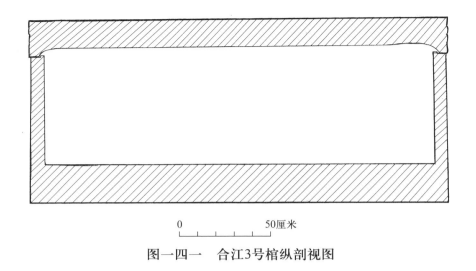

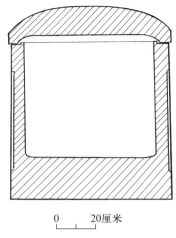

图一四一　合江3号棺纵剖视图　　　　　　　　　图一四二　合江3号棺横剖视图

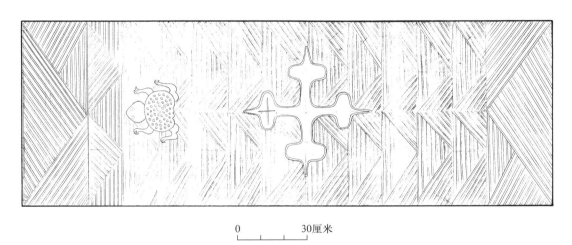

图一四三　合江3号棺棺盖视图

　　边框地纹构图同左侧。图像分两组。

　　右侧一组雕刻四人，均戴进贤冠，穿右衽袍，左右对称构图。正中立二人，左一人似为女性，挽高髻，右一人为男性，戴进贤冠，均着长袍。其间有一长方形榜题，汉隶书："东海太守良中李少□"几字，最后一字不清楚，似"君"字。二人对视、伸手相握，另一只手置于胸前，执巾。两侧各有一人躬身而立，两手置于胸前，捧一物。

　　左侧一组为鸟啄鱼图。鱼似鲤鱼，作跳跃状，圆弧线刻示鱼鳞，其后为一鸟，头上带翎，尖喙较长，双翅展开上扬，尾长而上翘，阴线刻饰翅膀和尾部羽毛，双腿分立，尖喙啄向鱼。

# 四、合江县4号画像石棺

　　1994年12月9日，泸州市合江县城区县公安局联建房施工中发现古墓，县文管所随即进场进行了抢救性清理，编号为张家沟2号崖墓。崖墓在红砂页岩上凿洞而成，座东向西，墓门距地表高6米。墓室为单室平顶平底，呈长方形，长约3.2、宽4.3、高2米，后壁一石龛，长2、高1.2、深1米，石棺置于墓室正中，距左右壁0.38米、距后壁0.2米、距墓门1米。棺盖仰放在棺左侧0.1米处，被断裂红砂岩所压。该墓早年被盗，墓内没发现随葬品，仅在墓道填土中发现许多夹砂灰陶片，可辨识者有陶鸡、陶俑、陶罐等残片。

0 ├─────┤ 20厘米

图一四四　合江3号棺前挡视图

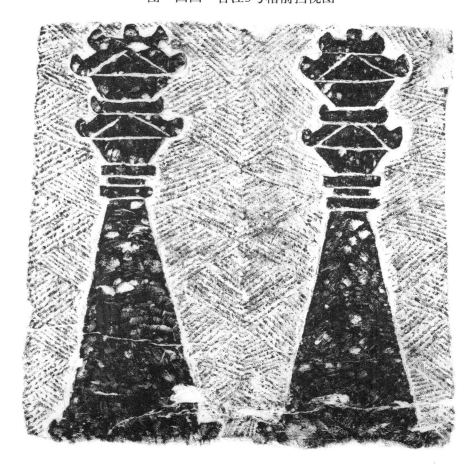

图一四五　合江3号棺前挡拓片

0 ———— 20厘米

图一四六　合江3号棺后挡视图

图一四七　合江3号棺后挡拓片

图一四八　合江3号棺棺身左侧视图

0　　　　　　30厘米

图一四九　合江3号棺棺身左侧拓片

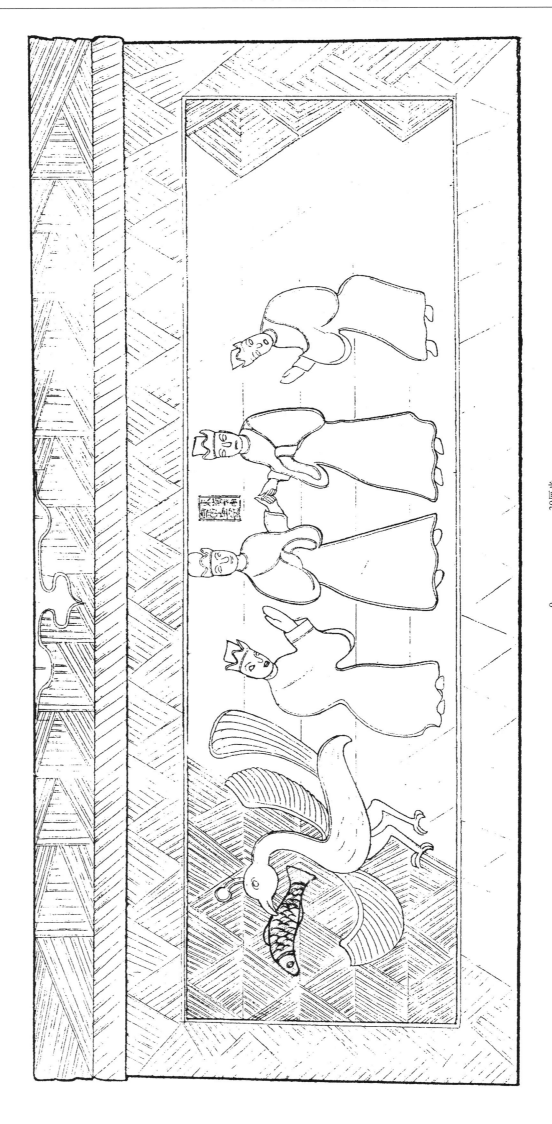

图一五〇　合江3号棺棺身右侧视图

0　　　　　30厘米

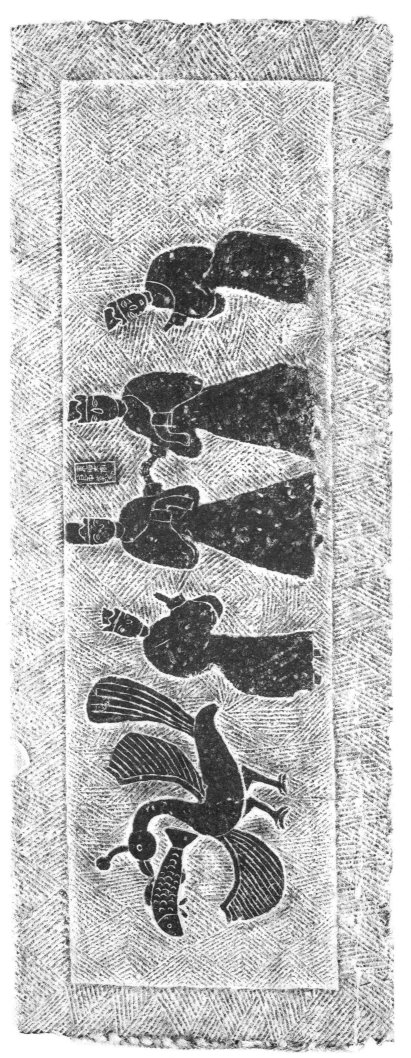

图一五一　合江3号棺棺身右侧拓片

该棺现藏于合江县文物管理所，编号为合江4号石棺。

仿木石棺，棺盖呈弧形，长2.38、宽0.91、最高0.21米，石棺身长2.23、宽0.76、身高0.76米、棺壁厚0.09～0.1、棺底厚0.25米、凿痕宽0.2～0.3厘米。（图一五二、一五三）青砂石质，整料雕造，保存较完整。棺体四壁均镌画像，雕刻方式为浅浮雕，剔地深1厘米，局部用阴线刻（图版六〇）。

前挡：双阙图[1]（图一五四、一五五，图版六一）。

无边框，地纹凿刻较规律，为编织纹。双阙分立，对称构图，无立体感。阙为单出阙，重檐庑殿式顶，上有三角形脊饰，檐角微上翻，斜直细阴线刻画阙顶瓦垅，并浅勾勒出阙身楼阁。双重阙楼，中间为双重腰檐，阙身瘦长，有台基。

后挡：伏羲女娲图（图一五六、一五七，图版六二）。

无边框，地纹同前挡。框内左刻女娲，右刻伏羲，对称构图。女娲，高髻，面部为四分之三侧面，五官刻画不明显，着宽袖袍，右衽，袖口微束，阴线粗略刻画衣纹和轮廓，双手上举，云袖下垂，右手托一月轮（阴线勾勒大半圆），左手斜直平举执排箫，腰部束带，兽腿，蛇尾细长。伏羲，三山冠，面部为四分之三侧面，五官不明显，着宽袖上衣，右衽，袖口微束，阴线粗略刻画衣纹和轮廓，双手上举，云袖下垂，右手斜直平举持鼗鼓，左手托一日轮，腰部束带。伏羲女娲对视，两尾相交成"∞"状。

棺身左侧：车马临门图（图一五八、一五九，图版六三）。

带边框，边框上阴刻三角纹。地纹凿刻较规律，以三角纹为主。框内剔地浅浮雕。

该图像从右到左为一幅叙事画面。右侧为一驾辇车向房屋奔去，车前马做奔走状，马为侧面像，咧嘴，颈脖长而弯曲，体形矫健，前后肢凿刻分明，四腿奔跑，马上驾车辕。辇车有篷，可见两车轮，车轮为六辐，篷内坐一人，五官不辨，头向前探，身着交领衣，躬身，揖手。马车右侧正立一侍从，戴平巾帻，头偏马头方向，长颈，身着袍，身子微向前倾，揖手。

马奔去的方向为一组房屋建筑，位于画面正中。建筑中间为一门楼，其两侧配重檐高楼，均用阴线刻画仿木结构。门楼为单檐庑殿式顶，上有桃尖形脊饰，檐角和脊端作尖角向上翻折朝天，下刻两扇紧闭的大门，双阴线刻出门楣和门框。两边为对称的楼房，均为重檐庑殿顶，仅刻出外侧的屋檐，上有三角形脊饰，檐角和脊端作尖角向上翻折朝天。左边高楼重屋檐下无刻饰，右边高楼重檐下用若干横向平行细线刻出窗户，楼房的二重屋檐下均为两层。

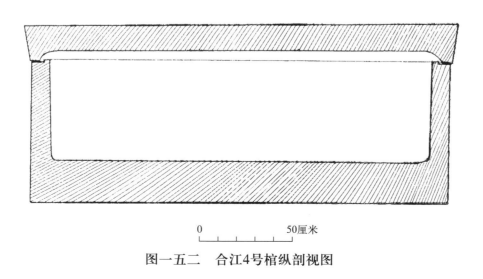

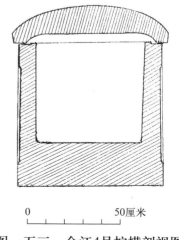

图一五二　合江4号棺纵剖视图　　　　　　　图一五三　合江4号棺横剖视图

---

[1]　有的是上下阙楼大小不一，这里为一样大小。

0        20厘米

图一五四　合江4号棺前挡视图

图一五五　合江4号棺前挡拓片

0 ⊢———┤ 20厘米

图一五六　合江4号棺后挡视图

图一五七　合江4号棺后挡拓片

建筑后为西王母。西王母正向端坐于龙虎座上，戴山形冠，正面相，阴线雕刻眉眼，大耳，身形硕大。着交领右衽袍服，袍服袖口紧束，宽大及地，上有阴线刻饰衣纹。双手似圆锥，并于胸前，宽袖垂下，线条垂直（双阴线），背生双翼，其后座左龙右虎，张嘴嗔舌。

棺身右侧：神灵异兽图（图一六〇、一六一，图版六四）。

带边框，呈长方形，边框阴刻连续三角形，左边框上刻一胜。框内地纹为连续三角形和菱形纹交错。

框内剔地减浮雕画像。从左至右依次为：蟾蜍，头呈桃形，昂首向上，上肢上举，身体较鼓，阴线刻小圆圈饰蟾蜍皮肤，双腿站立。玉兔，侧向蟾蜍而蹲，半侧面，小耳，用阴线修饰，吻部突出，嘴微张，双手持一"L"形物，背部微弓，以细线刻饰毛，曲腿，似作吹笙（？竽）状。九尾狐，右侧立，咧嘴，颈脖长而弯曲，四肢纤长，长尾上摆，尾上用细线刻出九尾，爪部雕刻细致，腹部刻画生殖器，作奔腾状。三足鸟，侧向与九尾狐对立，尖喙，颈脖长而直，羽翅欲展，腹下三腿，腿均屈折，扁直长尾微斜向下，以阴线刻饰翅膀。三足鸟上为一飞鸟，回首向右，鹰喙，双翼上扬，以细线刻饰羽毛，长直尾。右下角为三鱼共首图，图像较大，鱼似鲤鱼，身形肥硕，背鳍棱角分明，三鱼共享一头[1]。

## 五、合江县5号画像石棺

1995年1月16日，泸州合江县城区张家沟5号崖墓中出土二具画像石棺。墓葬情况不详。棺身四周均有图像。一具保存完好，编号为合江5号石棺；另一具主要图像内容为宅第、车马出行，但已残，具体情况不详。墓葬未经发掘，随葬器物及墓葬结构情况均不详，石棺现藏于合江汉棺博物馆内。

棺盖呈弧形，石棺身长2.03米、宽0.73米、身高0.69米，棺壁厚0.05～0.06、棺底厚0.23米、凿痕宽0.1～0.3厘米（图一六二、一六三）。青砂石质，整料雕造，保存较完整。棺体四壁均镌画像，雕刻方式为浅浮雕，高1厘米、剔地深0.75～1厘米（图版六五）。

棺盖：素面，仅在两侧有纵向凸起长条带（图一六四）。

前挡：双阙图（图一六五、一六六，图版六六）。

带边框，框上无纹，框内地纹凿刻较规律，以编织纹为主。双阙对称构图，单出阙，阙形宏伟。阙顶单檐庑殿式，檐角尖锐，微斜上翻，上有尖形脊饰，顶上瓦垄明显。单层阙楼，屋檐下为一斗二升斗拱，双重腰廊平出，上层腰廊刻网格，下层腰廊饰波浪纹，无台基。

后挡：伏羲女娲图（图一六七、一六八，图版六七）。

边框地纹与前挡相近。框内左刻女娲，右刻伏羲，对称构图。女娲，挽高髻，面部为四分之三侧面，用阴线粗略刻画五官（部分漫漶不清），上身着右衽交领袍，下垂长袖[2]，右手向上托一月轮，身下刻划一长

---

[1]　画像石棺上三鱼共首的图像在三台地区也有发现，见李生、钟治：《三台郪江崖墓出土画像石棺研究》，《四川文物》2004年第4期，高文先生从哲学意义来进行讨论，认为是道家所谓"道生一，一生二，二生三，三生万物"之意。（高文、王锦生：《阴阳双鱼、涡纹、三鱼共首——谈汉代画像中的"三"》，载《中国汉画学会第十届年会论文集》，湖北人民出版社，2006年）笔者以为还需更多的材料来论证，三鱼共首可能就是为了表现一种奇异的现象，这种现象为祥瑞之兆，只能在神仙界才有，亦即图像表达了墓主升仙的意义。

[2]　此类图像仅发现于四川地区，过文英认为是持巾（过文英：《论汉墓绘画中的伏羲女娲神话》，浙江大学博士论文，2007年），笔者以为是袖，长袖形象在舞俑中特别常见，如彭州出土的一块画像砖上有穿长袖之人（龚廷万、龚玉、戴嘉陵：《巴蜀汉代画像集》，文物出版社，1998年，图91-92），中间一人持长袖而舞，左边一人持鼗鼓伴舞，说明乐舞中长袖和鼗鼓常常组合。长袖之服为舞者所常用，汉傅毅《舞赋并序》："罗衣从风，长袖交横……体如游龙，袖如素蜺。"边让《章华台赋》："长袖奋而成风，清气激而绕结"；张衡《南都赋》："修袖缭绕而满庭，罗袜蹑蹀而容与。"（龚克昌等评注：《全汉赋评注》，花山文艺出版，2003年）解释描述长袖之舞。此处伏羲女娲虽然未持乐器，但是穿着这种长袖之服以表示舞蹈，舞、音一体，其含义相同。

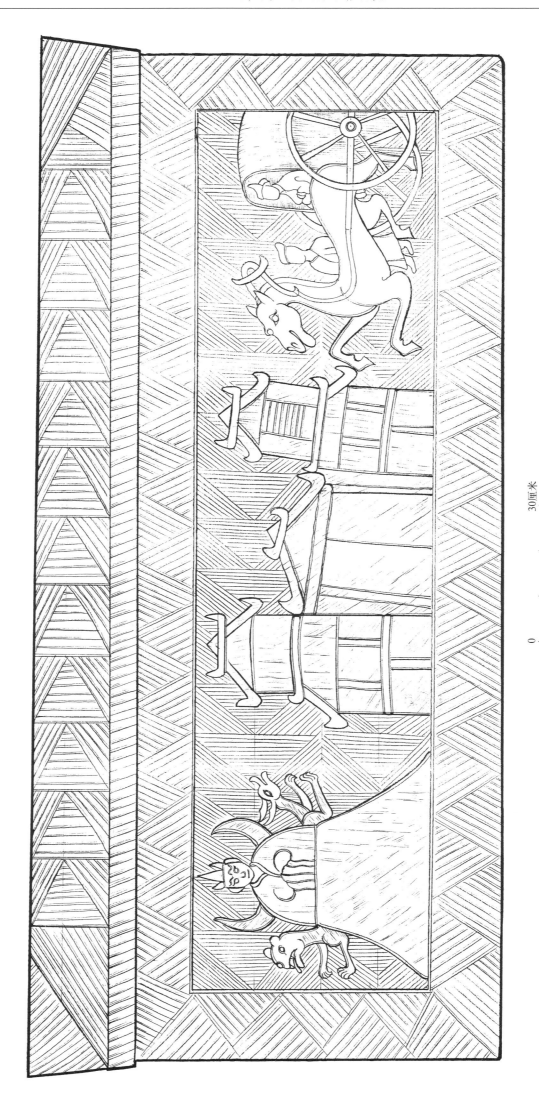

0　　　　　30厘米

图一五八　合江4号棺棺身左侧视图

图一五九　合江4号棺棺身左侧拓片

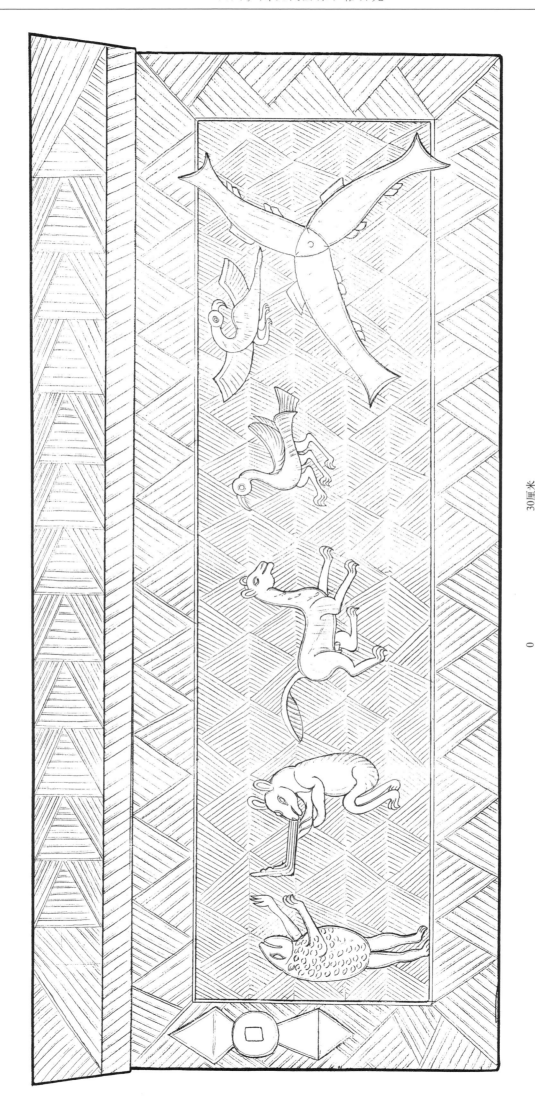

图一六〇　合江4号棺棺身右侧视图

图一六一　合江4号棺棺身右侧拓片

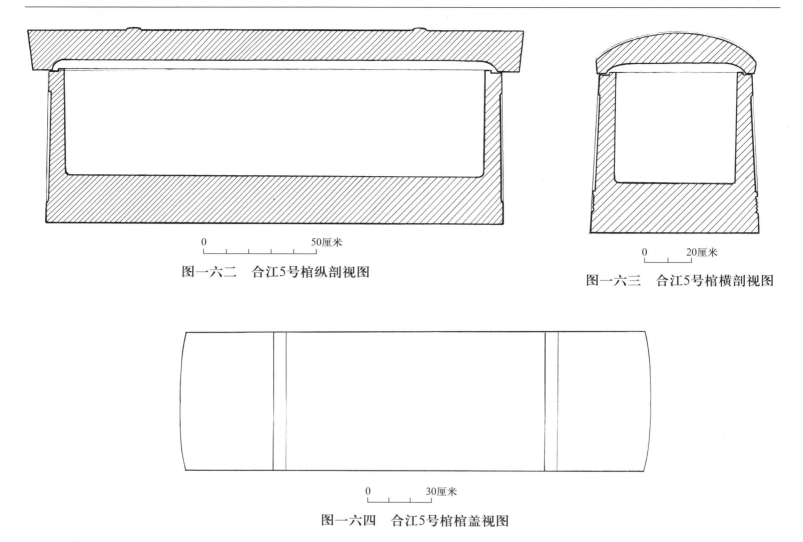

图一六二　合江5号棺纵剖视图

图一六三　合江5号棺横剖视图

图一六四　合江5号棺棺盖视图

尾，其右刻一兽腿。伏羲除戴三山冠外，其它与女娲相同。伏羲女娲躬身对视，双尾相交成"∞"状。浮雕部分有平行斜线凿痕。

　　棺身左侧：半开门建筑图（图一六九、一七〇，图版六八）。

　　带边框，呈长方形，框上无纹，框内地纹凿刻较规律，为连续三角纹组成的菱形纹。正中刻庑殿式双层楼房：

　　上层两侧为庑殿式阁楼，檐角尖锐上翘，上有尖形脊饰，阴线刻画瓦垄，正中似为百叶窗。

　　下层亦为庑殿式顶，檐角尖锐上翻，双阴线刻画屋檐，瓦垄明显。房屋面阔三间，正中一间有大门一扇，一侍者从门后探身而出，显露半身，挽高髻，着长袖右衽袍，神态作观望状。左右两间，整体由柱子支撑，柱子之间用木枋连接，其间有卧棂式门窗或百叶窗。房前为护栏，分八格，间或饰以连环纹和横向成组平行线纹。

　　整幅图像象形立体，浅浮雕层次分明，阴线刻粗细有度。

　　棺身右侧：车马出行（图一七一、一七二，图版六九）。

　　边框和地纹与左侧同，框内剔地浅浮雕，画像为一车六人。车前二人，均戴平巾帻，右衽短襦，束腰

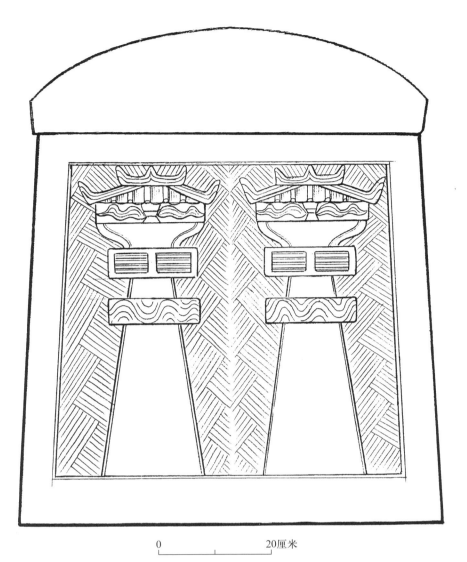

0        20厘米

图一六五　合江5号棺前挡视图

图一六六　合江5号棺前挡拓片

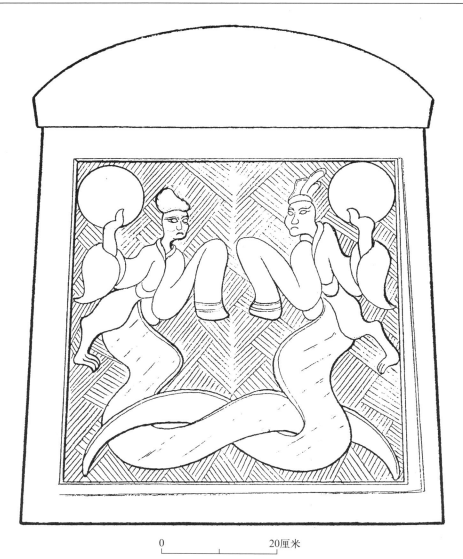

0            20厘米

图一六七　合江5号棺后挡视图

图一六八　合江5号棺后挡拓片

带，两手分持长、短棍状物[1]，作奔走状。中为一轺车[2]，马体型健壮，扬蹄狂奔，马上辔、衡、轭刻画清晰，后接车辕拉车，车盖、轮、箱、轮辐等表现清楚。车四面敞露，车上二人，前者形象较大，戴进贤冠，似为主人，后一人戴巾帻，双手执缰。车后一前一后二侍从，戴巾着袍，右衽束腰，形象与赶车者相似，前者右手持便面，后者右手执便面，左手抱琴（？），躬身尾随而行。马、人均四分之三侧面，用阴线粗略刻画五官，细眉微撇，杏眼。画面近底部与左侧同，似为道路护栏。整幅图布局合理，十分生动。

# 六、合江县9号画像石棺

1970年于四川省合江县密溪乡密溪园艺场新开山地中发现，1998年11月运回收藏。墓葬情况不详，石棺现藏于合江汉棺博物馆内，编号为合江9号石棺。

弧形棺盖，刻有斜线地纹，无图像。石棺身长2.03、宽0.73、身高0.69米，凿痕宽0.2~0.3厘米。青砂石质，整料雕造，前、后挡头和棺体右侧镌画像。雕刻方式浅浮雕为主，细部阴线刻（图版七〇）。

前挡：双阙图（图一七三，图版七一）。

无边框，地纹以编织纹为主。双阙分立，对称构图，无立体感。阙为单出阙，重檐庑殿式，檐顶有方形脊饰，檐角和脊端作圆角上翘，双重阙楼，楼下有腰枋，以阴线勾勒轮廓。阙身有收分，浅台基，有平行斜线凿痕，无纹饰。

后挡：伏羲女娲图（图一七四，图版七二）。

无边框，地纹稍乱，以编织席纹为主。左刻伏羲，右刻女娲，对称构图。伏羲头戴山形冠，面部为四分之三侧面，用阴线粗略刻画五官（部分漫漶不清），上身着右衽宽袖袍，双手上举，右手托一日轮，左手执排箫，腰部有两兽脚，下身为蛇尾。女娲除挽高髻，右手持鼗鼓外，形象与伏羲基本相同。伏羲、女娲对视，双尾相交成"∞"状。浮雕部分表面粗糙，似有平行斜线凿痕。

棺身左侧：素面，无图像。刻四方连续菱形纹地纹（图版七三）。

棺身右侧：龙虎衔璧图（图一七五，图版七四）。

带边框，呈长方形，阴刻连续三角形地纹。框内地纹较乱，以三角纹为主。框内剔地减浮雕，对称构图。正中刻一璧，璧下拴一物，似为带。左龙右虎，均一爪持带，口欲衔璧。龙侧立，头上有角，面为二分之一侧面，三角形眼，吻部突出，咧嘴，颈脖细长微弯，颈背有鳍，龙身体态修长，四肢伸展，长尾细长摆，弯曲成"S"形，着意刻画其生殖器；虎亦侧立，圆耳，圆脸，面为四分之三侧面，刻画额部纹路，双目圆瞪，咧嘴，颈脖长而弯曲成"S"形，四肢伸展，长尾纤细摆后，弯曲成"S"形，着意刻画其生殖器。两兽长尾梢部均刻出框外。

---

[1] 有研究者认为是"金吾"，"金吾"有几种意思：一，古官名。负责皇帝大臣警卫、仪仗以及徼循京师、掌管治安的武职官员。其名称、体制、权限历代多有不同。汉有执金吾，唐宋以后有金吾卫、金吾将军、金吾校尉等。《汉书·百官公卿表上》："中尉，秦官，掌徼循京师，有两丞、候、司马、千人。武帝太初元年更名'执金吾'。"应劭曰："吾者，御也，掌执金革以御非常。"颜师古曰："金吾，鸟名也，主辟不祥。天子出行，职主先导，以御非常，故执此鸟之象，因以名官。"二，本意，一种器物。晋崔豹《古今注》："车辐，棒也。汉朝'执金吾'，'金吾'，亦棒也。以铜为之，黄金涂两末，谓为'金吾'。"形制似与该图像有些相似，但在汉代并未有相关证据说明，普通百姓可执金吾，执金吾者多是官员，《汉书》中尉条称"自太常至执金吾，秩皆中二千石"；《后汉书》执金吾条："执金吾一人，中二千石。"执金吾经常奉引皇帝法驾出行，因此有"仕宦当作执金吾"的赞叹，而此图执棒状物者为仆人形象，车中主人也不似官至"执金吾"引路。所以以目前的证据来确定为"金吾"，难免有附会之嫌。

[2] 据王振铎、孙机等先生考证，此类车即轺车无疑。

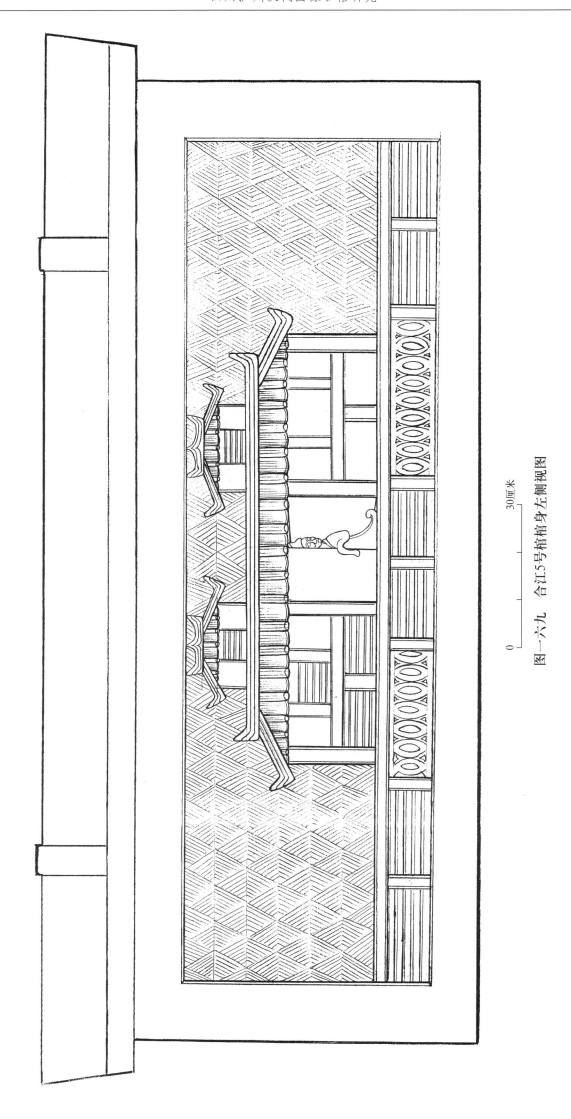

图一六九　合江5号棺棺身左侧视图

图一七〇　合江5号棺棺身左侧拓片

0　　　　30厘米

图一七一　合江5号棺棺身右侧视图

图一七三 合江5号棺棺身右侧拓片

图一七三　合江9号棺前挡拓片

图一七四　合江9号棺后挡拓片

图一七五　合江9号棺棺身右侧拓片

# 七、合江县10号画像石棺

1978年为配合公路建设，在四川省合江县实录乡蒋湾村观音殿旁发现，1998年11月运回收藏。墓葬情况不详。现藏于四川省合江县文物管理所，编号为合江10号石棺。

棺盖弧形顶，残损严重，具体形制不明。石棺身长2.1、宽0.64、身高0.65米，棺壁厚0.05～0.06、棺底厚0.2米、凿痕宽0.3～0.4厘米。（图一七六、一七七）青砂石质，整料雕造。棺盖和棺体四壁均镌画像。雕刻方式为浅浮雕，浮雕高1厘米，剔地深1厘米（图版七五）。

棺盖：朱雀、柿蒂纹图（图一七八、一七九，图版七六）。

地纹凿刻规律，以三角形为主。两侧有凸起边框，边框上无纹饰，左边框上似刻画一字，隶书，无法识读。中间有一竖栏将画面分成两组，竖栏上刻画云纹。左侧朱雀，侧立向右，头上带翎，双目圆睁，尖喙较长，颈脖长而弯，双翅展开上扬，尾长亦上扬，似孔雀，阴线细刻饰其颈部、翅膀和尾部羽毛，双腿分立，作势欲飞。右侧柿蒂叶较肥大，蒂端较短，相交成十字，无纹(图三一，1)。

前挡：双阙图（图一八〇、一八一，图版七七）。

无边框，地纹凿刻规律，以编织纹为主。双阙分立，对称构图，以阴线勾勒轮廓，无立体感。阙为单出阙，重檐庑殿式，阙顶刻画夸张，上有方形脊饰，檐角和脊端作圆角向上翘，双重阙楼，阙身收分明显，双重腰枋，浅台基(图三一，2)。

后挡：伏羲女娲图（图一八二、一八三，图版七八）。

无边框，地纹与前挡基本相同。左刻女娲，右刻伏羲，对称构图。女娲，挽高髻，面部为四分之三侧面，用阴线粗略刻画五官，身着圆领广袖袍，右手平托一月轮，左手持鼗鼓，身下有两兽腿，两腿间伸出一尾巴，向右与伏羲尾相交成"∞"状；伏羲除戴平巾帻右手执排箫外，其它与女娲同。浮雕部分有粗略凿痕(图三一，3)。

棺身左侧：联璧图（图一八四、一八五，图版七九）。

边框、地纹与右侧同。框内图像为剔地减浮雕，中间一条凸起竖栏将图像分成两部分。左侧为连续联璧纹，无阴线修饰细部；右边素面。

棺身右侧：联璧纹、宴饮图（图一八六、一八七，图版八〇）。

四周边框，边框上刻凿三角纹。地纹凿刻较规律，以三角形为主。框内图像为剔地减浮雕，中间一条凸起竖栏将图像分成两部分：

左图为四方连续联璧纹，排列规律，无阴线修饰细部。

右图为男、女对饮图。图中四人，二人着袍相对分别坐于一方形垫上，中间一四腿方案。左边一人，束高髻，左手平举，右手似执卮；右边一人戴介帻，右手执杯（？），左手于胸前张开，面部为四分之三侧面，用阴线粗略刻画五官。二坐者身后各有一侍者。左边侍者，束高髻，着曳地长袍，左手持便面，右手提壶。右边侍者戴平巾帻，穿短襦[1]，左手抱琴（？），右手执便面。

---

[1]　此处略有残损，也可能是下身着裤。

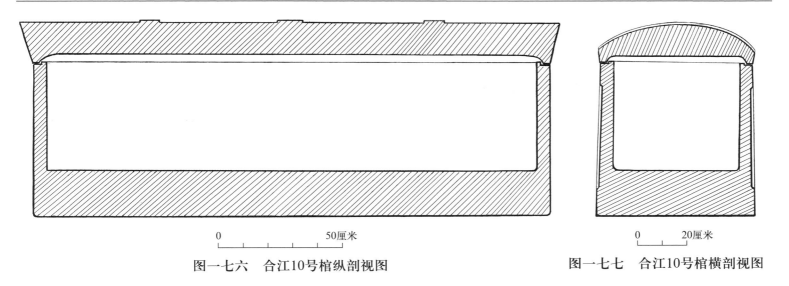

| 图一七六　合江10号棺纵剖视图 | 图一七七　合江10号棺横剖视图 |

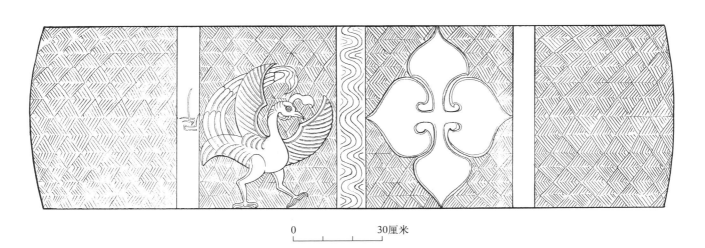

图一七八　合江10号棺棺盖视图

图一七九　合江10号棺棺盖拓片

## 八、合江县11号画像石棺

1996年2月14日出土于合江县合江镇黄溪村后五嘴处东汉墓中，墓葬情况不详。现存合江县汉代画像石棺博物馆，编号为合江11号石棺。

棺盖不存，石棺身长2.00米、宽0.64米、身高0.47米，凿痕宽0.3厘米。青砂石质，整料雕造，仅前后挡有图像，雕刻方式为浅浮雕，局部阴线刻。

前挡：朱雀图（图一八八，图版八一）。

0　　　　　　　20厘米

图一八〇　合江10号棺前挡视图

图一八一　合江10号棺前挡拓片

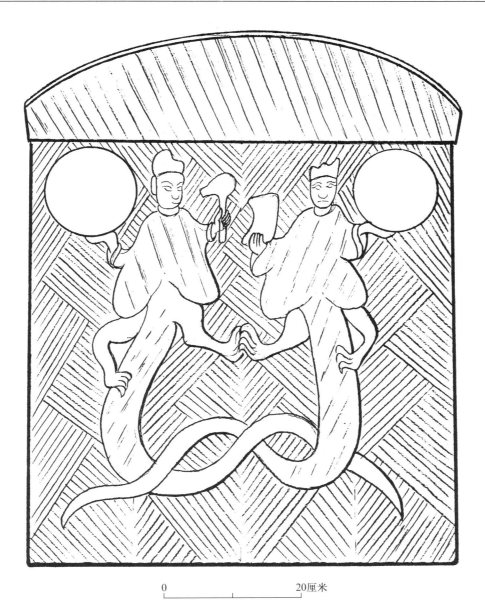

0　　　　　　　　20厘米

图一八二　合江10号棺后挡视图

图一八三　合江10号棺后挡拓片

图一八四　合江10号棺棺身左侧视图

0　　　　　30厘米

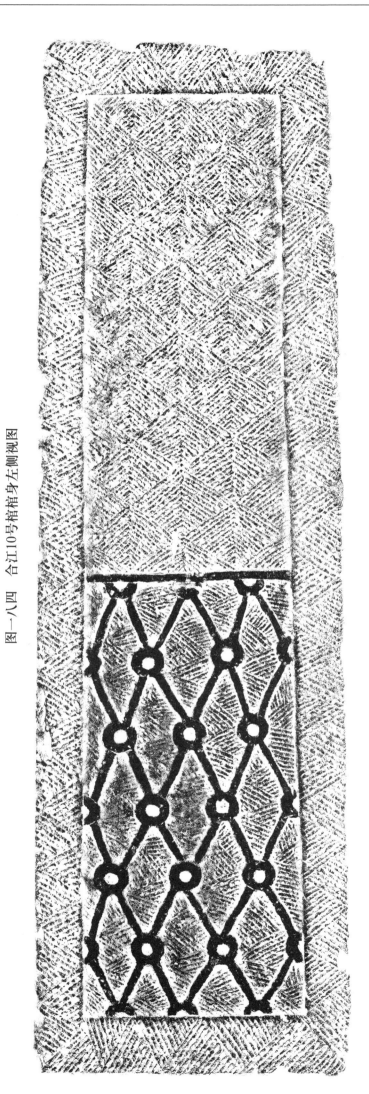

图一八五　合江10号棺棺身左侧拓片

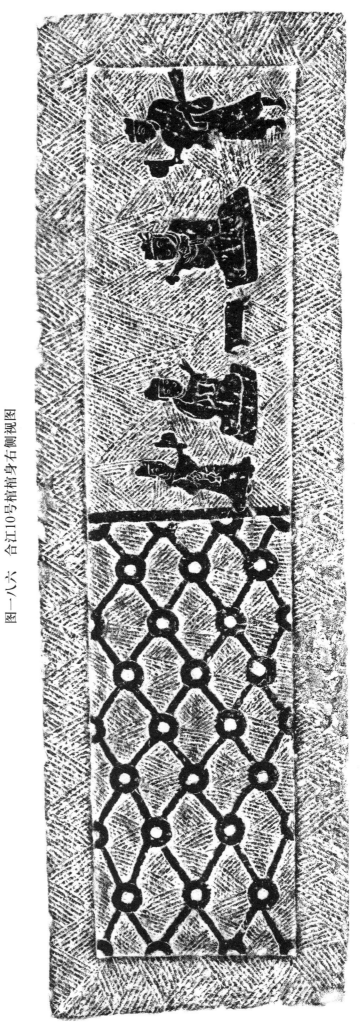

0 ⊢───⊣ 30厘米

图一八六　合江10号棺棺身右侧视图

图一八七　合江10号棺棺身右侧拓片

图一八八　合江11号棺前挡拓片

图一八九　合江11号棺后挡拓片

无边框，阴线凿刻地纹，以编织纹为主，部分形状不规则。挡的上半部略偏左处刻一向左行走的朱雀，体形较小，头较圆，微昂，长喙，头上有一长翎，颈略弯前伸。双翅展开上扬，翅边用阴线刻饰羽毛，身上亦用阴线刻饰。尾上翘，其内亦阴线刻饰羽毛，双腿曲立。

后挡：玄武图（图一八九，图版八二）。

无边框，地纹与前挡同，挡的中部刻一向左爬行的玄武。玄武龟伸头，张嘴，龟背高隆，内阴线刻饰，短尾伸出，四肢爬行。蛇身从龟后两腿中穿过，绕至龟背上，从另一侧绕下，在龟颈下向前上方伸，回首与龟首对视，嘴微张，似在吐信。

棺左右无图像，地纹以三角形为主。

# 九、合江县12号画像石棺

1996年1月22日发现于合江县实录乡慈竹村东汉墓中，墓葬的形制、随葬品，被盗情况，石棺在墓中的位置均不详。现存合江县汉代画像石棺博物馆，编号为合江12号石棺。

棺盖不存，石棺身长2.28、宽0.84、身高0.89米，棺壁厚0.1、棺底厚0.29米，凿痕宽0.2~0.4厘米（图一九〇、一九一）。青砂石质，整料雕造，棺的前后挡及两侧均镌画像，雕刻方式为浅浮雕，剔地深1厘米（图版八三）。

前挡：双阙图（图一九二、一九三，图版八四）。

无边框，阴线凿刻地纹，以编织纹为主。上刻子母双阙，对称构图，无立体感。母阙台基为长方形，阙身瘦高，阙楼为四层楼，阙身与阙楼之间有双重腰枋，阙楼屋顶均为庑殿式，顶上有梯形脊饰，屋脊两端翘起，角端较圆，最下一层的阙楼有斗拱构件。子阙与母阙同一台基，阙身较矮，单重阙楼，阙身与阙楼间亦有腰枋，庑殿式顶，屋檐角向上斜折。以整个画面观之，双阙显得高大宏伟。

后挡：伏羲女娲图（图一九四、一九五，图版八五）。

无边框。阴线雕凿地纹，地纹较乱，以编织纹为主。左刻伏羲，头戴山形冠，阴线雕刻出五官，表现出四分之三侧脸，上身着右衽宽袖袍，下至腰部，衣服上有阴线刻饰。左手向上执排箫，右手托一圆日。下身未着衣，有两兽腿，身下刻划一粗壮长尾，与女娲之尾相交成"∞"状，尾上似有阴线刻饰（蛇鳞）。右侧女娲除头梳高髻、右手执鼗鼓外，其它与伏羲同。

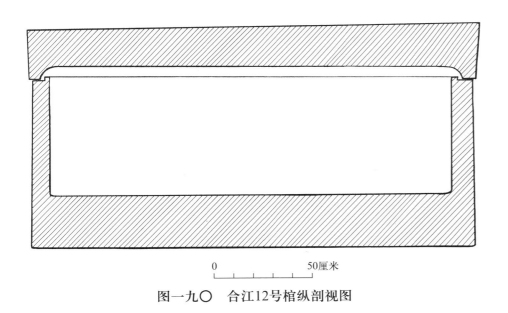

图一九〇　合江12号棺纵剖视图

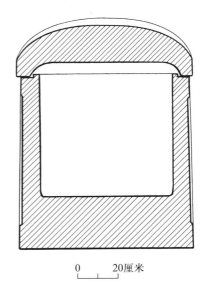

图一九一　合江12号棺横剖视图

0 ⊢——————⊣ 20厘米

图一九二　合江12号棺前挡视图

图一九三　合江12号棺前挡拓片

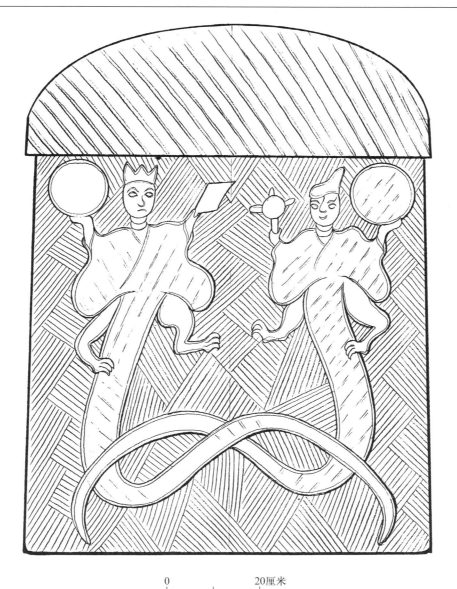

0 ———— 20厘米

图一九四　合江12号棺后挡视图

图一九五　合江12号棺后挡拓片

　　棺身左侧：麒麟、凤鸟图（图一九六、一九七，图版八六）。

　　边框、地纹均同右侧。框内中部雕刻一麒麟一凤鸟，侧面相向而立，体形均较小。

　　左侧麒麟，尖耳似马，两耳中间有一角状物，末端为圆球形，直颈较粗，体形较瘦，尾下垂，四肢直立，蹄足。

　　右侧为一向左站立的凤鸟，直颈略低头，尖喙，目圆，头上有翎毛。身体较肥，背上有两翅，身上似有阴线凿刻的羽毛。尾高高竖起，尾部自上而下阴线凿刻四个圆圈状装饰。双腿曲立前行，脚上雕刻出三趾。

　　棺身右侧：西王母图（图一九八、一九九，图版八七）。

　　四周有边框，边框上阴线凿三角形。框内地纹亦为阴线凿刻的三角形纹组成菱形纹。框内图像剔地减浮雕，西王母图像位于正中[1]。西王母端坐于龙虎座上，脸较长，阴线雕刻五官，头戴冠，冠两侧插鹖尾。身着宽袖袍服，上有阴线刻饰，双手拢于胸前，背后两侧有翼。其座右侧为虎，圆首略昂，目圆，长牙吐舌，虎身瘦长，前爪舞动，虎身上有阴线刻饰的条形纹。其左侧为龙，长嘴，头顶双角较长，目圆，刻划出牙齿，口中衔一物，前爪舞动，龙身上有阴线交错刻饰的龙鳞。

# 十、合江县15号画像石棺

0　　　　30厘米

图一九六　合江12号棺棺身左侧视图

图一九七　合江12号棺棺身左侧拓片

---

　　[1]　西王母画像与合江一号石棺棺身左侧画像相似，与合江县草江砖室墓一号石棺右侧画像相似。

0　　　　30厘米

图一九八　合江12号棺棺身右侧视图

图一九九　合江12号棺棺身右侧拓片

　　1997年5月19日，在泸州合江县白米乡碾子塝村大耳朵崖墓群中发现两具石棺。其中一具棺四周有图像，编号为合江15号棺，另一具素面，编号为16号。均藏于合江汉棺博物馆内。

　　15号石棺棺盖不存，身长2.25、宽0.82、身高0.79米，棺壁厚0.07～0.1、棺底厚0.24米、凿痕宽0.2～0.3厘米（图二〇〇、二〇一）。青砂石质，整料雕造，棺身四壁均镌有画像，雕刻方式为浅浮雕，部分阴线刻，剔地深约1厘米（图版八八）。

　　前挡：伏羲举日[1]（图二〇二、二〇三，图版八九）。

　　四周有边框，边框上阴线凿刻三角形纹，边框内图像剔地减浮雕雕刻。画像中伏羲面向其右侧而立，面部漫漶不清，头顶高冠，身着窄袖袍服，左手略上举，右手向前上方斜举，头顶上方中间处刻画一大圆日。身体下方有两兽腿，两腿中间自腰部伸出一粗大长尾，向前弯曲呈"C"形。

　　后挡：女娲托月（图二〇四、二〇五，图版九〇）。

　　四周有边框，边框上阴线凿刻三角形纹，边框内图像剔地减浮雕雕刻。边框内地纹以阴刻三角形为主，部分斜线纹，中部雕女娲托月图，略有立体感。女娲面向其左侧而立，圆首平视，头束三环髻，面部漫漶不清。其上身着右衽袍服，袖筒较窄，左臂前举，右手向上高举，托一圆月，月上涂朱砂。两腿中间自腰部伸出一粗壮长尾，向前弯曲呈"己"字形。

---

　　[1]　根据笔者在大耳朵崖墓群M3发现的画像石棺来看，伏羲托日图像对着墓门，即前挡。

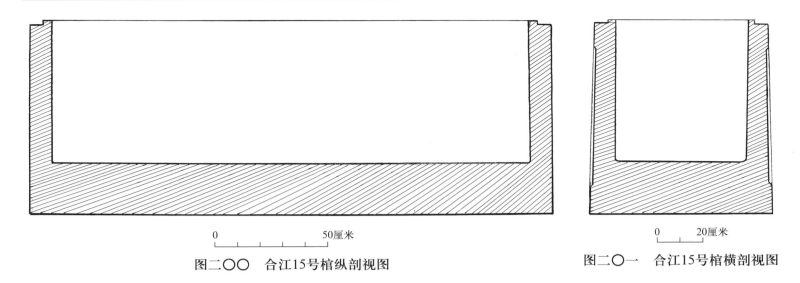

0　　　　　　　　50厘米　　　　　　　　　　　　　　　0　　　　20厘米

　　　图二〇〇　合江15号棺纵剖视图　　　　　　　图二〇一　合江15号棺横剖视图

　　棺身左侧：双阙、半开门（图二〇六、二〇七，图版九一）。

　　四周有边框，边框上阴刻三角形纹。边框内剔地减浮雕，地纹以三角形为主。双阙、房屋图，对称式构图，无立体感。左右两侧各刻一独立式单出阙，下有台基，阙身较高呈梯形。阙楼为双层，庑殿式顶，脊端和檐角均略尖，微上翘，顶部脊中央有一三角形装饰，其上层用阴刻刻饰出屋顶之瓦。两阙之间为一双层庑殿式顶房屋，房屋木框架结构，中间用枋相连，屋顶脊端和檐角均略尖而且上翘，阴线刻饰屋顶之瓦。房屋上层面阔四间，中部靠右处似为一门，两扇闭合。下层面阔三间，中部为门，左侧一扇半开。从画面构图来看，双阙在前，房屋建筑在后。阙旁左右各有一人，侧向对立。左侧向右站立一人，刻划二分之一侧脸，头戴冠，躬身着宽袖长袍，左手似抱一蛇，手捉头，蛇尾盘脖后附于耳上。右侧左向立一人，头戴高冠，面部漫漶不清。躬身着宽袖长袍，手持一长柄棍形器[1]，上端弯曲，前端装饰一长方形物。

　　棺身右侧：宴饮、仙人博、神灵异兽图（图二〇八、二〇九，图版九二）。

　　四周有边框，边框上阴刻三角形纹。框内四周地纹为三角形纹，中间以斜线为主。框内剔地减浮雕三组图画，从左至右依次为宴饮图、仙人博、神灵异兽。整幅画像雕刻细腻，立体感强。

　　左为宴饮图：共四人，两人一组，面部漫漶不清，相向坐于方席上。中间两人形象较高大，左侧一人头微昂，束高髻，着宽袖长袍，双臂于胸前，似在敬酒，其席前置一四腿长方形案，案蹄形足，上无物；右侧一人头戴进贤冠，着宽袖长袍，右手前伸，回头似与后面侍者交谈。席前也置一长方形四腿案，其左侧还置一案，蹄足形略小。案右侧放一簋形容器，内有一勺，长柄弯曲。两人旁边各有一侍者，左为侍女，坐于主人右侧，头挽三鬟髻，衣服刻画不清；右边为男侍，坐于主人后方，戴冠（也有可能是挽髻、戴巾帻），着宽袖长袍，双手合于胸前。四人左侧有一株树，其茎弯曲五道，在中间三个弯曲地方各有一短弧形小枝，植物顶端开花，花形为柿蒂形。

　　中间为仙人博：两仙人相对跪坐于长方形席上，均裸体。左边一人，双耳上立，面部不清，双臂前伸。右边一人，双耳也上立，面部不清，右手前伸，左臂弯曲上举，左手向后伸开。两人中间是两个长方形棋盘和案，一平放一竖直（为了表现立体效果），棋盘边放一簋形器，高圈足，其内放置一长柄弯曲勺。

　　右为神灵异兽：上方有蟾蜍和玉兔。左侧蟾蜍，头较圆，向右回首张望，直立而舞[2]，身体略向后扭，

　　［1］　与富顺邓井关2号崖墓1号、2号石棺左侧棺壁人物手持之物相似，见罗二虎：《汉代画像石棺》，巴蜀书社，2002年，81、83页。

　　［2］　蟾蜍所舞者，为汉代流行的"巾舞"。巾舞为汉代"四舞"之一，"四舞"非汉代名称，而是后人对四种舞蹈的合称，首见于《隋书·音乐志下》："其后牛弘请存《鞞》、《铎》、《巾》、《拂》等四舞，与新伎并陈。因称：'四舞，按汉、魏

0 　　　　　　20厘米

图二〇二　合江15号棺前挡视图

图二〇三　合江15号棺前挡拓片

0       20厘米

图二〇四　合江15号棺后挡视图

图二〇五　合江15号棺后挡拓片

右手持巾上举，左手持巾向后伸，两腿跳跃状。右侧玉兔[1]蹲立，头较扁长，双目圆睁，张嘴，张手、踢腿。下方左侧为三足乌，尖喙合翅，尾巴略下垂，腹下三足，两腿直立，一腿弯曲。下方右侧为九尾狐，竖耳长颈，三腿直立，一腿微抬，尾巴粗壮突出，高高抬起。

## 十一、合江县17号画像石棺

　　1998年10月19日，在泸州合江县实录乡幸福村柏树窝发现两具画像石棺，由于墓葬非科学发掘，随葬器物和墓室结构情况不详。其中一具保存完好，棺身两挡及一侧有图像；另一具已残，主要图像为青龙白虎和柿蒂纹。两个石棺现藏于合江汉棺博物馆内，编号为合江17、18号石棺。

　　17号石棺棺盖残。石棺身长2.2、宽0.65、身高0.64米，凿痕宽0.3～0.5厘米。青砂石质，整料雕造，石棺四周均镌画像（图版九三）。

　　棺盖：无图案。一半已残，盖上阴刻三角形纹。

　　前挡：双阙图（图二一〇，图版九四）。

　　无边框，地纹以阴刻编织纹为主。双阙对称构图，无立体感。台基长方形较矮，阙身瘦高梯形，上端与阙楼连接处有两层腰枋。阙楼为两层楼，庑殿式顶，屋檐及脊部均较粗，两端尖角向上竖折，阙顶脊部中间有突起的脊饰。

　　后挡：伏羲女娲（图二一一，图版九五）。

　　无边框，地纹与前挡图相同。左为女娲，头挽高髻，侧向伏羲，阴线五官，着宽袖袍服，左手上举排箫，右手托一圆轮（月）。下有两腿，两腿间自腰部伸出一长尾，较粗，与伏羲尾交错，呈横"8"字形。右刻伏羲图，头戴三山冠，脸向左偏，刻画出四分之三脸庞，阴线刻画五官，着宽袖袍服，右手举一鼗鼓。左上手托一圆轮（日），其它与女娲相同。

　　棺身左侧：联璧纹、房屋建筑图（图二一二，图版九六）。

　　四周带凸起边框，边框内长方形，长2.04、宽0.46～0.49米。凸起边框宽3～4厘米，边框上阴线刻云气纹。边框内用两道竖栏将画像分成三部分，竖栏形制、纹饰与边框相同，中间房屋建筑图，两边为联璧纹，地纹以阴刻三角形为主。

　　中间房屋建筑对称构图，无立体感。木框架式结构，用立柱支撑，中间木枋相承。中间为一门楼，单檐庑殿式顶，脊上中央有一装饰，檐角呈尖角，下刻两扇大门，门上方有枋。两边为对称的楼房，脊端有装饰，檐角呈尖角斜上折。楼房三层，底层面阔三间，中间一层面阔两间，上层为三间，屋顶为庑殿式顶，只刻画出外侧的屋檐。上部为阁楼，中间刻画百叶窗，庑殿式顶，脊上方有方形装饰。

　　左、右侧联璧纹图像，对称构图。六排玉璧，用绳索联系在一起，绳索交错形成菱纹，璧均为圆形圆

---

以来，并施于宴飨。…'"（唐魏征、令狐德棻撰：《隋书》，中华书局，1973年）巾舞在汉代十分流行，画像石中也很常见，但"巾舞"、"袖舞"，常常混淆不清，这是因为巾和袖在画面中均位于手部，形状也比较接近。《说文》对巾和袖的解释分别为："佩巾也。凡巾之属皆从巾。""褏，袂也。"《释名》对袖的解释最为贴切，"袖，由也，手所由出入也。亦言受也。以受手也。"可见巾和袖是有区别的。图像中蟾蜍两手各持一巾，应为"巾舞"无疑。"巾舞"原称公莫舞。因舞时以巾作道具，故名。《宋书》卷十九《乐志一》中称："《公莫舞》，今之巾舞也。相传云项庄剑舞，项伯以袖隔之，使不得害汉高祖。且语庄云：'公莫'。古人相呼曰'公'，云莫害汉王也。今之用巾，盖像项伯衣袖之遗式。"这段记载说明"巾舞"是以"巾"为道具，晋宋时仍在演出；巾舞和袖舞之间可能存在联系。

　　[1]　参考合江四号棺右侧图像，蟾蜍右侧图像应为玉兔。在四号棺图像上，蟾蜍、玉兔一组，蟾蜍跳舞、玉兔似乎在奏乐。而且蟾蜍和玉兔也往往共同组成一组图像，代表月亮。二者乐舞陪伴寂寞的嫦娥也是合乎月宫冷清的气氛。该图像上的玉兔形象似乎不象，但是从其腹部、腿和动作来看，为玉兔无疑。

0     30厘米

图二〇六 合江15号棺棺身左侧视图

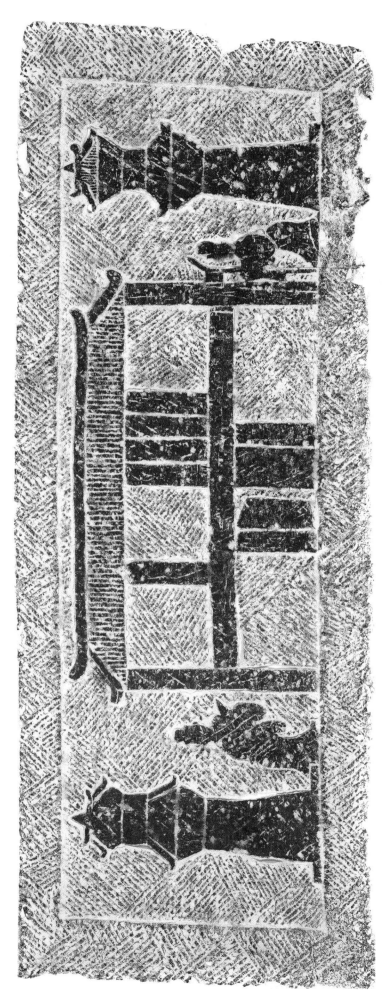

图二〇七 合江15号棺棺身左侧拓片

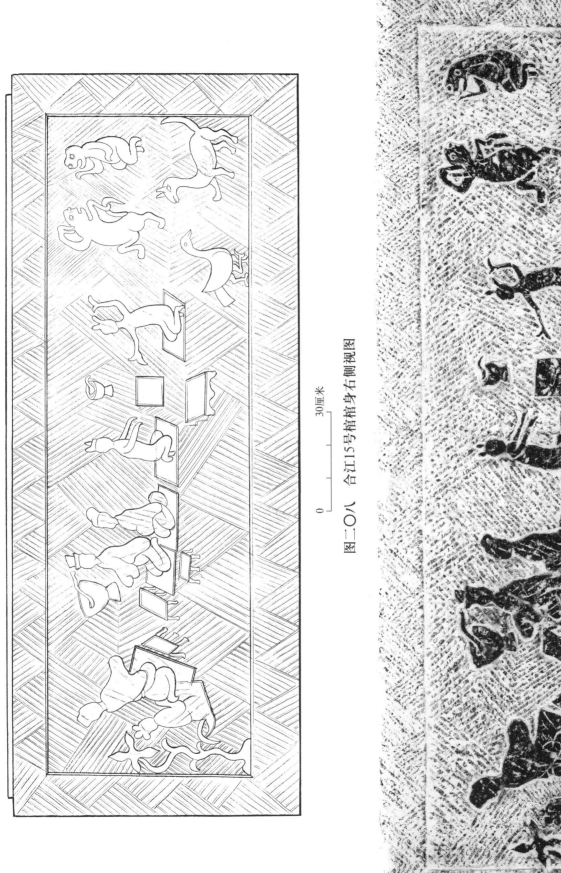

图二〇八　合江15号棺棺身右侧视图

0 ⊢—————⊣ 30厘米

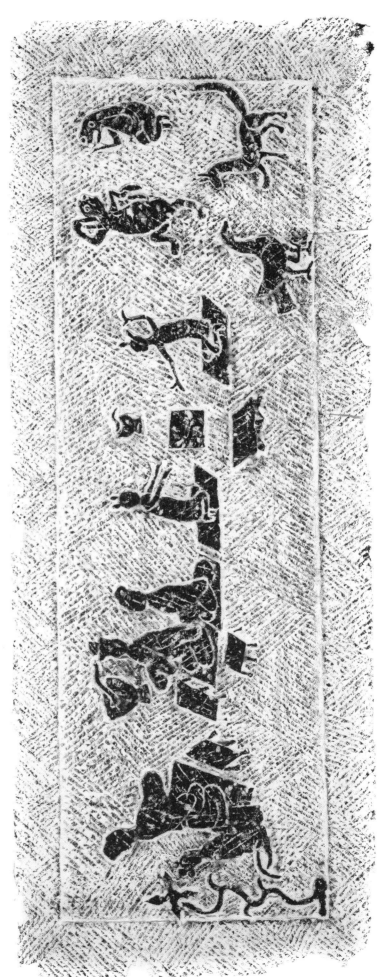

图二〇九　合江15号棺棺身右侧拓片

图二一〇　合江17号棺前挡拓片

图二一一　合江17号棺后挡拓片

图二一二　合江17号棺棺身左侧拓片

孔，绳索均向右穿过璧孔，只是在璧的外侧相连。

棺身右侧：联璧纹图（图版九七）。

边框和地纹与左侧同。联璧纹的组合方式也同于棺身左侧。

## 十二、合江县19号画像石棺[1]

1998年12月5日出土于合江县实录乡幸福村观音岩附近的一座东汉墓中，墓葬情况不详。该棺现陈列于合江县汉代画像石棺博物馆，编号为合江县19号石棺。

棺盖不存，石棺身长2.14、宽0.67、身高0.65米，凿痕宽0.2～0.4厘米。青砂石质，整料雕造，石棺四壁均镌有画像，雕刻方式为浅浮雕，局部阴线刻（图版九八）。

前挡：双阙图（图二一三）。

无边框，地纹以编织纹为主。双阙为重檐独立式单出阙，对称构图，无立体感。台基为长方形，较矮。阙身瘦高梯形，与阙楼间有两层腰枋，台基为较矮的长方形。阙楼为双层，檐角呈尖角向上折。阙顶为庑殿式顶，脊上中间有一方形装饰，脊端呈圆形略尖向上弯曲。

后挡：伏羲女娲图（图二一四，图版九九）。

无边框，地纹形制同前挡。左刻女娲，头梳高髻，脸形较圆，刻划出四分之三脸庞，阴线刻划五官。身着宽袖袍服，左手持一排箫，右手向上竖起托一圆月。腰下有两兽腿，双腿中间伸出一条长尾，与伏羲尾交错成"∞"形后弯曲向上。右刻伏羲，除头戴三山冠，右手持鼗鼓外，其它与女娲同。伏羲、女娲相向对视。

棺身左侧：联璧纹（图二一五，图版一○○）。

带边框，边框宽3～4厘米，上用阴线刻饰云气纹。地纹以编织纹为主，边框内剔地减浮雕联璧纹。联璧纹为绳索联系四行璧交错而成，每行有18个璧，构图较紧密。璧多为圆形圆孔，绳索交错成菱形，大部分绳索不穿过璧而只在璧边相连。

棺身右侧：联璧纹、房屋建筑、"胜"纹图（图二一六，图版一○一）。

四周带边框，边框上阴线三角形纹，边框内用两个竖栏将画像分为三组，地纹与棺身左侧同。竖栏宽约3厘米，其上均用阴线刻饰波浪纹。

房屋建筑图。对称构图，无立体感。木框架结构，立柱构建房屋，中间承横枋。中间房屋为单檐庑殿顶，脊端和檐角做尖角上折，脊上方中央处有一方形脊饰。下刻两扇大门，门上方有门楣，在门的上方横向刻一"胜纹"。两侧楼房对称，分上下两层，底层面阔三间，上层两间。楼房庑殿式顶，檐角呈尖角上折，最上面为一阁楼，也为庑殿式顶。脊上方中央有一方形脊饰，阁楼中间有百叶窗。

左、右为联璧纹。左侧联璧纹为绳索联系五列璧交错成菱形，构图较疏松，玉璧圆形圆孔，绳索均穿过璧孔。右侧构图与左侧基本相同。

## 十三、合江县20号画像石棺

1998年10月18日，在泸州合江县白米乡碾子塝村的一座东汉崖墓中出土，墓葬情况不详。棺身一挡已

---

[1]　题材和构图方式与17号棺基本相同，而且两个石棺均出土于实录乡，应为一批工匠制作。

图二一三　合江19号棺前挡拓片

图二一四　合江19号棺后挡拓片

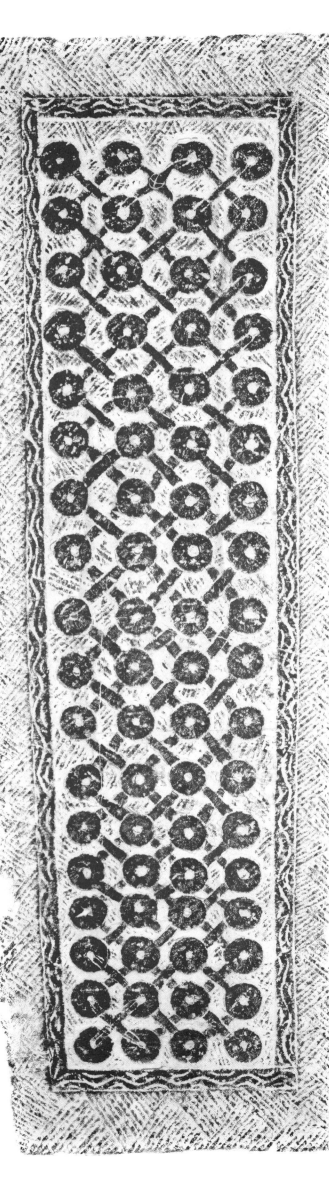

图二一五 合江19号棺棺身左侧拓片

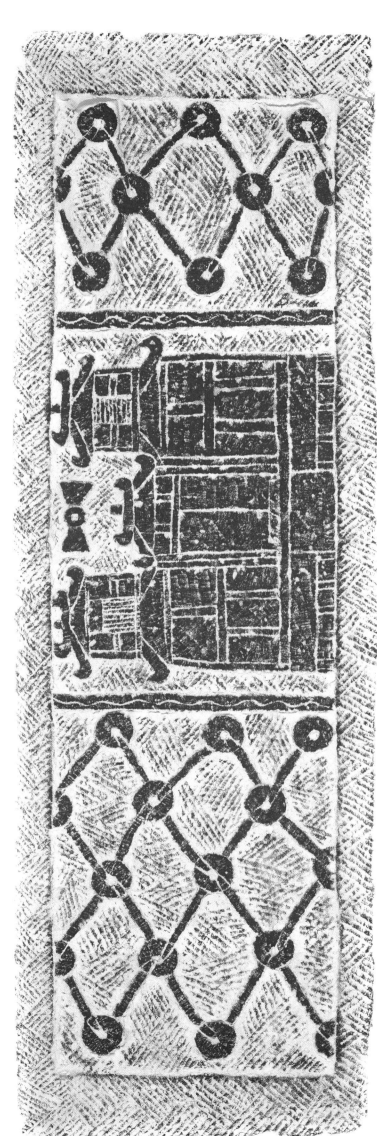

图二一六 合江19号棺棺身右侧拓片

残，残存部分有图像，现藏于合江汉棺博物馆内，编号为合江20号石棺。

石棺棺盖不存，身长2.1、宽0.71、身高0.69米，凿痕宽0.2~0.3厘米。青砂石质，整料雕造，雕刻方式为浅浮雕，局部阴线刻，前挡和棺右侧残。

前挡：伏羲图。

大部残毁，仅在底部残留伏羲尾巴。

后挡：女娲图（图二一七，图版一〇二）。

无边框，地纹以阴刻菱形纹为主，中部刻女娲图。女娲头梳高髻，头偏向一侧，阴线刻划五官。身体略向其右倾，身着两层衣，内层圆领，窄袖，外层右衽宽袖长袍。右手向前上举，持排箫，手指刻划清晰；左手向上托一圆月。腰束带，下身无衣，腰部有两兽腿，两腿中间伸出一长尾，较粗，至尾端变细、卷曲。

图二一七　合江20号棺后挡拓片

棺身左侧：车马出行图（图二一八，图版一〇三）。

棺壁右上部破损，有边框，边框上阴刻三角纹，框内地纹同框外纹饰相同。框内雕刻向左侧前进的车马出行图。前方为两个人引路，二人服饰形态动作相同，头戴平巾帻，身穿短襦，腰系带，右手持一箫，似在吹奏，左手持一棒状物，抗于肩上。中间刻一轺车，马骠肥体壮，作奔跑状，马刻有当卢、镳、銮、轭、镳等马具，马尾后伸，略向下弯，刻划出生殖器。马后拉辕车，车轮较大，刻划出下半部七根辐条。车厢较小，上坐两人。前面一人，体形较小，头戴平巾帻，上身略向前倾，双手持缰绳，作驾车状；后面一人体形较大，头戴进贤冠，阴线刻五官。车顶上有伞盖，呈弧形顶，柄置于车厢中央。后面画像因缺失，只看到一人的小腿部分及棒的前端，从形态看，应和前面二人接近。

# 十四、合江县21号画像石棺

1998年7月29日出土于合江县虎头乡真武村的一座东汉墓中，墓葬情况不详。该棺现陈列于合江县汉代画像石棺博物馆，编号为合江21号石棺。

棺盖无图案，局部残。石棺身长2米、宽0.7米、身高0.76米，凿痕宽0.2~0.3厘米。青砂石质，整料雕造，略有残损，石棺四壁均刻有画像，雕刻方式为浅浮雕（图版一〇四）。

棺盖：无图案，局部残，阴刻三角纹。

前挡：朱雀图（图二一九，图版一〇五）。

无边框，地纹以编织纹为主，局部不规则，偏上部刻朱雀图。朱雀侧向而立，整个身子略向后倾。圆头较小，长喙，头顶有长翎毛，略弯，顶端刻出一椭圆形。颈部较长，颈与体上有阴刻的小弧形，饰作羽毛，双翅展开上扬。短尾下垂，较直，长尾高翘，较长。双腿分立，细长，各刻划出五爪。细部阴线刻饰羽毛。

后挡：双阙图（图二二〇）。

右上角残缺，对称构图，无边框，地纹与前挡相似。双阙为重檐独立式，台基为长方形。阙身瘦高梯形与阙楼间有二层腰枋，腰檐中间的部分有阴刻斜线装饰。阙楼庑殿式顶，脊端和檐角多呈圆形上卷，脊上方中央有一三角形脊饰，檐上有阴线刻饰瓦垄，重檐下有斗拱设施。

图二一八 合江20号棺棺身左侧拓片

图二一九　合江21号棺前挡拓片

图二二〇　合江21号棺后挡拓片

棺身左侧：青龙图（图二二一，图版一〇六）。

左上角缺失一小部分。长方形边框，边框上阴刻三角形纹，边框内地纹为无规律的阴线刻斜线纹组交错排列而成，画像剔地减浮雕。

左侧为一向左腾跃的青龙。龙头较瘦小，眼睛略成三角形，眉脊尖突，头顶双角，嘴部较长，口内有一舌状物。颈部较粗，向后弯曲，颈上似有阴线交错刻饰的鳞片。身体呈"S"形，身上有阴线交错刻饰的鳞片，中部漫漶不清，腹部下方刻出生殖器。四肢较细，左前肢抬起，作奔腾状。尾部很细，甩呈"S"形。每肢各刻划四爪，细长无尖。

青龙后肢下方刻一干栏式房屋。房屋立柱构架，横枋相连，左侧柱角有一楼梯。楼房分为上下两部分，庑殿式顶，脊端和檐角较短，脊上方中央有三角形脊饰。在房子的右下方有一人物，面向房屋而坐，上体略前倾，面目漫漶不清，左手前伸持一棍状物，后端搭于肩上（抑或持节）。

右侧为联璧纹图。绳索联系9个玉璧，交错成菱形，圆形圆孔，绳索均穿过璧孔。

棺身右侧：人拉虎尾图（图二二二，图版一〇七）。

带边框，边框上阴线刻凿三角纹。边框内地纹以编织纹为主，上边框线下有一排倒三角形浮雕。

框内剔地减浮雕，人的右腿膝部以下，虎的左侧前肢膝以下刻在框外[1]。左刻一人，面向右方。头戴平巾帻，圆后脑勺，面目、服饰不清，双手抓住虎尾。两腿分开、奔跑。右刻一猛虎，虎头圆形，上竖两三角形小耳，两道弯眉下双目圆睁。张开大嘴，露出上下两排牙齿。颈部较粗，向左略弯，上有阴线刻的弧形纹饰。虎身较直，胸部两侧有阴线刻饰的羽翼，羽翼上阴线刻饰出羽毛，身上有阴线刻饰的弧形纹。四肢分立，健壮有力，各刻划出三个爪子，较长较尖。两后肢间突出刻有生殖器，屁股后露有两个睾丸。长尾较细，被人从后面抓住。整幅图人虎刻划清晰，形象生动。

# 十五、合江县22号画像石棺

1999年7月20日，在合江县城少岷路香樟林大坟坝附近出土，墓葬情况不详。现藏于合江汉棺博物馆内，编号为合江22号石棺。

棺盖为弧形顶，与棺身作企口连接，长约2.14~2.2、宽约0.63、最高处约0.19米。棺身为长方体形，身长2.1、宽0.58~0.63、身高0.67、通高0.86米，棺壁厚0.07~0.11、棺底厚0.18米（图二二三、二二四）。石棺为砂石质，整料雕造，保存较完整。棺盖与棺体四壁均镌画像，雕刻方式为浅浮雕，即剔地雕出动物人物等图像造型，除主体图像外，通体磨光，无地纹（图版一〇八）。

棺盖：棺盖两端有凸起边框，中间刻柿蒂纹。柿蒂纹整体较肥厚，横向两蒂叶较大，纵向两蒂叶略小，大致呈桃形。四蒂用长条形柄相连，十字相交（图二二五、二二六，图版一〇九）。

前挡：双阙图（图二二七、二二八，图版一一〇）。

四周带凸起边框，框内剔地减浮雕双阙图像，双阙分立，对称构图。阙为单出阙，单檐庑殿式，上有尖三角顶饰，檐角和脊端作尖角向上翻折，阴线刻出瓦垄，檐下为斗拱。束腰，阙身修长，有两重腰枋，上饰平行线纹和波浪纹，无台基。

后挡：伏羲女娲图（图二二九、二三〇，图版一一一）。

边框与前挡同。左者女娲，右者伏羲，躬身对视，对称构图。女娲头挽高髻，面部为四分之三侧面，椭圆

---

[1] 人腿、虎肢部分刻在框外，可知先刻框，后刻画像。

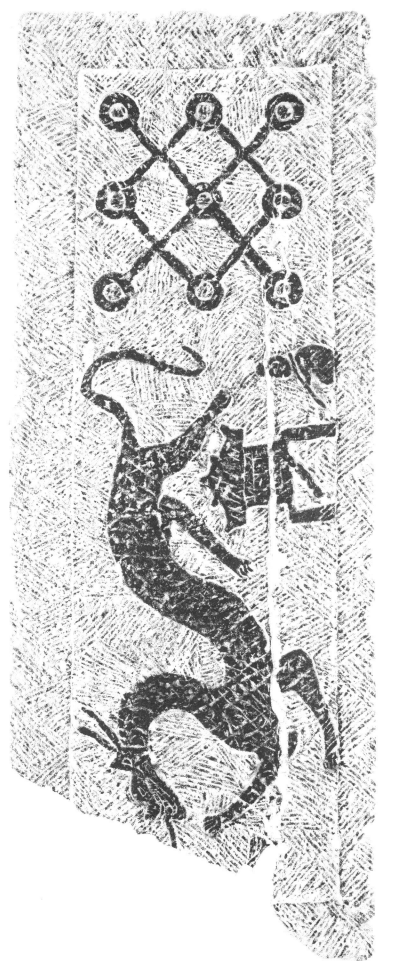

图二二一　合江21号棺棺身左侧拓片

图二二二　合江21号棺棺身右侧拓片

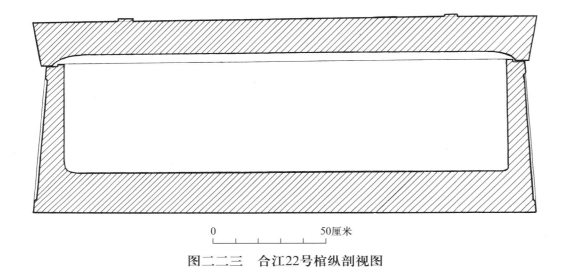

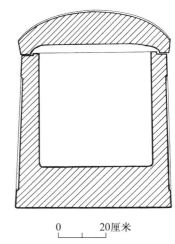

图二二三　合江22号棺纵剖视图　　　　　　　　　图二二四　合江22号棺横剖视图

形脸，用阴线粗略刻画五官，身体前倾，着袍，左手笼袖平伸，长袖自然下垂，右手上举一月轮，身下刻划两兽足一长尾，长尾呈"C"形。伏羲头戴三山冠，装扮与女娲同，动作与女娲相对，左手上举一日轮。

棺身左侧：半开门建筑图（图二三一、二三二，图版一一二）。

四周带素面边框。中间有两道凸起竖栏将画面分成三部分。

两边为对称的联璧纹图案。

正中刻庑殿式房屋，木框架式结构，立柱承房，横枋相连。带阁楼，阁楼檐角尖锐上翘，阴线刻画屋檐、瓦垄。楼身刻一斗拱，斗拱下为百叶窗。下层亦为庑殿式顶，檐角尖锐上翻，阴线刻画屋檐、瓦垅。房屋面阔三间，房屋正中大门两扇，一关一开，门内一人挽高髻从门后探露半身，其人正面相，用阴线粗略刻画五官，着袍，右衽，长服拖地，左手扶门，作观望状。

画面近底部刻一条装饰带，可能表示房屋的护栏或者房前道路。装饰带分为十格，间或饰以连环纹和成组平行线纹、菱形纹。整幅图像浅浮雕层次分明，阴线刻划粗细有度，立体感强。

棺身右侧：董永侍父与车马出行图（图二三三、二三四，图版一一三）。

左为董永侍父，右为车马出行。画像左端刻一枝叶茂密的大树，树枝上挂一盒，树下有辘车[1]，一老人手执木杖坐在辘车上，身体瘦弱，衣服单薄，似为董父。中刻一人手执锄立于田间，似为董永，戴平巾帻，穿短襦，回首望父。董永前方有一辆辇车，驾一马，马具刻画清晰，马四蹄奔走，短尾上翘。马后有辕拉车，车篷、轮、辐辏清晰，车内未刻画出人物。马侧有一侍从同行。平巾帻，为赶车者。车下护栏式装饰，与棺身左侧同。

以上图像虽然和"孝子赵苟"、"董永侍父"都比较相似，但考虑到树木、车等画像要素，仍命名为"董永侍父"。四川渠县蒲家湾无名阙[2]、乐山柿子湾崖墓[3]等也有发现，除缺乏车马外，图像基本相同，说明此题材在四川地区流传较广。

[1]　辘车原作鹿车，如汉代典故"共挽鹿车"，就是指这种车子。《太平御览》卷七七五引汉应劭《风俗通》："鹿车，窄小裁容一鹿也。" 直至唐代句道兴《搜神记》引刘向《孝子图》作"辘车"。实际上是人力推载的独轮车，中国历史博物馆有这种车子的复原模型。王振铎先生通过对文献的梳理，证实汉代在陇西、关中、华北、中原、淮北等地均使用这种鹿车（王振铎：《东汉车制复原研究》，科学出版社，1997年）。从出土的画像上来看在四川也有这种车子，成都扬子山二号墓和彭州、新都出土的酒肆画像砖都有这种车子（龚廷万、龚玉、戴嘉陵：《巴蜀汉代画像集》，文物出版社，1998年，30-32页），说明在四川日常生活中常用，实际上就是当地所称的"鸡公车"。
[2]　高文：《中国画像石全集》第7卷《四川汉画像石》，河南美术出版社，2000年。
[3]　龚廷万、龚玉、戴嘉陵：《巴蜀汉代画像集》，文物出版社，1998年。

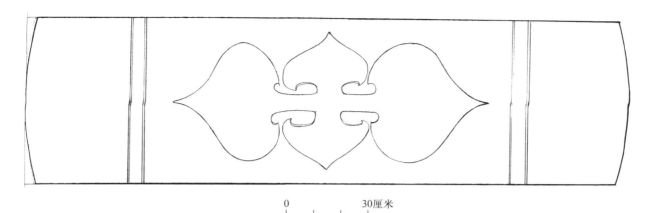

图二二五　合江22号棺棺盖视图

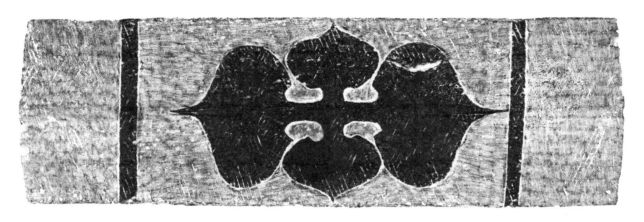

图二二六　合江22号棺棺盖拓片

# 十六、合江县23号画像石棺

2000年10月21日，合江县合江镇黄溪村汉墓中出土，墓葬情况不详。出土时共有两具石棺，其中一具保存较好，四周均有图像；另一具甚残，可观察到的图像有羽人、天门、建筑等。现藏于合江汉棺博物馆内，分别编号为合江23、24号石棺。

23号石棺为砂石质，整料雕造，棺身开裂，棺盖无存。棺身长约2.10～2.15、宽0.57～0.63、身高0.68米，棺壁厚0.07～0.08、棺底0.18米、凿痕宽0.1～0.3厘米（图二三五、二三六）。棺体四壁均镌画像，雕刻方式为浅浮雕，先剔地雕出动物人物等形象造型，再对其剔地表面进行纹样修饰（图版一一四）。

前挡：双阙图（图二三七、二三八，图版一一五）。

四周带边框，边框上刻斜线纹。边框内剔地减浮雕双阙图像，地纹为编织纹。双阙分立，对称构图。阙为重檐单出阙，庑殿式阙顶，上有脊饰，阙楼两层，阙身十分修长，无台基，顶、楼、身收分明显。

后挡：伏羲女娲图（图二三九、二四〇，图版一一六）。

边框同于前挡。边框内剔地减浮雕伏羲女娲图，地纹以编织纹为主，不太整齐。画像左伏羲，右女娲，相互对视。伏羲头束巾，面部为四分之三侧面，脖子较短，上身着广袖长袍，双手上举，左手执排箫，右手托日轮，腰下有一双兽腿，两腿间刻划一细长尾，长尾与女娲相交。女娲挽高髻，右手持鼗鼓，其它与伏羲同。

棺身左侧：采药求仙图（图二四一、二四二，图版一一七）。

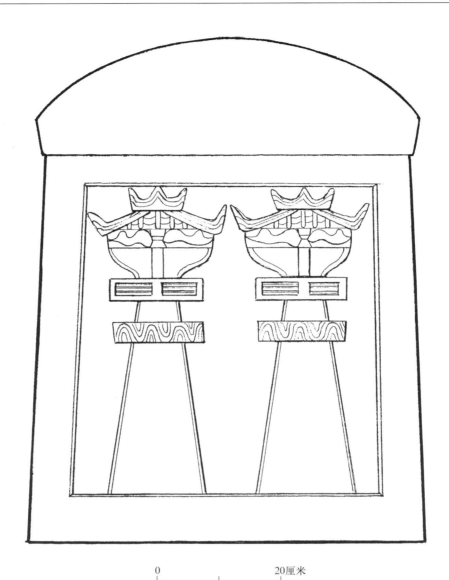

0 20厘米

图二二七 合江22号棺前挡视图

图二二八 合江22号棺前挡拓片

0 _____ 20厘米

图二二九　合江22号棺后挡视图

图二三〇　合江22号棺后挡拓片

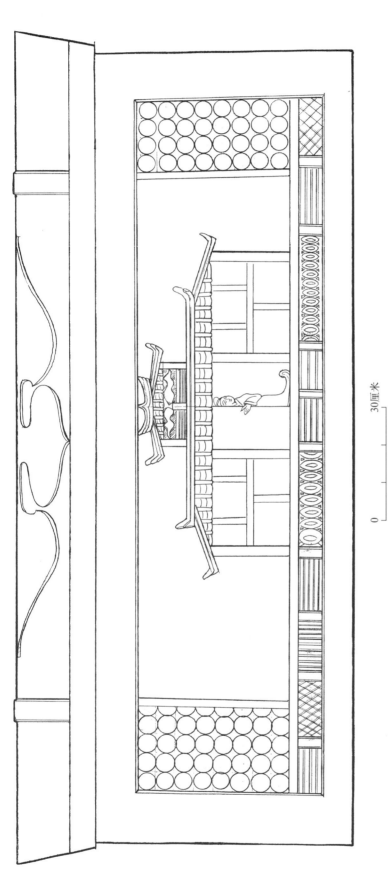

图三三一 合江22号棺棺身左侧视图

0 ⊢———⊣ 30厘米

图三三二 合江22号棺棺身左侧拓片

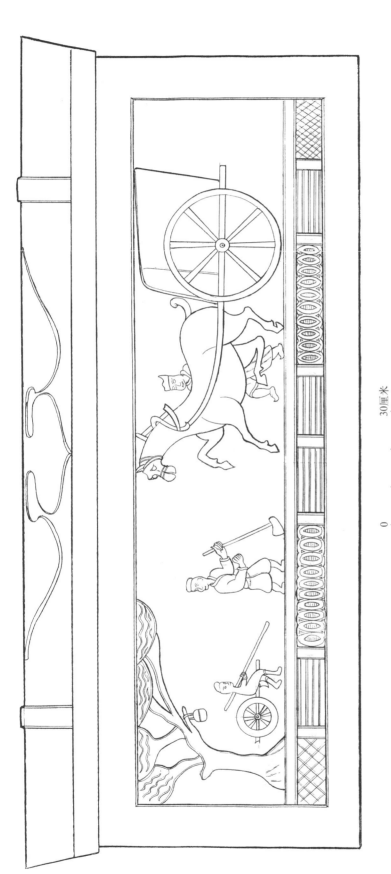

图二三三　合江22号棺棺身右侧视图

0 ━━━━━━ 30厘米

图二三四　合江22号棺棺身右侧拓片

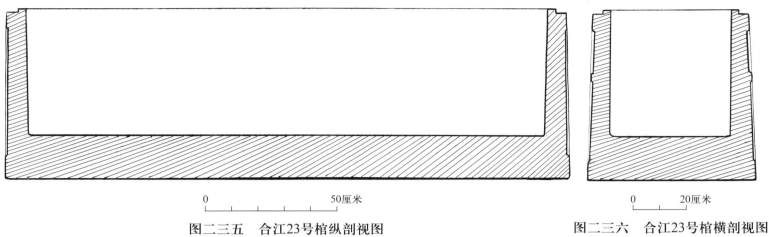

图二三五　　合江23号棺纵剖视图 　　　　　　　　图二三六　　合江23号棺横剖视图

四周带边框，边框上刻斜线纹，边框内剔地减浮雕，地纹以三角形纹为主。边框内有一凸起横栏将画面分成上下两个部分，横栏上装饰云纹。

上层图像被两道竖栏分成三个部分：左右素面，中间变形柿蒂纹和"胜纹"，"胜纹"位于柿蒂纹两侧，对称构图。

下层中部有一竖栏将画面分成两组，竖栏上阴刻菱形纹。

左边一组图像：左端刻一凤鸟，头上有翎，曲颈展翅，后尾翼曳地，双腿分立，嘴中含一物，疑为仙枝或仙草；中刻一植物，长于器物中，植物上阴刻云纹；右边为两仙人，装束基本相同，双耳上立，穿右衽短襦，各伸出一手采摘中间植物，中间树干弯曲，树枝较少。

右边一组图像：左边一仙人，双耳上立，身着右衽短襦，左手采摘植物，右手执一器物于胸前，器物为圆头和长杆的组合。植物树干较粗，有三枝叶。树木右有一男子，左向而揖，戴进贤冠，身穿右衽宽袖长袍，躬身，双手执一方形物，似为笏板。其身后又有一仙人，装束与左侧仙人同，右手执一仙枝，似给予前面男子。其后又有一树。

棺身右侧：采药求仙图（图二四三、二四四，图版——八）。

画面布局与左侧同。

上层也是分三组。左边一组为三个"胜"，中间一组为素面，右边一组为联璧纹，穿璧之绳成菱形。

下层分两组。左边一组左一人头戴进贤冠，身着长袍，双手执一方形物于胸前，躬身揖拜。其前方仙人正在从凤鸟口中接一物，应为不死之药。仙人着短襦，双耳上立，左手从凤鸟口中取物。凤鸟面向仙人而立，展翅，尾曳地，曲颈低头，头上长翎，口中含一物。

右边一组，左侧二人头戴进贤冠，身着长袍，束腰，双手执方形物于胸前，躬身而侧向左边，其身后有两仙人在采摘树上之物，装束基本相同，双耳上立，着右衽短襦，各自伸出一手采摘中间之物。

棺身左右画像表现了墓主人来到西王母所居仙界，见到仙人们采摘不死树上的仙药，进而揖拜求药的情景。

## 十七、合江县25号画像石棺

2002年10月24日，在泸州合江县白米乡铜锣村四组汉墓中出土，墓葬情况不详。两具棺四周都有图像，现藏于合江汉棺博物馆内，分别编号为合江25、26号石棺。该墓应为夫妻合葬墓，图像配置基本相同，但存在细微差异，可能为工匠有意为之，表现出阴阳相对。25号棺日月图案用浅浮雕表现，左右侧壁为青龙、白虎图案；26号棺日月图案用阴线刻表现，左右侧壁为白虎、青龙。

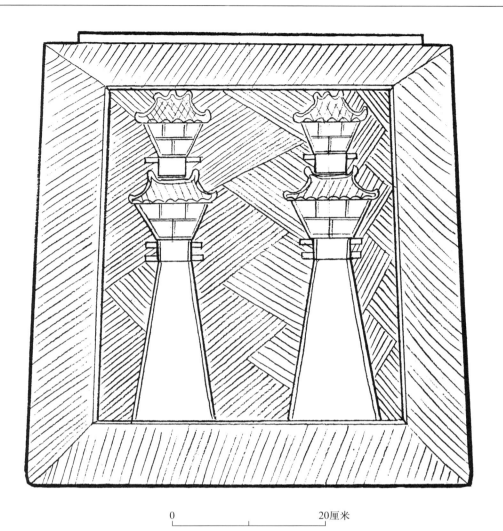

0 　　　　　　　　20厘米

图二三七　合江23号棺前挡视图

图二三八　合江23号棺前挡拓片

0 ├─────────────┤ 20厘米

图二三九　合江23号棺后挡视图

图二四〇　合江23号棺后挡拓片

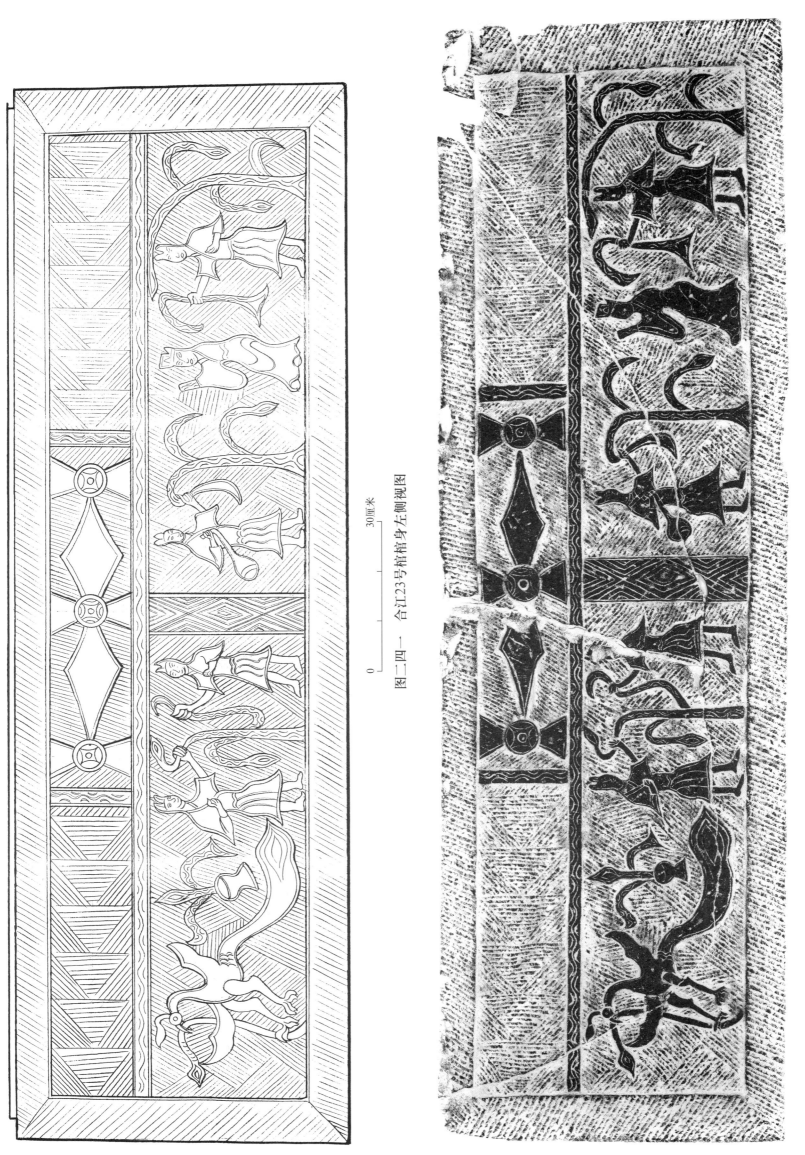

图二四一　合江23号棺棺身左侧视图

30厘米

0

图二四二　合江23号棺棺身左侧拓片

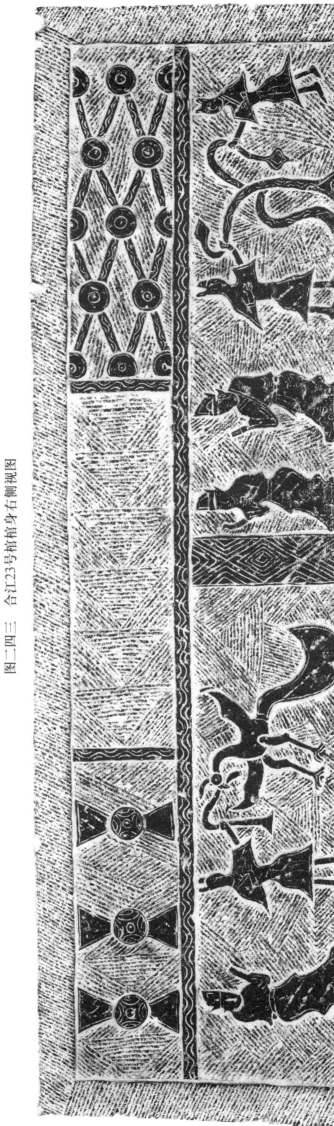

图二四三　合江23号棺棺身右侧视图

0　　　　30厘米

图二四四　合江23号棺棺身右侧拓片

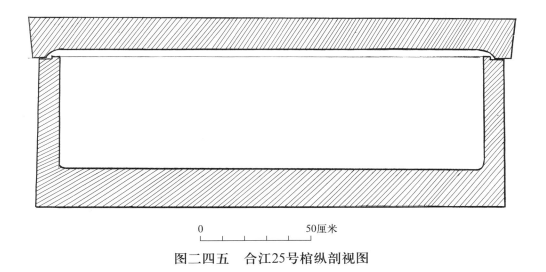 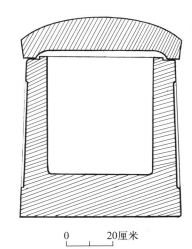

图二四五　合江25号棺纵剖视图　　　　　　　图二四六　合江25号棺横剖视图

25号石棺身长2.1、宽0.7、高0.71、通高0.91米，棺壁厚0.09～0.1、棺底厚0.18米、凿痕宽0.2～0.3厘米（图二四五、二四六）。青砂石质，整料雕造，保存完整。仿木石棺，棺盖呈弧形，棺体四壁均镌画像。雕刻方式为浅浮雕，即先剔地雕出动物人物等形象造型，再对其剔地表面进行纹样修饰，剔地深约1厘米（图版一一九）。

棺盖：无主图，仅阴刻三角纹。

前挡：双阙与日轮图（图二四七、二四八，图版一二〇）。

无边框，地纹为编织纹。双阙分立，对称构图，两阙间正中上方刻一圆（日）轮。阙为单出阙，重檐庑殿顶。檐顶刻画夸张，上有方圆形顶饰，檐角和脊端作圆角向上翻折，折角近直角。双重阙楼，楼身呈漏斗形，以阴线勾勒轮廓，阙身较高，束腰，中间有双重腰枋，浅台基。阙与圆轮均未经打磨，凿刻粗糙，无纹饰。

后挡：九尾狐与月轮图（图二四九、二五〇，图版一二一）。

无边框，地纹为编织纹。上半部正中为一月轮，其下立一九尾狐。九尾狐侧立，双耳圆目，吻部突出，嘴微张，身形似鹿，硬朗强健，四肢有力，长尾摆后，尾上用细线刻出九尾。爪部雕刻细致，腹部下刻画出生殖器。狐身用粗细不等长短不一的斜线凿刻表现其皮毛。

棺身左侧：青龙、三足乌、蟾蜍、五人图（图二五一、二五二，图版一二二）。

四周带边框，边框上阴刻三角纹，框内地纹较乱，亦为细线斜向成组凿刻。框内剔地减浮雕多个图像，从左至右依次为青龙、三足乌、蟾蜍和五人站立图：

龙侧立，头上双角斜直微下弯，双角刻出框外。面为二分之一侧面，三角眼，咧嘴，颈脖长而弯曲成"S"形，颈背有七个鳍。龙身硬朗强健，上阴刻斜纹表示龙鳞，腹部着意刻画出生殖器，四肢纤长有力并作奔跑状。龙背上方立三足乌，尖喙圆目，羽翅合拢，三腿纤长有力，扁直长尾斜向上翘，鸟身粗略刻画斜线纹。龙身后跟一蟾蜍，伏地状，头呈半方圆形，身体圆鼓，脊背饰以成串圆形纹饰，四肢均向后屈折张开，造型圆钝肥硕。框内右半部立五人，头挽高髻者三人，戴介帻者两人，皆身着长袍，阴刻斜线表现衣纹，五人中前四人揖手，最右端一人双手向左平直。

棺身右侧：白虎、五人图（图二五三、二五四，图版一二三）。

边框、地纹与棺身左侧相近。框内剔地减浮雕多个图像。

左边五人并立，其装束与棺左侧五人相同，五人均双手合拢于胸前，头挽高髻者二人，戴介帻者三人。

0 —————————— 20厘米

图二四七　合江25号棺前挡视图

图二四八　合江25号棺前挡拓片

0       20厘米

图二四九 合江25号棺后挡视图

图二五〇 合江25号棺后挡拓片

右半部为白虎，侧立，小尖耳，圆脸，面为四分之三侧面。双目圆瞪，张嘴露齿，颈脖长且弯曲成"S"形。虎身纤长偏瘦，四肢张开，强健有力，四腿奔跑状，长细尾摆后，上扬而弯曲成"S"形。爪部三趾雕刻细致，腹部刻画出生殖器，虎身用不规则斜纹表示皮纹。

# 十八、合江县26号画像石棺[1]

与25号棺同时出土。

仿木石棺，棺盖呈弧形，略残。石棺身长2.1、宽0.7、身高0.68、通高0.88米，棺壁厚0.07~0.08、棺底厚0.2米、凿痕宽0.3~0.4厘米（图二五五、二五六）。青砂石质，整料雕造，保存完整。棺体四壁均镌画像，雕刻方式为浅浮雕。即先剔地雕出动物人物等形象造型，再对其剔地表面进行纹样修饰，剔地深约1厘米（图版一二四）。

棺盖：略残，阴刻三角纹，无图案。

前挡：双阙与日轮图（图二五七、二五八，图版一二五）。

无边框，地纹凿刻规律，为编织纹。双阙分立，对称构图，以阴线勾勒轮廓。两阙间正中上方刻一圆（日）轮。阙为单出阙，重檐庑殿顶。阙顶刻画夸张，上有方形脊饰，檐角和脊端圆钝向上翻折朝天。双重阙楼，阙身较高，束腰，双重腰枋，浅台基。阙未经打磨，凿刻粗糙，无纹饰。

后挡：蟾蜍、九尾狐与月轮图（图二五九、二六〇，图版一二六）。

地纹与前挡相近。画像上方正中为一月轮，其下立一蟾蜍。蟾蜍持巾而舞，头呈桃形，身体圆鼓，单腿直立，另一腿盘曲至膝部，仰首向月。右下侧有一九尾狐侧向蟾蜍而立，小双耳，吻部突出，抿嘴，颈脖较长，四肢奔跑状，狐长尾摆后，直伸上扬，上用细线刻出九尾，似鬃毛尾状，爪部雕刻三趾。

棺身左侧：白虎、五女图（图二六一、二六二，图版一二七）。

四周带边框，边框上阴刻连续三角形，框内地纹较乱，以编织纹为主，剔地减浮雕多个图像。

左半部为白虎，虎侧立，面为四分之三侧面，圆目，抿嘴，颈脖长而弯曲。虎身微弓，四肢张开，粗壮有力，用阴刻斜纹表示皮纹，腹下部着意刻画其生殖器。长尾较粗，摆后且下垂而弯曲成"S"形。五人装扮动作一致，挽高髻，脸较圆，面为四分之三侧面，五官均辨识不清，脖子较短，身着长袍，用斜线表现衣纹。五人均头向白虎方向看去，揖手，身子微倾，似观望状。

棺身右侧：青龙、三足乌、五男图（图二六三、二六四，图版一二八）。

边框、地纹与棺身左侧相似。框内剔地减浮雕多个图像，从左至右依次为：五男图，三足乌和青龙。

左边为五男并立。五男装束基本相同，戴介帻，着长袍，头向青龙方向望去，双手合拢于胸前并用斜线表现衣纹。三足乌立于龙尾下，长喙，双眼圆睁，颈脖较长，身形饱满，羽翅合拢，翼尖上翘。三腿纤细瘦弱，呈屈折状，扁直长尾平伸。龙侧立，居于框内右半部，头上双角较短斜直，面为二分之一侧面，三角形眼，咧嘴，嘴中一长条"S"状物，颈脖长而弯曲，颈背无鳍。龙身体态修长，呈流线形，四肢伸张有力，长尾较粗，摆后下垂而弯曲成螺旋形，着意刻画其生殖器。龙身用不规则斜纹表示龙鳞。

---

[1] 与25号棺形制接近，其题材、配置模式几乎相同，雕刻技法和图像风格一致，所以应为同一批工匠制作。

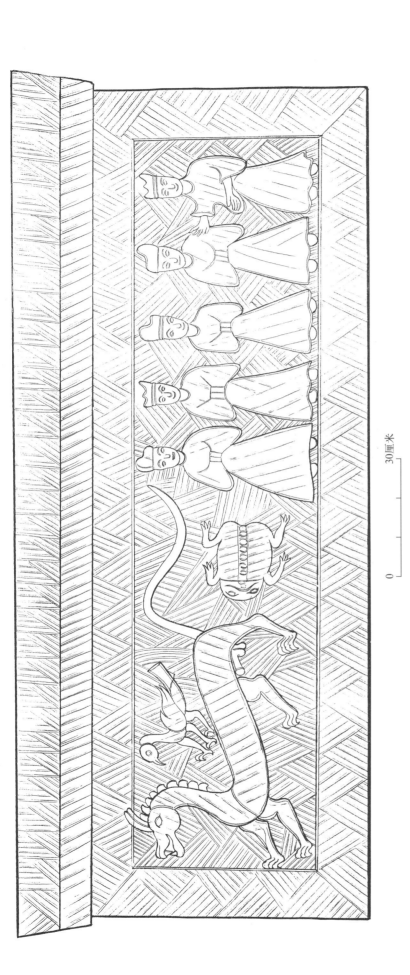

0       30厘米

图二五一 合江25号棺棺身左侧视图

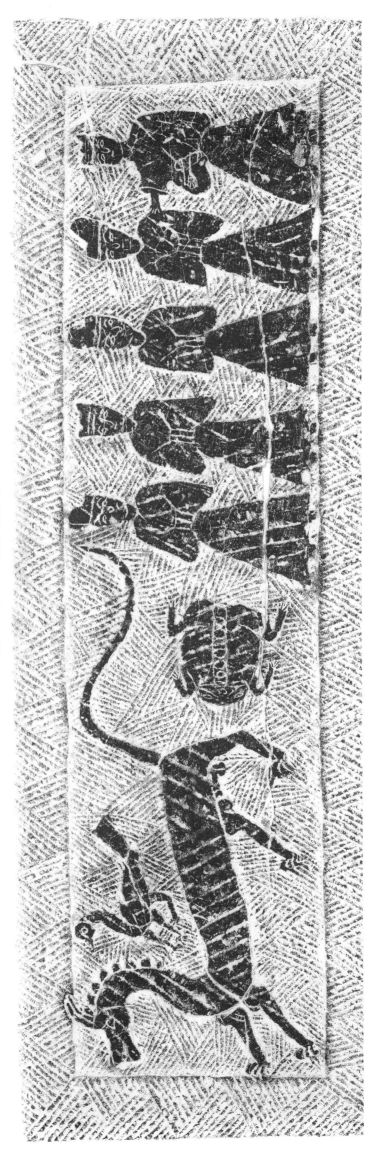

图二五二 合江25号棺棺身左侧拓片

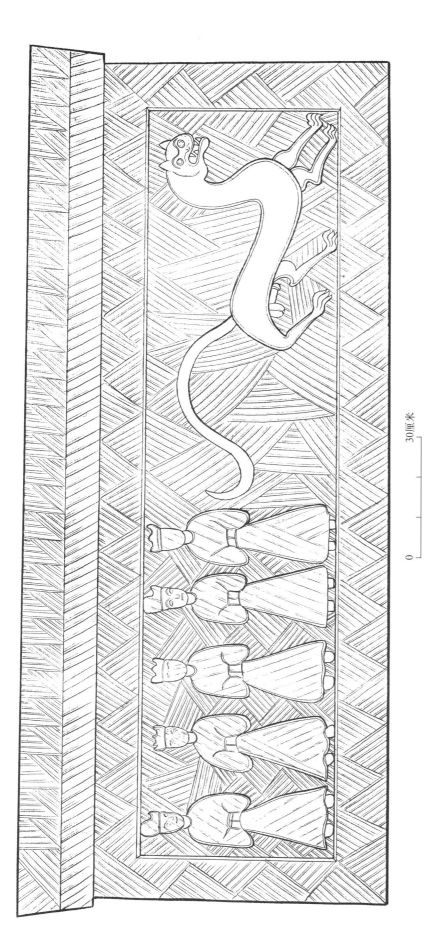

图二五三　合江25号棺棺身右侧视图

30厘米

0

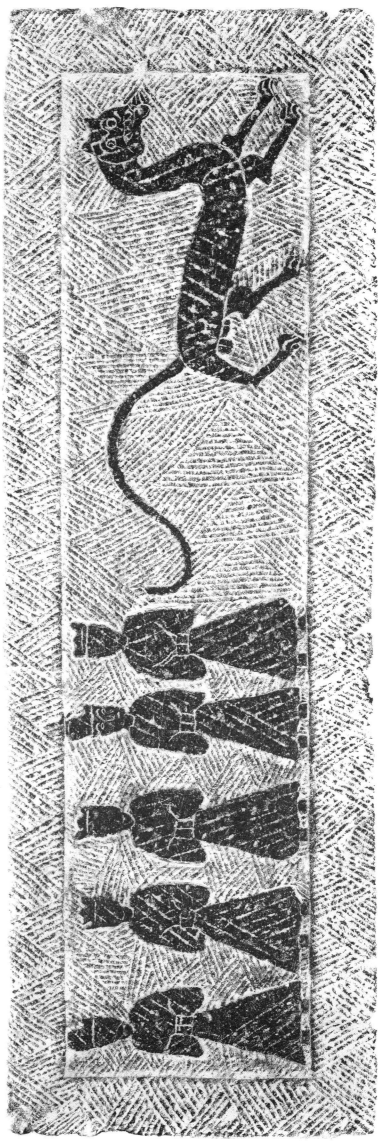

图二五四　合江25号棺棺身右侧拓片

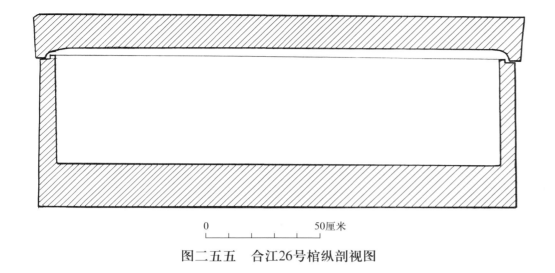

图二五五　合江26号棺纵剖视图

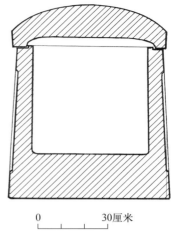

图二五六　合江26号棺横剖视图

# 附一、合江县13号画像石棺

1996年12月6日出土于合江县合江镇柿子田村宋墓中，墓葬的形制、随葬品，被盗与否，石棺在墓中的位置，保存情况均不详。现存合江县汉代画像石棺博物馆，编号为合江13号石棺。

棺盖不存，石棺身长2.3、宽0.78、身高0.67米，棺身右侧白虎周围凿痕宽0.2～0.3厘米，石棺其余部分凿痕宽约0.6厘米。青砂石质，整料雕造，棺四壁均镌画像，浅浮雕（图版一二九）。

前挡：朱雀图（图二六五，图版一三〇）。

无边框，无有意雕凿的地纹。画像中部偏下雕刻一正面站立的朱雀，朱雀圆首，尖喙，双目圆睁，直视前方。身体较圆，双翅展开略下垂，双翅上有阴线凿刻的四排羽毛，排列规整，其中外侧两排较大，较长呈长条形，里侧两排较小，呈弧形。尾高翘起，尾羽展开呈扇形，阴线凿刻四排羽毛，里侧两排呈圆弧形，外侧两排呈三角形。双腿粗壮，直立，大腿上有阴线刻饰细毛，脚趾漫漶，左脚似有三趾，右脚只一趾清楚。

后挡：玄武图（图二六六，图版一三一）。

无边框，无有意雕凿的地纹。中部偏下处雕刻一爬行状的玄武。龟昂首，圆目，嘴微张，短颈，圆背高隆，短尾伸出，略翘起，两前足一前一后，只刻出一后足，背上似有阴线刻饰。蛇身从龟左侧尾部绕上蛇，在右侧绕下，在龟颈下绕出，高伸，回首下视，与龟相望，圆目，口微张，蛇尾弯曲，蛇身上有阴线刻蛇鳞，多漫漶不清。

棺身左侧：青龙图（图二六七，图版一三二）。

无边框，无有意雕凿的地纹，距棺底9～10厘米处有一阴线凿刻宽约1.5厘米的凹痕。离棺身两端约4厘米处各浮雕一竖起的柱，长约41厘米，分五段。其中第二、四段较粗，宽6～7厘米，一、三、五段较细，宽3～4厘米，第五段的下端逐渐变细，变尖。在两柱中间，有一向左行走的青龙，长1.54米。龙头较大，微昂，似鳄鱼头，头顶两角，较细，无分枝，斜向后竖起，双目圆睁。浮雕刻划出四分之三侧脸庞，眼前下方刻划两鼻孔，两耳较长，斜向后竖起，眉毛有四道细毛状装饰。长吻张开，前端较圆，浮雕牙齿，口中吐出一火球。火球周围有火焰，其中上方一道较大。火焰斜向后飘起，周围亦有齿轮状小火焰。颌下有须似羊须，脸后侧有鳞甲及较长细毛，向后斜飘起。短颈较粗，颈前刻龙鳞。身体较长，与颈略等粗，略呈弧形，颈躯相交处有斜向后竖起的羽毛状翼，似一根羽毛，中空较细。尾较长，逐渐变细，向下卷起，背上直到尾端的上面有一道锯齿状装饰，可能是龙鳞。四肢健壮有力，前后肢分别位于颈躯相交处及躯尾相交处，左侧

0                             30厘米

图二五七　合江26号棺前挡视图

图二五八　合江26号棺前挡拓片

0 |———————| 20厘米

图二五九　合江26号棺后挡视图

图二六〇　合江26号棺后挡拓片

图二六一　合江26号棺棺身左侧视图

0　　　　　30厘米

图二六二　合江26号棺棺身左侧拓片

图二六三　合江26号棺棺身右侧视图

0　　　　30厘米

图二六四　合江26号棺棺身右侧拓片

图二六五　合江13号棺前挡拓片

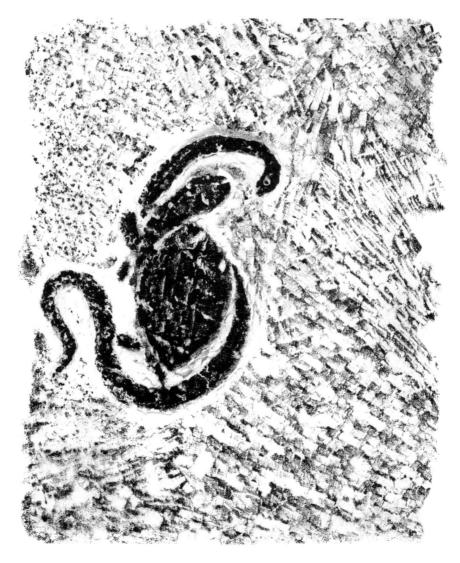

图二六六　合江13号棺后挡拓片

两肢向前，右侧两肢向后。龙爪抓地，五爪四前一后，其中右前肢只有三前一后四爪。四肢的前侧均有一排较圆的鳞甲状物，大腿与小腿相交处后方各有一尖状突起。

棺身右侧：白虎图（图二六八，图版一三三）。

无边框，无有意雕凿的地纹，整体布局与青龙图相同，两端亦有同样形制的立柱，下方亦有阴线凿刻的凹槽，虎爪立于槽中，两柱中间有一向右行走的白虎。画面上刻划出3／4的虎脸庞，圆头，椭圆形耳朵向后贴于脑上，双目圆睁，平视前方，圆颔闭嘴（图像有些漫漶不清），颈略长，上伸略弯，身体较粗长，略成弧形。颈躯相交处刻一对羽状双翼，中空，与龙翼相似。尾细长，向下弯曲后上翘。四肢粗壮，右侧两肢向前，左侧两肢向后，作行走状，每肢刻划四个虎趾，三前一后，虎趾较尖。虎脚下各有一长方形物，右侧两肢大小腿相交处后方有一尖状突起，似羽毛，其余两肢无。

## 附二、合江县14号画像石棺

1996年12月6日出土于合江县合江镇柿子田村宋墓中，墓葬的形制、随葬品，被盗与否，石棺在墓中的位置，保存情况均不详。现存合江县汉代画像石棺博物馆，编号为合江14号石棺。

棺盖不存，石棺身长2.27、宽0.65、高0.60米，凿痕宽约0.6厘米。青砂石质，整料雕造，棺前挡、两壁均镌画像，浅浮雕。

前挡：朱雀图（图二六九，图版一三四）。

无边框，无有意雕凿的地纹。画像中部刻一朱雀图，离棺身下端约8厘米处有一阴线凿刻约2厘米宽凹槽，朱雀双脚站立于其中。朱雀圆首，低头，尖喙略呈三角形，喙中部有一圆形孔。双目圆睁（阴线刻），双目之间有一较长阴线刻饰，其形略呈长方形，一端圆滑，一端漫漶。身体较瘦，双翅展开，略下垂，双翅上有浅浮雕的两排羽毛，其中外侧一排细长，里侧一排呈小圆弧形。尾高翘，羽毛散开，呈桃形，阴线交错刻饰羽毛，外端较尖。双腿修长，站立，大腿较肥，小腿细长，各刻划三趾。

棺身左侧：青龙图（图二七〇，图版一三五）。

无边框，无有意雕凿的地纹。在距棺身两端约4厘米处各有一竖立的柱，距下端约8厘米处有一阴线凿刻约2厘米宽凹槽，两柱中间雕刻一向左的青龙，身长0.84米、尾长0.28米，龙爪即踩于此槽中。龙头似鳄头，微昂，吻较长，闭合，上吻端向上卷起，下颌较短，颌下有须，形似羊须，吻内牙齿明显。双目圆睁，眉分作四道，每道各刻划许多细毛，前下方刻出鼻孔，两耳较长，斜向上竖起，头顶双角，较细，无分极，斜向后竖起，面后侧有鳞甲及较长细毛，向后飘起。颈略长，上伸略弯，身较粗长，略呈弧形，颈身相交处有一双翼，细长似羽毛，中空。颈下至尾上方均有一长列鳞甲呈锯齿形，颌下至尾下方均有一长列鳞甲呈一排圆角长方形，至尾部逐渐变小，呈一段细线，身上似有阴刻圆形鳞甲。四肢粗壮有力，大小腿相交处有一尖状突起（右后肢无刻划），左后和右前肢均刻五爪，其余两肢刻划四爪。右前爪抬起，抓一火球，火球前方有火焰，向上前方飘起，呈三角形，上部尖细，两侧有刺状小火焰，中有叶脉状阴线。

棺身右侧：白虎图（图二七一，图版一三六）。

无边框，无有意雕凿的地纹。整体布局与青龙图相似，两端亦有同样形制的立柱，下端亦有阴线凿刻的凹槽，虎爪即立于槽中，虎爪下亦有长方形板（此处略显漫漶不清），两柱之间有一向右行走的白虎，身长0.82、尾长0.56米。虎圆头，略抬起，椭圆形耳朵斜向后竖起，耳内有阴线刻饰的似叶脉状纹饰。双目圆睁，阴线刻出圆鼻头，并有两个鼻孔，口微张，露出两颗虎牙，鼻及口两侧各刻有三根胡须，上面一根较

图二六七　合江13号棺棺身左侧拓片

图二六八　合江13号棺棺身右侧拓片

短。颈略长，上身略弯，躯体较长，略瘦，脊平直，靠近颈处下弯。前肢两侧上方各有一长翼，细长呈羽状，中空，斜向上翘起。四肢粗壮有力，左侧两肢向前，右侧两肢向后，作行走状，每肢刻出四个虎趾，三前一后，均较圆。

# 第四节　画像崖棺

## 一、纳溪区石棚乡崖墓画像崖棺[1]

该崖棺发现于四川纳溪区石棚乡蒲灏子崖墓内，崖棺一侧有图像。图像左侧为杆栏式房屋，右侧为杂耍图（图二七二）。

## 二、泸县牛石函崖墓画像崖棺[2]

牛石函崖墓群位于泸州市泸县太伏镇永利村3组，东北靠烟灯山，西南临长江，墓群所在长江段江流为西北−东南向。墓群分布于高约20米，长约120米的烟灯山西南侧断崖上，已发现10余座墓葬，基本呈一字形排开。2008年3月，泸州市博物馆、泸县文管所工作人员对其中暴露的一座进行了清理，编号为2008LTYM7。

该墓单室，由墓道、墓门、甬道、墓室四部分组成，平面近"凸"字形。该地山坡较陡，故墓道很短，且部分被破坏，残长0.8米（图二七三）。墓门立面呈长方形，底与墓道持平，原有石质封门，现已残毁，其复原高度为1.31、宽1.5、厚约0.22米。甬道和墓门相接，略窄于墓门，进深0.63、高1.31、宽1.25米。墓室平面呈长方形，长5.15、宽3.1米。地面前低后高，利于排水。墓顶为拱形，后部空间略大，前高1.47、后高2.08米。

墓室前部左侧凿一原岩石灶，后部左侧有一石函即崖棺。棺右侧、后挡、底部与岩体相连，长2.17，宽0.88，厚0.1米。崖棺为子口，上原有盖，已被盗（图二七四，1、4）。

棺前挡：朱雀衔珠图（图二七四，3）。

图像阴刻，地纹由斜线构成，杂乱无章。朱雀右向站立，头平抬，顶有一较长翎毛，略弯。长喙衔珠，双目圆睁，曲颈，挺胸，展翅上扬。长尾高翘，短尾下垂，双脚未刻画出来。

图二六九　合江14号棺前挡拓片

---

[1]　转引自高文、高成刚：《中国画像石棺艺术》，山西人民出版社，1996年，123页。
[2]　泸州市博物馆：《泸县出土画像石棺》，《四川文物》2010第年6期。

图二七〇　合江14号棺棺身左侧拓片

图二七一　合江14号棺棺身右侧拓片

图二七三　纳溪区石棚乡崖棺拓片

左侧：车马出行图（图二七四，2）。

阴线雕刻。前后各一人，皆在奔跑，二人姿态、服饰相似，皆平巾帻，右衽短衣，窄袖，着鞯，手执戟。中间为马车，马前蹄抬起，作奔跑状。马后拉辂车，车上部被破坏，车上坐一人，已模糊不清。该图像构图合理，人、车马、动物图形形象生动，可见起草者对整幅图像烂熟于心。但是雕刻的线条过于粗糙，特别是图像底纹非常随意，可见雕刻者未尽心思，过于草率。

## 三、泸县沙洞子崖墓画像崖棺[1]

该崖棺位于四川泸县石寨乡久桥村沙洞子崖墓群M3内。该墓墓道长7.5、宽1.8米。墓室平面长方形，长4.8、宽1.97米。墓门三层门框，高1.6、宽1.3米。墓门门柱上刻有双阙和朱雀玄武图像，墓内后方左右两侧各有一画像崖棺。

一号崖棺一侧图像：人猴图（图二七五）。

右侧二人戴巾帻，着袍面对站立。其左边一人担物，似为另一人侍从；右边一人面向树，树木较小，有几处分支。树的左侧还有连理木，树上有猴，猴下站立一人，树的左侧下有两人。

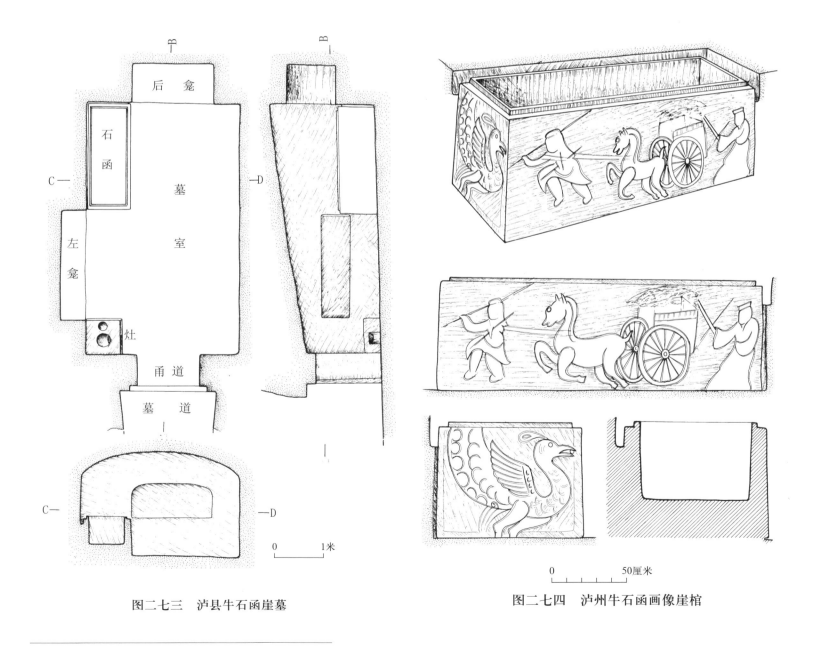

图二七三　泸县牛石函崖墓　　　　　　图二七四　泸州牛石函画像崖棺

---

[1]　资料转引自高文、高成刚：《中国画像石棺艺术》，山西人民出版社，1996年，124页。

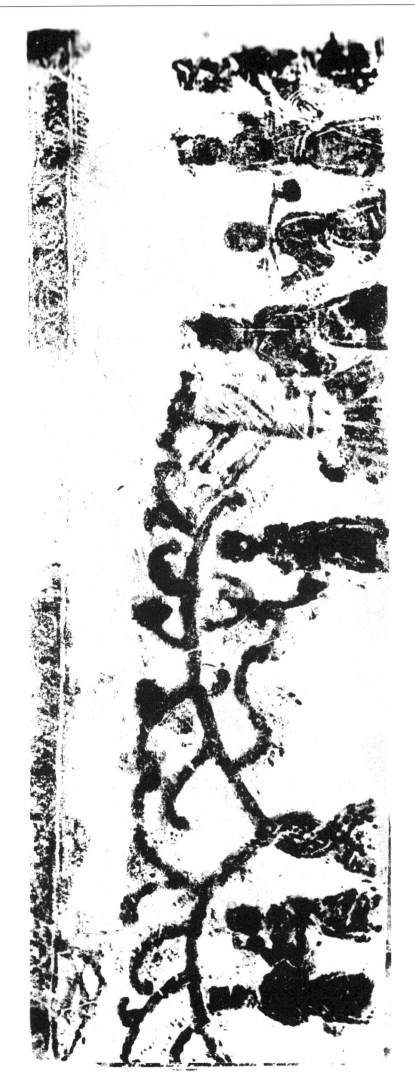

图二七五　泸县沙子洞1号崖棺

图二七六 泸县沙子洞2号崖棺

二号崖棺一侧图像：人物双鸟图（图二七六）。

画面有边框。上层有两道边框，边框上浮雕倒三角纹装饰。下层边框上阴刻卷云纹。画面中间用斗拱将画面分成两个部分：

左侧一组三人双手作揖，三人前方二人手持便面前行。

右边一组刻二鸟。下方一鸟较大，长尾，作行走状。上方一鸟回首，展翅飞翔。

# 第四章　画像石棺的类型学研究

　　中国考古学在20世纪初叶就已诞生，但长期以来考古学在画像石研究中多被作为获取资料的工具，或是做一些基础性的研究，如确定画像石墓的墓葬形制、年代、分区、分期等，而对于画像本身的深入研究少有贡献，即使最基础的画像内容释读也以金石学为主，画像的内涵以及背后所隐藏更深层次的东西的探索往往是依靠历史学，近来又引入了图像学等美术史的方法。之所以会产生这种情况，主要因为画像内容是抽象的，与考古学一直以来所习惯面对的实物对象完全不同，考古学有两大基础方法论——层位学和类型学，层位学主要是获取田野资料的方法，与画像石棺关系不大。而类型学则是对收集到的实物资料进行科学的归纳和分析的方法论，其研究对象是考古发现的遗迹和遗物，都属于实物，这与抽象、感性的画像并不相同，所以考古研究者对于画像的类型学研究似乎束手无策。实际上画像也具有轮廓、形态，有一定的演变规律，而且时代变化频率更高，从理论上来说是可以利用类型学的研究方法的，如郭晓川在对苏鲁豫皖区汉画的分期研究中以画像的视觉形式为分期依据[1]，实际也是运用类型学进行画像研究的一个有意义的尝试。

　　以往画像石的分期、断代研究多是利用墓葬分期、断代研究结果，其主要对象为画像石墓以及具有共存关系的器物，而非画像石本身。但这种方法在对现存画像石棺的研究中却难以行通，因为现存绝大多数画像石棺都是采集品，已经失去出土时的相关信息，所以其分期、断代只能依靠画像石棺本身。此处尝试采用考古类型学的分析方法对石棺的形制、画像题材进行型式划分、分组、分期，并结合一些科学发掘的画像石棺墓、纪年画像石棺，尝试对画像石棺进行更为精细的断代，并确定石棺画像的时代艺术风格和演变规律。

## 第一节　石棺类型以及制作

　　泸州地区画像石棺石质多为青砂岩或者红砂岩，其中红砂岩质地较软，损坏严重，而青砂岩则质地较硬，保存较好。石棺形制单一，均为仿照木棺样式制作，根据开凿方式的不同可以分成两型：

　　A型：普通石棺。此类石棺需选取整石，然后分别雕造棺身和棺盖，可移动。合江1～26号、泸州12具、泸县1～3号石棺均为此型，据棺盖的形制又可以分成两亚型：

　　Aa型　棺盖呈弧形。此类棺数量最多。

　　Ab型　棺盖虽然也有弧度，但是盖面雕刻成波浪状，应是模仿房顶瓦垄的特征，仅见于泸州市5号画像

---

[1]　郭晓川：《苏鲁豫皖区汉画像视觉形式演变的分期研究》，《考古学报》1997年第2期。

石棺一具，此类棺与芦山县王晖棺形制一致。

B型　　崖棺。此类棺与A型棺形制接近，在崖墓内利用山体凿成，和崖体相连，无法移动。泸县牛石函崖棺、泸县沙洞子崖棺、纳溪县蒲灏子崖棺都属于该型。

画像石棺以崖墓中发现最多。崖墓多位于沿江、河谷地区。这些地区多以浅丘砂岩为主，质地疏松，且多裸露于地表，有利于崖墓的开凿。就已经发现有石棺的崖墓来看，均为单室，带墓道，也有些凿出灶、龛等，墓门多经过修整成多重门框。墓室总长度一般在4米左右，宽度在1～2.5米之间。现在发现的崖墓多被盗，器物残留不多，常见的器物有：俑，主要有侍俑、庖厨俑、执箕俑、提罐俑、俳优俑、接吻俑、镇墓俑等；模型器，包括马、狗、猪、鸡、鸭、水田、房屋、仓等；普通陶器，器形有釜、罐、碗、瓿、杯、灯、瓮等[1]。石棺在墓葬之中一般平行于墓壁放置，位置多位于墓室一侧靠后，一般后挡紧挨着墓室，一侧紧靠墓壁。

也有少部分画像石棺发现于砖室墓之中，如合江县2、3号石棺。这类砖室墓墓室一般也是单室，有墓道、甬道，墓砖多为花纹砖。其随葬品和石棺位置大致与崖墓相同。

信立祥先生对汉代画像石[2]、罗二虎先生对汉代画像石棺制作过程进行了复原研究[3]，总结出了一定的规律。从发现情况看，泸州地区的画像石棺制作程序大体与之相同。工艺程序可参考1934年山东省发现的"芗他君"祠堂画像石题记[4]：

　　　　永兴二年七月戊辰朔廿七日甲午……兄弟暴露在家，不辟晨夏，负图成墓，列种松柏，起立石祠堂……堂虽小，经日甚久，取石南山，更逾二年，迄今成已。使师操 ，山阳瑕丘荣保，画师高平代盛、邵强生等十余人。段钱二万五千。

泸州地区画像石棺的制作过程。一般是用整块石头将棺身、棺盖分别雕造而成，崖棺则是直接利用崖体依山凿出。石棺坯制作好以后，再由画师在其面上作出底稿，最后由石匠雕刻，当然可能有些工匠兼具画师职能。

画面外往往留有画框，也有在画框内再用横栏或者竖栏将画面分成几个部分，然后在画框内剔地减浮雕出图像。图像外往往用较粗的阴线刻出轮廓，细部用阴线表现，按照地纹的不同又可分成两种：

凿纹减浮雕，绝大多数画像石棺用这类雕刻方法，即图像外用凿子减去，减去部分留有阴线地纹，地纹的纹饰有三角形纹、编织纹和斜线纹等。

平地减浮雕，仅有合江22号石棺一例，图像外减去部分，打磨平整、光滑、不见地纹。

泸州地区汉代画像石棺总体制作和艺术水平不如以成都为中心的川西地区，与南阳、山东、鲁南等地区也有一定的差距。其画像较为粗犷，主要表现在有些画像粗糙，人物、动物比例不协调，细部不清晰，画面规划性不强，一些画面超出预留的画框。当然，工艺水平会受到经济、文化水平的制约，泸州地区在汉代的经济水平比上述地区有一定的差距，但并不能抹杀其历史、文化、艺术价值。

[1]　晏满玲：《泸州地区汉画资源调查与分析》，载于《中国汉画学会第十二届年会论文集》，中国国际文化出版社，2010年。

[2]　信立祥：《汉代画像石综合研究》第三章第一节，文物出版社，2000年。

[3]　罗二虎：《汉代画像石棺》，巴蜀书社，2002年，230～233页。

[4]　罗福颐：《芗他君石祠堂题字解释》，《故宫博物院院刊》总二号，1960年。

# 第二节　画像题材类型学研究

许多研究者对画像题材的分类用功颇多[1]，虽然分类结果各异，但大都难以让人完全信服，其主要原因在于这些分类研究往往建立在作者先入为主的认识基础上，并不一定符合古人的认识，而且画像题材极为纷杂，也很难给予"准确的概括性分类"。最重要的是这种分类对于画像深入研究意义并不大，有学者已经认识到其弊端，"不仅忽略了画像内容与其所属建筑之间应有的关系，而且完全无视画像的配置规律，人为的割断了各类题材内容与其所属建筑之间的有机的内在联系"，同时认为"按照画像内容的本来意义进行分类才是画像石题材内容惟一正确的分类原则"[2]，但是很多画像的真正意义，目前并未释读出来，所以不可能有最后的结论。鉴于此，本文不对石棺画像进行分类研究，而只对出现频率较高、能表现时代特征和画像时代风格的题材进行类型学研究，目的是为下文的分期、断代做基础。

## 一、阙

这类题材发现30余处，出现频率最高。根据单、双阙，分成两大类：

A型，双阙，28处。依据阙楼檐顶单、双情况又可以分两亚型：

Ａａ型：单檐。以泸州市区附近发现最多。此型图像见于合江5号、合江22号、泸州1号、泸州5号、泸州6号、泸州8号、泸州9号、泸州12号、泸州13号、泸州14号等石棺。根据阙的附属物、雕刻技法以及艺术风格的简繁程度可分成以下几式：

Ⅰ式，造型简单，仅勾勒出阙的一个轮廓，不注重细部，阙的形体比例不甚协调，无附属物。此式图像见于泸州5号、泸州9号等石棺。

Ⅱ式，开始注重阙的细节刻画，但仍无附属物。此式图像见于合江5号、合江22号、泸州6号、泸州12号等石棺。

Ⅲ式，在阙上出现凤鸟，阙已经雕刻得比较规整，瓦等细部也表现得比较精细，但少见其它附属物。此式图像见于泸州8号、泸州14号等石棺。

Ⅳ式，画面逐渐繁缛，除凤鸟外，还出现人物、玄武、鱼等形象。此式图像见于泸州13号、泸州1号、泸县3号等石棺。

Ab型：重檐或者多檐。根据阙的附属物、雕刻技法以及艺术风格的成熟程度将阙分成以下几式：

Ⅰ式，造型简单，仅勾勒出阙的一个轮廓，不注重细部。此式图像见于合江1号、合江3号、合江9号、合江10号、合江17号、合江19号、合江23号等石棺。

Ⅱ式，比较注重阙的细节，刻划阙顶的瓦垄，部分阙已经出现简单的附属物，如在阙上刻画圆轮或者刻画子母阙。此式图像见于合江4号、合江12号、合江21号、合江25号、合江26号、泸州4号、泸县2号等石棺。

Ⅲ式，画面制作较为细腻、成熟，出现人物、鸟兽、房子等附属物。此式图像见于合江2号、合江15

---

[1]　俞伟超、信立祥：《中国大百科全书·考古学·汉画像石墓》，中国大百科全书出版社，1981年。

[2]　信立祥：《汉代画像石综合研究》，文物出版社，2000年。

号、泸州15号等石棺。

B型　单阙，仅发现两处，见于泸州11号、泸县1号石棺。

# 二、伏羲女娲

根据二者组合情况，将其图像分成两型：

A型　伏羲、女娲分开，分别位于石棺的前后挡，此类画像刻画粗糙，人物细部模糊，有些手中无物，有些手中持排箫、鼗鼓。此型图像见于泸州6号、泸县1号、合江15号、合江20号等石棺。

B型　伏羲、女娲共同组合于一幅图像上，呈对视状，有些交尾，一手托日（月）轮。根据手中持物，又可以分成两亚型：

Ba型　另一手持鼗鼓、排箫。根据画面雕刻技法、艺术风格的成熟程度以及尾部的交叉情况分为以下几式：

Ⅰ式，尾部交叉成"X"形，身体比例不协调，细部刻画粗略。此式图像见于合江4号、合江2号、泸县2号、泸县3号石棺。

Ⅱ式，尾部交叉呈"∞"形，身体比例逐渐协调，细部刻画渐渐清晰。此式图像见于合江1号、合江3号、合江9号、合江10号、合江12号、合江17号、合江19号、合江23号、泸州14号石棺。

Ⅲ式，尾部多次交叉，或者画面题材增多，增加铺首等附属题材，特别注重细节刻画，有些还特意采用凸浮雕表现出女娲的胸部特征。此式图像见于泸州13号、泸州15号、泸州1号石棺。

Bb型　另一手垂长袖。此型图像见于合江5号、合江22号石棺。

Bc型　既持鼗鼓，又垂长袖，见于泸州5号石棺。

# 三、柿蒂纹

也是发现较多的题材。一般位于棺盖上，也有少部分位于棺身主图上方。

根据其柿蒂纹的形象分成三型：

A型　柿蒂纹四叶肥厚，横向两叶较大，四叶多位于棺盖上。此型图像见于泸州5号、泸州13号、合江10号、合江22号、泸县2号石棺。

B型　柿蒂四叶较瘦，有些四叶大小一致，见于泸州9号、泸州11号石棺。

C型　变形柿蒂纹，横向出现多叶，多位于棺身主图的上方。此型图像见于泸州4号、泸州11号、泸州15号石棺。

# 四、西王母

仅发现于合江地区，此地西王母形象较为简单，少见岷江流域所常见的西王母与蟾蜍、玉兔、三足乌、九尾狐等组合形象。根据龙虎座的位置分成两型：

A型　龙虎座位置较低，一般位于西王母臀部以下、腿部位置。此型图像见于合江1号、合江12号石棺。

B型　龙虎座位置升高，位于西王母腰部。此型图像见于合江2号、合江3号、合江4号石棺。

## 五、朱雀

根据其羽翼以及状态的不同可以分成两型：

A型　　后尾较短，垂地；头上无翎。主要分布于泸州市区。此型图像见于泸州4号、泸州9号、泸州11号石棺。

B型　　后尾较长，向上张扬，头上有翎。合江、泸县均是这种特征。此型图像见于泸县牛石函崖棺、合江10号、合江11号、合江12号、合江21号、泸州12号石棺。

## 六、房屋建筑

根据屋顶形象可以分成硬山和庑殿两型：

A型　　硬山式顶。仅见一处，房屋周围环境幽秘，见于泸州14号石棺。

B型　　庑殿顶。以此类最多，根据其门和窗的情况，可以分成两亚型：

Ba型　　封闭式。大门紧闭或者半开门，周围少见人物图像，房屋周围环境幽秘，往往和西王母、联璧纹、天门等图像结合在一起。此类多为台基式房屋，即在台基上修建房屋。见于合江4号、合江5号、合江15号、合江17号、合江19号、合江22号石棺。

Bb型　　开放式。房屋多为开放式，房内或者周围有人物形象，场面欢闹，见于纳溪蒲灏子崖棺、泸县1号、泸县2号、合江2号石棺。

其它的题材较为少见或者偶见，难以进行类型学研究。

## 七、棺前后挡图像组合模式

棺的两侧图像很不固定，但其前后挡的图像已经形成了一定的模式。有以下几种组合模式：

A型　　朱雀+阙，见于泸州4号、泸州9号、泸州11号、泸州12号、合江21号石棺。

B型　　阙+伏羲（或女娲）单体，见于泸州6号石棺。

C型　　伏羲、女娲（含单体）+双阙，见于泸州1号、泸州5号、泸州8号、泸州13号、泸州14号、泸州15号、泸县1号、泸县2号、泸县3号、合江1号、合江2号、合江3号、合江4号、合江5号、合江9号、合江10号、合江12号、合江17号、合江19号、合江20号、合江22号、合江23号石棺。

D型　　双阙、日轮+灵兽、月轮，见于合江25号、合江26号石棺。

E型　　朱雀+玄武，这一类配置模式等同于棺身为四神的，仅见于合江11号石棺。

F型　　伏羲+女娲。见于合江15号石棺。

G型　　日轮+月轮，仅见于泸州2号石棺。

# 第三节　分期与断代

　　根据以上的类型划分结合图像的组合模式，可以将画像石棺分成以下三组：

　　第一组：泸州2号、泸州5号、泸州6号、泸州9号石棺。

　　第二组：泸州4号、泸州8号、泸州11号、泸州12号、泸州14号、合江1号、合江2号、合江3号、合江4号、合江5号、合江9号、合江10号、合江11号、合江12号、合江15号、合江17号、合江19号、合江21号、合江22号、合江23号、合江25号、合江26号、泸县1号、泸县2号、泸县3号石棺以及纳溪蒲灏子崖棺。

　　第三组：泸州1号、泸州13号、泸州15号、泸县1号石棺以及泸县沙洞子1、2号崖棺。

　　在分组的基础上，我们将泸州画像石棺大致分成三期（附表一）。

　　第一期，对应石棺分组中的第一组石棺，棺的形制仅见A型。画像组合以A型为主，也有B型组合，开始出现C型组合。画面简单，大量留白。图像造型粗犷，仅刻画出轮廓而不注重细节，人物、阙等比例多不协调，伏羲、女娲的尾部多呈交叉状。整幅画面一般只有一组图像，少见分隔栏。此一时期雕刻技法比较粗拙，石棺多发现在泸州市区。

　　第二期，对应石棺分组中的第二组石棺，此阶段画像石棺发现最多，形制以A型居多，但开始出现B型棺。画像组合出现以C型为主，A型组合已经少见，出现D型、E型、F型等组合，但数量很少。画面内容和题材增多，开始注重细节的刻划，人物、动物、建筑等造型比较规整、比例逐渐协调。一幅画面开始被分隔栏分成上、下、左、右几组画面。雕刻技法渐趋进步，泸州市区仍然是画像石棺的重要发现地，但合江地区石棺数量剧增，成为画像石棺重要发现地区，泸县、纳溪均有发现。

　　第三期，对应石棺分组中的第三组石棺，此期A型、B型石棺均有，但石棺数量减少。画像组合已经形成一定的模式，图像组合仍以C型为主。此时期画像题材继续增多，画面繁缛，人物、动物、房屋等造型更加形象、规整，细节的表现更为到位。一幅画面往往被分隔栏分成几组图像。此一时期雕刻技法成熟，发现的石棺仍以泸州市区为多，泸县也有发现。

　　画像石棺的断代是个难点。绝大部分画像石棺都是采集品，未见出土位置和伴出器物，更少见纪年石棺，这给画像石棺年代的判定带来很大的困难。

　　本文拟以科学发掘出土的和有纪年的画像石棺为着眼点来进行分期断代。科学发掘的石棺据其伴出器物可判定墓葬和画像石棺的大致年代，纪年石棺可以直接给出画像石棺的绝对年代。泸州有纪年的画像石棺仅发现一例，四川（含重庆）其它地区还发现有5具。纪年石棺虽然很少，但是纪年画像却发现很多，将这些纪年画像与画像石棺上的同类图像进行比较，应该可以得出一个大概的年代（附表三）。但是这种比较也存在一定的风险，不同地区、不同工匠、不同性质的画像都会影响到画像的风格，所以此处比较着眼于时代风格、画像题材以及构图方式等较稳定的画像因素。

　　第一期画像流行A型组合。早期画像石棺前后挡的组合比较单一，以A型为主，A型时代明显偏早于B型。重庆市前大中1号棺的组合类似泸州6号棺，即B型，双阙+伏羲（或者女娲）单体，该石棺伴出元兴元年（105年）铜镜，泸州6号棺石棺也应大致为此时期。综合以上笔者将该阶段画像石棺定在东汉中期偏早，约在70～120年。

第二期中的合江2、3号棺较为重要，两棺经过科学发掘且有随葬器物出土，原报告认为时代为东汉早期[1]，有学者将其定在东汉中晚期[2]。该墓平面形制为"凸"字形，长约6米，除画像石棺外还出土有对吻俑、陶田模型、陶俑、五铢钱等，陶俑较小，均在20厘米以下。根据现有研究成果，四川汉代砖石室墓长度在6米的墓葬可归为中型墓，此类墓在东汉中期以后才开始出现[3]。出土陶俑形制偏小，具有早期的特征。该墓葬中还出土了五铢钱，但仅发表了一枚，从钱文来看，"铢"字"金"字头呈等腰三角形，"朱"字上部圆折，结构紧凑，"五"上下两横基本不出头，有一定弧度，与《东汉五铢钱分期研究》[4]中的E型五铢相近，而在该文中将该钱币定为第三期，即东汉和帝时期。这枚钱币还与《洛阳烧沟汉墓》的Ⅲ型五铢接近，Ⅲ型五铢的时代为东汉中期[5]。据此，我们认为合江2、3号石棺的时代应该定在东汉中期为宜。

芦山王晖石棺上的半开门图像和云阳旧县坪发现的胸忍碑上的风格接近，头都是双环髻，门的形制、人物动作基本相同。而泸州地区的半开门图像有些门中无人，有些即使有仙人，形象也很粗略，表现出较早的时代特征。"胸忍碑"制作于熹平元年（173年），王晖石棺时代为建安十七年（212年），都是东汉晚期，泸州地区的半开门形象应该略早，可到东汉中期。

另外，王晖石棺图像制作风格和雕刻水平明显非常成熟，青龙、白虎身体修长，姿态矫健、有力，泸州地区的青龙、白虎图像身体较粗壮、制作略显粗糙，显现出偏早的时代特征，特别是泸州2号棺上的龙、虎形象最为粗犷、简陋。可见泸州地区青龙白虎形象应早于王晖石棺。

大邑县同乐村发现车马临阙画像的构图和合江4号棺上的车马临门、西王母图像相近，但是合江4号棺的图像要复杂一些，门、车马都表现出细部，而大邑县的仅勾勒出粗略的轮廓结构，远不如合江4号棺的形象、真实。同乐村石棺伴出永元十五年（103年）纪年砖，所以合江4号棺的时代应该不会早于同乐村石棺，亦即不会早于永元十五年。

董永侍父的图像在渠县沈氏阙上有，其图像结构、内容基本与合江22号棺的相同，沈氏阙虽然没有纪年，但是研究者将其风格与蒲阙和冯阙比较，得出其年代大约在二世纪三十至四十年代，也就是130年～140年之间[6]，时代已经相当具体了，董永侍父图像石棺的年代大概也在此，即东汉中期晚段。

郫县犀浦王孝渊碑上有朱雀形象，其尾巴翘起，与泸州地区B型朱雀形象相近，B型朱雀多出现于第三期。王孝渊碑时代为永建三年，即128年。

综上，笔者将第二期初步定在东汉中期偏晚，约在120～150年。

第三期出土有纪年画像石棺，泸州13号石棺上刻有"延熹八年"，时间为165年。该期时代大致可在东汉晚期，约在160年～220年。

实际上，泸州地区三个画像石棺分布区的画像内容也有不同。泸州市区的画像石棺自身序列比较完整，题材、配置模式多样，其画像的风格和题材明显受到了成都平原地区的影响；泸县地区画像石棺发现不多，还很难总结出其特征；合江地区的画像石棺数量最多，但模式单一，石棺前后挡的配置模式基本上

[1] 谢荔、徐利红：《四川合江县东汉砖室墓清理简报》，《文物》1992年第4期。
[2] 罗二虎：《汉代画像石棺》，巴蜀书社，2002年，129页。但后面画像石棺一览表中又将其定在东汉晚期。
[3] 罗二虎：《四川汉代砖石室墓的初步研究》，《考古学报》2001年第4期。
[4] 徐承泰、范江欧美：《东汉五铢钱的分期研究》，《文物》2010年第10期。
[5] 中国科学院考古研究所：《洛阳烧沟汉墓》第十章，科学出版社，1959年。
[6] 重庆市文化局、重庆市博物馆：《四川汉代石阙》，文物出版社，1992年。

是双阙+伏羲女娲的模式。同时，这三个地区又相互影响，石棺上出现的杂耍、"五人"等图像形象明显类似，由此看来这三个地区应该各自有着一批工匠，工匠间雕刻技艺相互学习、影响，但是各有自己的传统。

　　综上所述，我们把泸州地区汉代画像石棺分为三期：第一期年代在东汉中期偏早，第二期在东汉中期偏晚，第三期在东汉晚期。

# 第五章　石棺画像配置模式

## 第一节　泸州地区画像石棺配置模式

　　以往对石棺画像的研究往往注重于单幅画像的释读，忽略了画像之间和画像与墓葬的联系。这种情况不仅在画像石棺研究中存在，实际上在整个汉画研究中都存在。由此，有学者指出："以往的汉画研究，往往习惯于将某一画面作为一种独立的艺术构成形式，在将其构图形式中的各种艺术要素（形象）进行平面'切割'的基础上，进行构图艺术的分析和构图意义的解读。这样的研究大都忽视艺术构成形式中各种艺术要素（形象）之间内在的关联，忽视画面所属画像于墓葬中的具体情况，忽视其与其它画像在艺术与意义上可能存在的关系。这样的研究虽然能够对这一画面作出基于艺术、宗教、文化的分析与解读，然而，从某种意义上说，这样的分析与解读存在着'肢解'乃至'破坏'画像整体艺术构成与整体构图意义的风险和可能。"[1]为避免此问题，我们尝试以石棺为单位释读棺上各部位的画像，将各部图像联系起来，分析石棺图像的配置模式及象征意义，最后再探索其背后的社会、历史、文化信息以及隐藏的"精神世界"。

　　从泸州地区目前发现的石棺画像材料来看，除棺底外，画像石棺各部均有图像，而且不同部位似乎固定为某一类图像。

　　棺盖上一般是柿蒂纹。棺的前后挡配置规律性最强，有固定的七类图像，前文将之归纳为七型。

　　棺的左右侧画像题材较为复杂，其组合大致可以分成以下几型：

　　A型　鹤啄鱼+升鼎，有泸州4号、泸州9号、泸州11号石棺。

　　B型　白虎+青龙，有泸州1号、泸州2号、合江21号、合江25号、合江26号石棺。

　　C型　仙人+仙人（兽），仅见于泸州6号石棺。

　　D型　仙境人物+仙境人物，有泸州13号石棺。

　　E型　西王母+龙虎衔璧（房屋、人物、西王母周围的神兽），有合江1号、合江2号、合江3号、合江4号、合江12号石棺。

　　F型　采药求仙+采药求仙，有合江23号石棺。

　　G型　仙人（兽）+历史故事，仅见于泸州15号石棺。

　　H型　半开门+车马出行（仙境人物、西王母周围的神兽），有合江5号、合江15号、合江22号石棺。

　　I型　联璧纹+房屋，有合江17号、合江19号石棺。

　　J型　出行+宴饮，有泸县1号、泸县2号石棺。

　　K型　五女+杂耍，仅见于泸州12号石棺。

---

[1]　李立：《汉画的叙述：结构、轨迹与层次——叙事学视阈下的汉画解读》，《江西社会科学》2007年第2期。

以上仅依据画面上的主要图像进行划分，有些石棺上同时存在两种以上的组合，如合江25号、合江26号石棺，不仅有青龙、白虎，周围还有五人、西王母周围有神灵异兽。

其中H、I、J型虽然图像不同，但是表达同一类意思，可以归为同一型。合江4号棺左侧的画面实际是一幅组合图，主人坐车向一座房屋而去，这类图像争论较大，而此图像中房屋后的西王母突出了其主题，就是主人坐车见西王母求药升仙。I型组合只是将这类画面分拆在石棺的两侧，表现的是同一意义。J型中的房屋就是车马奔向房屋去见西王母的缩影，意义相同。

通过对泸州地区石棺画像前后挡和左右侧图像组合的考察，可以得出以下几类组合模式（附表二），顺序为棺盖+前后挡+棺左右侧：

第一类，柿蒂纹+朱雀+阙+鹤啄鱼+升鼎，如泸州4号、泸州9号、泸州11号石棺。

第二类，四神类，棺的前后挡或者左右两侧有四神图像。通常是双阙、日轮（朱雀）+灵兽、月轮（玄武）+白虎+青龙，如泸州1号、泸州2号、合江21号、合江11号、合江25号、合江26号石棺。

第三类，柿蒂纹（联璧纹）+伏羲、女娲（含单体分列于棺两挡）+双阙+西王母（半开门、房屋）+联璧纹（车马出行、仙境人物、神灵异兽等），如合江1号、合江2号、合江3号、合江4号、合江5号、合江12号、合江15号、合江17号、合江19号、合江22号石棺。

第四类，柿蒂纹+伏羲女娲（朱雀）+双阙+历史故事+仙境（采药求仙）、杂耍，如泸州6号、泸州12号、泸州13号、泸州15号、合江23号等石棺。

第五类，柿蒂纹+伏羲、女娲（含单体）+双阙+出行+宴饮，如泸县1号、泸县2号等石棺。

# 第二节　配置模式的象征意义

从上文分析来看，石棺在不同位置配置何种图像是有一定模式的，而这种模式的形成与时人的丧葬风俗和宗教信仰是密不可分的。再深一层讲，这种画像模式的形成是以当时长期以来形成的生死观、宇宙观、社会伦理观念、宗教观等诸多观念作为背景的，而正是在这些观念背景下形成了一套完善的逻辑思维体系，从而创作出石棺上的画像题材和模式。据此原理，此处尝试利用石棺画像配置模式逆向推理出时人的风俗信仰和诸多观念。

## 一、第一类配置模式

第一类配置模式：柿蒂纹+朱雀+阙+鹤啄鱼+升鼎。以泸州9号棺为例。

1.棺盖：柿蒂纹。

柿蒂纹一般认为是兴起于战国流行于秦汉时期的一种具有时代特色的装饰纹样，后人因形状像柿蒂分作四瓣而得名。汉人称之为何？现在难以考证。关于柿蒂纹的来源研究者观点较多：许卫红认为其是"类似鸟头和鸟身的复合"[1]，与四鸟关系密切。米冠军认为均是"汉代丧葬艺术中所表现出的一种天界发光体的符号，而

---

[1]　许卫红：《论汉葬具上的四叶蒂形金属装饰》，《文博》2003年第2期。

原型源于自然天体的太阳、月亮或星辰。"[1]张朋川认为"柿蒂形的图纹为莲花纹及其变体的样式"[2]。然而对于其象征意义则认识较一致,均认为是宇宙、天或阴阳四时的象征。

我们认为重庆巫山出土的一件柿蒂纹铜牌颇能表现其意义。柿蒂形铜牌,出土于巫山县磷肥厂附近,中间有钉孔,长40厘米。铜牌饰上的图案比较复杂,主要为四灵、人物、神兽、花卉等,四灵的位置按朱雀在上、玄武在下、青龙居左、白虎居右的方位排列[3]。四灵既代表天上星宿,又代表四方,周围还有仙人、异兽,这些仙界场景依附于柿蒂铜牌上代表天上的神仙之境。石棺上的柿蒂纹已经很简化,有些甚至变为一种符号,但其意义与巫山铜牌相同,都是表示天界。天在上,所以柿蒂纹位于石棺棺盖上或者画面的上部。泸州4号、泸州12号、泸州15号等石棺棺身侧面也有,但是画面有一道横栏将画面分成上、下两层,柿蒂纹图像均位于上层。

所以也可以这么理解,棺盖对于死者来说就是天界,其上一般都雕刻着代表天界的柿蒂纹、星象等题材。郫县出土的一具石棺的棺盖上不仅有龙虎衔璧的图像,还有牛郎、织女的形象。牛郎、织女故事在《诗经·小雅·大东》中已有记载:

　　维天有汉,监亦有光。跂彼织女,终日七襄。虽则七襄,不成报章。睆彼牵牛,不以服箱。

此时牛郎和织女为天上星宿之神,无感情关系。至东汉,牛郎、织女逐渐演变成为恋人。《古诗十九首》中有一首《迢迢牵牛星》[4]云:

　　迢迢牵牛星,皎皎河汉女。纤纤擢素手,札札弄机杼。终日不成章,泣涕零如雨。河汉清且浅,相去复几许?盈盈一水间,脉脉不得语。

本文并不是讨论其爱情故事,而是想通过这个故事说明牵牛、织女原是天上星宿,爱情也发生于天界之上。班固《西都赋》:"临乎昆明之池,左牵牛而右织女,似云汉之无涯。"[5]人间仿造天境常用到牛郎、织女题材,说明牛郎、织女确实生活在天上,二者常被作为天界的象征刻于棺盖上就不难理解了。

2.前挡:朱雀。

朱雀为星宿之一,后演化为天上之神,《春秋演礼图》曰:"凤为大精,在天为朱雀"。许慎《说文解字》云:"凤,神鸟也,天老曰:'凤之象也,鸿前麟后,蛇颈鱼尾,颧颡鸳思,龙文龟背,燕颔鸡喙,五色备举。出于东方君子之国,翱翔四海之外,过昆崙,饮砥柱,濯羽弱水,莫宿风穴。见则天下大安宁。'"。朱雀还是祥瑞的象征,王充《论衡·初禀》有"文王当兴,赤雀适来,鱼跃鸟飞,武王偶见。非天使雀至白鱼而来世,吉物动下而圣遇也。"所以朱雀形象在石棺画像中常用来表示仙境,不仅在棺前挡,棺盖和棺侧面上都常有发现。

朱雀为四神之一,常常表示南方或者前方,正所谓"苍龙蜷争于左,白虎猛据于右,朱雀奋其于前,灵龟圈首于后"[6]。所以朱雀在汉墓中往往刻于门扇上方,在石棺上也多刻在前挡,即使和四神在一起,其形象也往往在上方最为突出的位置,进入墓中第一眼就见到朱雀。

朱雀之所以在最突出的位置是因为其有抵御魑魅侵害,守卫门户之功能。《拾遗记》卷一《唐尧》中记

────────────

[1] 米冠军:《浅析汉画十字穿环装饰图案的象征意义》,《收藏家》2009年第5期;又见于石红艳:《试论汉画穿环(璧)图案的文化寓意》,《中国汉画学会第十二届年会论文集》,中国国际文化出版社,2010年。两篇文章内容观点基本相同,但是作者不一致,不知是何原因。

[2] 张朋川:《宇宙图式中的天穹之花──柿蒂纹辨》,《装饰》2002年第12期。

[3] 丛德新、罗志宏:《重庆巫山县东汉鎏金铜牌饰的发现与研究》,《考古》1998年第12期。

[4] 《文选》。

[5] 《文选》。

[6] 张衡:《灵宪》,载于《后汉书·天文志》。

载："尧在位七十年……有秖支之国,献重明之鸟……状如鸡,鸣似凤……能搏逐猛兽虎狼,使妖灾群恶不能为害……其未至之时,国人或刻木,或铸金,为此鸟之状,置于门户之间,则魑魅丑类自然退伏。"上文已谈到朱雀就是凤鸟。

朱雀在墓葬中重要的作用是引导墓主升仙,《楚辞·惜誓》: "飞朱鸟使先驱兮",王逸注: "朱雀神鸟,为我先导。"在楚人眼里朱雀有引魂升天的作用。汉代《易林》也说: "朱鸟道引,灵龟载庄。遂抵天门,见我贞君。"[1]自古以来楚、蜀文化相互影响颇多,朱鸟的这种导引功能也被引入蜀地的风俗之中。铜镜铭文也可以作为辅证: "辐禄进今日以前,天道得物自然,参驾蜚龙乘浮云,白虎失,上大山,凤鸟下见神人"。见到了凤鸟也就见到神仙。

3.后挡: 阙。

《说文》言阙: "门观也。"徐锴曰: "以其阙然为道,谓之阙。以其上可远观,谓之观。"以往多认为是墓主身份象征,而赵殿增、袁曙光二先生将画像中的阙考证为"天门"[2]。重庆巫山土城坡东井坎出土A2、A3、A6、A7、B1等铜牌饰上有双阙形象,在双阙中刻有"天门"二字[3]。简阳3号石棺上双阙图像上方也刻有"天门"二字,所以画像石棺中的阙象征着"天门"应无问题。文献也可相印证:

《神异经·西北荒》中也有记载: "西北荒中有二金阙,高百丈。上有明月珠,径三丈,光照千里。中有金阶,西北入两阙中,名天门。"[4]《神异经》虽为晋书,但距汉不远,其关于仙界的传说应该可以参考。

《淮南子·天文训》: "天阿者,群神之阙也",注: "阙,犹门也"。更准确地说明了阙在天界就是"天门"。

天门即天宫之门,《淮南子·原道训》: "昔者冯夷、大丙之御也,乘云车,入云蜺,游微雾,骛怳忽,历远弥高以极往。经霜雪而无迹,照日光而无景。扶摇抮抱羊角而上,经纪山川,蹈腾昆仑,排阊阖,沦天门"。高诱注: "阊阖,始升天之门也。天门,上帝所居紫微宫门也。"此段文字不仅详述了升仙的过程,还提到了"阊阖",《楚辞·离骚》: "吾令帝阍开关兮,倚阊阖而望予。"王逸注: "《说文》云: 阊,天门也。阖,门扇也。楚人名门皆曰阊阖。《文选》注云: 阊阖,天门也。"也就是说在楚地也常把"天门"称之为"阊阖",在蜀地也有这种称呼,温江火星村出土一石门,右侧门框从上至下刻"延熹七年二月甲申制地丁午修茔造坟季春三月建立石门长阖口口口口兴立"。[5]"长阖"应为"阊阖",也是将该石门象征为"天门"。其象征意义和画像石棺上双阙一致。

有些阙下还有人物形象,如泸州11、15号棺后挡。简阳鬼头山三号石棺上也发现有类似的图像,双阙间站一人,榜题"大可",有学者考证认为即"大司"[6],笔者以为可信。由于当时工匠文化程度水平的限制,铭文中常有错别字出现,此处"可"即"司"。《说文》: "司,臣司事于外者"。《小尔雅》: "司,主也。按,周官四十有一司,司者,理其事也。"与双阙寓意"天门"相联系,此处"大司"应该是主管出入天门的神,很有可能就是当时文献记载的"大司命"。司命原是星名。《周礼·春官·大宗伯》: "以槱燎祀司中、司命、飌师、雨师。"郑玄注"司命,文昌宫星。"后演变为天神,主寿。《史记·天官书》: "斗

[1] 焦延寿撰、尚秉和注、张善文校理: 《焦氏易林注》卷三履之第十,中国大百科全书出版社,2005年,下同。
[2] 赵殿增、袁曙光: 《"天门"考——兼论四川汉画像砖(石)的组合与主题》,《四川文物》1990年第6期。
[3] 丛德新、罗志宏: 《重庆巫山县东汉鎏金铜牌饰的发现与研究》,《考古》1998年第12期。
[4] 《太平御览》卷一百七十九居处部七阙。
[5] 郭永棣、高文: 《温江县出土汉代石墓门画像》,《四川文物》1994年第3期。
[6] 唐长寿: 《汉代墓葬门阙考辨》,《中原文物》1991年第3期。

魁戴匡六星曰文昌宫……四曰司命。"司马贞索隐引《春秋元包命》："司命主老幼。"《晋书·天文志上》："三台……上台为司命，主寿。"后演变成主管生死之神，《宋史·天文志三》："司命二星，在虚北，主举过、行罚、灭不祥，又主死亡。"《庄子·至乐》："吾使司命复生子形，为子骨肉肌肤。"晋葛洪《抱朴子·金丹》："服之百日，肌骨强坚；千日，司命削去死籍，与天地相毕，日月相望。"《楚辞·九歌》中有《大司命》一文，旧注以为星名，独王夫之《楚辞通释》谓："大司命统司人之生死，而少司命则司人子嗣之有无，绵楚俗为之名而祀之。"下文是祭大司命的祭歌：

　　广开兮天门，纷吾乘兮玄云；令飘风兮先驱，使涷雨兮洒尘；君回翔兮以下，逾空桑兮从女；纷总总兮九州岛，何寿夭兮在予；高飞兮安翔，乘清气兮御阴阳；吾与君兮齐速，导帝之兮九坑；灵衣兮被被，玉佩兮陆离；一阴兮一阳，众莫知兮余所为；折疏麻兮瑶华，将以遗兮离居；老冉冉兮既极，不寝近兮愈疏；乘龙兮辚辚，高驰兮冲天；结桂枝兮延伫，羌愈思兮愁人；愁人兮奈何，愿若今兮无亏；固人命兮有当，孰离合兮何为？

文中对大司命的职能、服饰、驾乘等有叙述。大司命从"天门"出来，接受祭祀，他掌管"寿夭"，这与该石棺上图像所描述的场景、气氛十分相似。自古以来巴蜀和楚文化就相互影响，多有相似之处，关于天门、大司命的传说两地应该较为接近，所以双阙内站立人物可能就是"大司命"，表达的意义是大司命在天门口迎接墓主的到来。

4.棺身左侧：双雀升鼎。

虽然不知道双阙中间物体为何，但其构图与泸州4号石棺的龙雀升鼎、泸州11号石棺的二人升鼎相同，其意义应该一致。关于升鼎的画像出现较多，往往解释为"乌获扛鼎"、"武帝得鼎"、"泗水系鼎"，均难以用来解释该幅图像。古代有一种神鼎，《宋书》卷二十九《符瑞志》："神鼎者，质文之精也，知吉知凶，能重能轻，不炊而沸，五味自生，王者盛德则出。"[1]《瑞应图》曰："神鼎，金铜之精也"。《史记·封禅书》中有一段黄帝铸鼎成仙的记载："黄帝采首山铜，铸鼎于荆山下。鼎既成，有龙垂胡颜下迎黄帝。黄帝上骑，群臣后宫从上者七十余人，龙乃上去。余小臣不得上，乃悉持龙颜，龙颜拔，堕，堕黄帝之弓。百姓仰望黄帝既上天，乃抱其弓与胡颜号，故后世因名其处曰鼎湖，其弓曰乌号。"东汉王充《论衡》也有引用。所以神鼎昭示祥瑞，能助人升仙，这也许是其在汉画中常出现的原因。两侧为朱雀形象，朱雀的作用上文已经谈到，也是仙界之神，能引导人升仙。总体说来这幅图像就是象征着墓主升仙。

5.棺身右侧：鹤啄鱼及操蛇巫师。

"鹤啄鱼"的意义似乎没有一个很好的解释，以往多认其为表现生殖意义，但笔者以为不妥。石棺上的图像是为墓葬中的死者服务的，含义也只能从生死观、丧葬风俗信仰来考察，而从生殖民俗角度解读似风马牛不相及。罗二虎先生用《山海经·西山经》中一段话予以解释："又西北三百五十里，曰玉山，是西王母所居也……有鸟焉，其状如翟而赤，名曰胜遇，是食鱼。"于是判断这种"鹤啄鱼"可能象征西王母所居的天界[2]，笔者认为此说有一定道理。

画面中间二人应为墓主形象。

在画面的左边有二人，高文先生称之为"巫术祈祷图"[3]，将二人定为巴巫、巴觋，认为左一人手中操蛇，似为巴巫，右一人持铃铎，似为巴觋，依据是其发髻与奉节盔甲洞出土木梳上、峨眉县符溪出土铜矛上

[1]　[梁]沈约：《宋书》，中华书局，1974年。
[2]　罗二虎《汉代画像石棺》，巴蜀书社，2002年，198页。
[3]　高文、高成刚：《中国画像石棺艺术》，山西人民出版社，1996年。

以及汉铜镜上的西王母头饰相近。罗二虎先生沿用其说，定名为"夫妻交杯鸟鱼巫觋"图[1]。但是该发髻还与新津崖墓石函上的六博仙人等头饰相同，不一定就是巴巫。释读该画面的关键是弄清楚左二人的身份，其身份的钥匙在于其手中之物。据笔者现场观察结合照片、拓片和线图可以确定左一人手中持有蛇，至于蛇与人之间、从肩部向前生出的两物，也很有可能是蛇。持蛇形象以楚地发现最多，其它地区也有发现。如河南新郑大墓出土珥蛇[2]、践蛇之神器座、山西浑源李峪村出土的尊和壶上群蛇之神图像[3]、信阳长台关楚墓出土锦瑟上操龙(即操蛇)之神图像[4]、湖北荆门出土的"大武"舞戚援部腰蛇、珥蛇、操龙之神像[5]、琉璃阁五十九号墓中铜壶画像上的戴蛇操蛇践蛇羽人[6]、曾侯乙墓漆棺画上的珥蛇之神[7]、湖北随州擂鼓墩二号墓铜编钟上的操蛇之神[8]、江苏淮阴高庄战国墓刻纹铜器上的戴蛇、珥蛇、操蛇诸神[9]，时代从春秋至战国时期。楚地特有的镇墓兽上也常发现有蛇的形象。至东汉，持蛇形象则在四川地区最为常见，汉墓中常见的持蛇和兵器的陶俑，一般称之为镇墓俑。对于持蛇形象的研究历年来比较多，如叶德均先生1933年发表了《〈山海经〉中蛇的传说及其它》[10]、李炳海《蛇：参与神灵形象整合的活性因子——珥蛇、操蛇、践蛇之神的文化底蕴》[11]、萧兵《操蛇或饰蛇——神性与权力的象征》[12]、吴荣曾《战国、汉代的"操蛇神怪"及有关神话迷信的变异》[13]、郑岩《从中国古代艺术品看有关于蛇的崇拜与民俗》[14]、路瑞娟《〈山海经〉中的"蛇"现象初探》[15]、苏健《汉画中的神怪御蛇和龙璧图考》[16]、王厚宇《考古资料中的蛇和相关神怪》[17]、李卫星《论两汉与西域关系在汉画中的反映》[18]等诸篇文章都讨论到持蛇形象，对其身份的认定大概有三种：一、神；二、巫师；三、杂耍。笔者以为前两者均有可能，第三种还需要更多的证据，即使是歌舞，也可能属于祭祀活动中的歌舞。

第一种，神。《山海经》中有关于蛇的大量记载。据统计，"《山海经》全书短短31000余字，单'蛇'字就出现了100余次，描述了20余种蛇"，其中"蛇形神(包括蛇类神、人面蛇身神、蛇与其它动物组合之神)有48例，操蛇、珥蛇、践蛇、戴蛇、食蛇、射蛇、蛇媒有26例。"[19]操蛇神为其中重要一类：

　　　《中山经》："又东一百五十里，曰夫夫之山，其上多黄金，其下多青雄黄，其木多桑、楮，其草多竹、鸡鼓。神于儿居之，其状人身而身操两蛇，常游于江渊，出入有光。"

　　　《大荒北经》："大荒之中，有山名曰北极天柜，海水北注焉。有神，九首人面鸟身，名曰九凤。又有神衔蛇操蛇，其状虎首人身，四蹄长肘，名曰强良。"

[1]　罗二虎《汉代画像石棺》，巴蜀书社，2002年，122～124页。
[2]　孙海波编：《新郑彝器》，珂罗版影印本，1937年。
[3]　《中国古青铜器选》，文物出版社，1976年。
[4]　河南省文化局文物工作队：《河南信阳楚墓出土文物图录》，河南人民出版社，1959年。
[5]　马承源：《关于"大武戚"的铭文及图像》，《考古》1963年第10期。
[6]　郭宝钧：《山彪镇与琉璃阁》，科学出版社，1959年。
[7]　谭维四：《曾侯乙墓》，文物出版社，2001年。
[8]　湖北省博物馆、随州市博物馆：《湖北随州擂鼓墩二号墓发掘简报》，《文物》1985年第1期。
[9]　淮阴市博物馆：《淮阴高庄战国墓》，《考古学报》1988年第2期。
[10]　叶德均：《〈山海经〉中蛇的传说及其它》，《文艺先锋》1933年第2、3期。
[11]　李炳海：《蛇：参与神灵形象整合的活性因子——珥蛇、操蛇、践蛇之神的文化底蕴》，《文艺研究》2004年第1期。
[12]　萧兵：《操蛇或饰蛇——神性与权力的象征》，《民族艺术》2002年第3期。
[13]　吴荣曾：《战国、汉代的"操蛇神怪"及有关神话迷信的变异》，《文物》1989年第10期。
[14]　郑岩：《从中国古代艺术品看关于蛇的崇拜与民俗》，《民俗研究》1989年第3、4期。
[15]　路瑞娟：《〈山海经〉中的"蛇"现象初探》，重庆大学硕士学位论文，2010年。
[16]　苏健：《汉画中的神怪御蛇和龙璧图考》，《中原文物》1985年第4期。
[17]　王厚宇：《考古资料中的蛇和相关神怪》，《中国典籍与文化》2001年第2期。
[18]　李卫星：《论两汉与西域关系在汉画中的反映》，《考古与文物》1995年第5期。
[19]　路瑞娟：《〈山海经〉中的"蛇"现象初探》，重庆大学硕士学位论文，2010年，7页。

《大荒北经》："大荒之中，有山，名曰成都载天。有人珥两黄蛇，把两黄蛇，名曰夸父。后土生信，信生夸父，夸父不量力，欲追日景，逮之于禺谷。将饮河而不足也，将走大泽，未至，死于此。应龙已杀蚩尤，又杀夸父，乃去南方处之，故南方多雨。"

以上所有文字明确指出于儿、夸父以及一些不知名的操蛇者为神。

《列子·汤问篇》所记载著名的"愚公移山"故事中提到操蛇神："操蛇之神闻之，惧其不已也，告之于帝。帝感其诚，命夸娥氏二子负二山，一厝朔东，一厝雍南。"[1]此处不仅说明操蛇者为神，而且还有沟通天帝和人间的职能。

第二种，巫师。《山海经》中也有记载：

《海外西经》："巫咸国在女丑北，右手操青蛇，左手操赤蛇，在登葆山，群巫所从上下也。"

《海外东经》："雨师妾在其北，其为人黑，两手各操一蛇，左耳有青蛇，右耳有赤蛇。一曰在十日北，为人黑身人面，各操一龟。"

东汉墓中的持蛇形象就是《山海经》中所说的巫或傩。《周礼·夏官·方相氏》："方相氏掌蒙熊皮，黄金四目，玄衣朱裳，执戈扬盾，帅百隶而时难，以索室驱疫，大丧，先，及墓，入圹，以戈击四隅，驱方良。"郑玄注："冒熊皮者，以惊驱疫疠之鬼，如今魌头也"。面具是巫傩的重要特征，方相氏戴面具应属于巫傩，《古今图书集成》将方相氏归入傩类。方相氏和汉墓随葬镇墓俑形象有几处相似：一、皆执兵器；二、方相氏穿"朱裳"，镇墓俑衣服涂朱；三、蒙熊皮，带面具，镇墓俑也是带着面具，但并未为大家所注意，往往认为人身兽面，实际巫傩带着面具在做法事，彭山汉代崖墓的发掘者已经将其辨认为魌头[2]，一些研究者甚至认为镇墓俑为巫师形象[3]；四、都具驱鬼镇墓作用。《封氏闻见记》："《周礼》：'方相氏，葬日，入圹驱罔象'。罔象好食亡者肝脑。人家不能常令方相立于墓侧，而罔象畏虎与柏，故墓前立虎与柏。"[4]镇墓俑葬于墓中也是相同的道理，驱鬼的巫傩不可能常在墓侧，于是制作与其相近的形象放在墓中驱鬼。方相氏也在丧葬时候驱鬼，但不能常在墓中，故仿照其形象制作镇墓俑放在墓门口，应该是驱鬼辟邪的作用。汉墓的画像上常有驱鬼巫傩形象。古代巫、傩者甚多，职能、形象也不尽相同，而且各地区还有差异，我们不能确定巴蜀地区的镇墓俑就是方相氏，但可以确定为巫傩一种无疑。

所以这幅石棺图像上操蛇者的身份有两种可能：一是神，那么整幅图像便可能代表的是神仙境界；一种是巫师，但其职能不是镇墓，而是作法让墓主升仙。联系巴蜀地区浓厚的鬼巫气氛，笔者以为第二种可能性较大些。

那么整幅图像表达的意义就是左边的两位巫师通过作法使中间二位墓主人来到了仙境，而"鹤啄鱼"形象在此代表仙境。

将泸州9号棺各个画面联系起来就是表现出一幅升仙图。巫师通过法术帮助墓主升仙，墓主在朱雀的引导下到达了天门、进入了天界，成为了神仙。

综上，石棺画像的第一类组合就是表达升仙意义。棺盖上的图像象征着天界；前后挡上的图像象征墓主升仙的途径，朱雀引导进入天门；棺的两侧象征墓主升仙的办法。

---

[1] 杨伯峻撰：《列子集释》，中华书局，1979年。下同。
[2] 南京博物院：《四川彭山汉代崖墓》，文物出版社，1991年。
[3] 范小平：《四川崖墓艺术》，巴蜀书社，2006年。
[4] [唐]封演撰、赵贞信校注：《封氏闻见记校注》，中华书局，2005年。

## 二、第二类配置模式

四神类，棺的前后挡或者左右两侧有四神图像，双阙、日轮（朱雀）+灵兽、月轮（玄武）+白虎+青龙，以合江11号、合江26号石棺为例。

此类配置模式的主要图像为四神。"四神"亦称"四灵"、"四象"、"四维"、"四宫"、"四兽"等。现在特指青龙、白虎、朱雀和玄武,这是遵从了《三辅黄图》的说法[1]。其起源与原始星辰崇拜有直接关系，我国古代把依古天球黄道，赤道带分布的二十八宿析为四宫，将北天区域命为中宫。四宫又称四陆、四象，分别与四神相配。

东宫青龙：角、亢、氐、房、心、尾、箕。

北宫玄武：斗、牛、女、虚、危、室、壁。

西宫白虎：奎、娄、胃、昴、毕、觜、参。

南宫朱雀：井、鬼、柳、星、张、翼、轸。

所以四神开始是表示天上的星宿，实际上是一种天象。通过观测"四象"的变化推求历法，定四时，正节序。也正因为四神主宰着四方天空，显示着四季变化，慢慢转变成天上之神，成为"青帝和苍帝"、"白帝和金帝"、"赤帝和火帝"、"黑帝和玄帝"，四神各有所司，各有所德，在天呈象，在地应物。也正是由于"四神"是天上星宿、四方帝神，所以在石棺画像中常表示天界。重庆巫山出土的柿蒂纹铜牌四叶上分别刻有四神，四神周围刻有仙人、神兽、花卉，表现出一种天国仙境[2]，说明"四神"题材所表达的确实是天界之意。

四神在汉代经常用来表示方位观念。在这种方位概念的基础上有研究者引申出四象具有"宇宙象征主义"[3]，是否表达"宇宙"概念还需要进一步论证，但是用四神来表达一种空间概念是确实无疑的。石棺是一个密闭的空间，但对于死者来说却是一个无限大的生活场所，这个场所是由四神镇守"四方"的天界。同乐寨15号墓出土一件新莽时期的铜镜，其间用阳线刻出青龙、白虎、朱雀、玄武等图像，外携铭文"新有善铜出丹阳，和以银锡清且明，左龙、右虎掌四方，朱雀玄武顺阴阳，八子九孙治中央"。[4]明确说明四神"掌四方"的功能。

上文在谈朱雀的功能时已说到四神有助墓主升仙的作用。贾谊的《惜誓》赋中也说道："飞朱鸟使先驱兮，驾太一之象舆，苍龙蚴虬于左骖兮，白虎骋而为右騑。"[5]文中主人公将四神作为通天升仙的工具。

四神还具有"避不祥、顺阴阳"的功能。汉镜常见"左龙右虎辟不羊、朱鸟玄武顺阴阳"之类的铭文，意思已非常明确，不再赘述。

"朱鸟玄武顺阴阳"是在汉代流行阴阳五行观念大背景下形成的。上文已经谈到阴阳五行对于汉代社会的影响，朱雀和玄武也很自然的被纳入阴阳体系。朱雀为南方之神，属火，表示阳；玄武为北方之神，属水，表示阴。《楚辞·远游》："召玄武而奔属"。王逸注曰："呼太阴神，使承卫也。"宋高似孙《纬略》

[1]　何清谷撰：《三辅黄图校释》，中华书局，2005年。

[2]　丛德新、罗志宏：《重庆巫山县东汉鎏金铜牌饰的发现与研究》，《考古》1998年第12期。

[3]　吕艳：《汉画像四象图的宇宙象征主义意义初探》，《北方作家》2010年第1期。

[4]　转引自刑富华：《从洛阳出土文物看汉代的朱雀》，《太原大学学报》2002年第4期。

[5]　[宋]洪兴祖撰、白化文等校点：《楚辞补注》，中华书局，1983年，228页。

曰："龟，水族也，水属北，其色黑，故曰玄；龟有甲能捍御，故曰武。"[1]

而这两种对立之神为何又出现在同一具棺上呢？万物虽然都可以区分出阴、阳两个方面，但是，这两个方面一定是要通过特定的方式、方法相"合"，万物才能和谐，即"万物负阴而抱阳，冲气以为和"。董仲舒对"阴阳兼合"有过专门的论述：

> 凡物必有合。合必有上，必有下；必有左，必有右；必有前，必有后；必有表，必有里。有美必有恶，有顺必有逆，有喜必有怒，有寒必有暑，有昼必有夜，此皆其合也。阴者，阳之合；妻者，夫之合；子者，父之合；臣者，君之合。物莫无合，而合各有阴阳。阳兼于阴，阴兼于阳；夫兼于妻，妻兼于夫；父兼于子，子兼于父；君兼于臣，臣兼于君。君臣、父子、夫妇之义，皆取诸阴阳之道。君为阳，臣为阴；父为阳，子为阴；夫为阳，妻为阴。阴阳无所独行，其始也不得专起，其终也不得分功，有所兼之义。是故，臣兼功于君，子兼功于父，妻兼功于夫，阴兼功于阳，地兼功于天。[2]

既然阴阳需要调和，那么朱雀、玄武分别位于石棺的前后挡便可"顺阴阳"。合江11号石棺前挡为朱雀、后挡为玄武，左右无画像，便是象征阴阳调和之意。泸州2号、泸州3号、合江25号、合江26号石棺的前后挡上的日轮和月轮的象征意义与朱雀、玄武相同，且阴阳之意更为明显。顺了阴阳，便会出现吉兆，《白虎通·封禅》："天下太平，符瑞所以来者，以王者承天统理，调和阴阳，阴阳和，万物序，休气充塞，故符瑞并臻，皆应德而至"。同理，墓中阴阳调和了，天上吉兆才会下凡，使墓主更容易升仙。

综上所述，四神在石棺上的位置往往位于棺身四侧，用来象征空间意义，这个空间并非人间，而是由天上四神镇守的天界。而且四神还可以帮助墓主升仙，"避不祥、顺阴阳"。

下面我们再分析合江26号石棺的画像：

前挡为阙和日轮。上文已谈到，阙即"天门"，是天界的入口。

后挡为蟾蜍、九尾狐与月轮。蟾蜍和九尾狐常出现于西王母左右，都是仙界之神兽。南朝梁刘昭注《后汉书·天文志上》说："羿请无死之药于西王母，姮娥窃之奔月……姮娥遂托身于月，是为蟾蜍"。可见蟾蜍是天上之月神。蟾蜍还是升仙之药，晋郭璞《玄中记》云："蟾蜍，头生角；得而食之，寿千岁。又能食山精。"《抱朴子》云："肉芝者谓万岁蟾蜍。头上有角，颔下有丹书八字。再重以五月五日中时取之阴干，百日以其足画地，即为流水，带其左手于身，辟五兵，若敌人射己者，弓弩矢皆反还自向也。"[3]九尾狐最早出现于《山海经》之中，"青丘之山……有兽焉，其状如狐而九尾，其音如婴儿，能食人；食者不蛊。"（《山海经·南山经》）"青丘国在其北，其狐四足九尾。一曰在朝阳北。"（《山海经·海外东经》）九尾狐非常人所能见，《孝经·援神契》曰："德至鸟兽，则狐九尾。"[4]所以九尾狐也是仙界之物。这些神兽都是仙界之物，非人间所常见，所以泸州26号棺的前、后挡表示仙界入口、仙界，其中日、月图像则为"顺阴阳"。

棺身左右侧主图为青龙、白虎，为四神之二，保护墓主以"避不祥"，助墓主升入天界。青龙的边上还有三足乌，三足乌也是西王母左右的神鸟。《山海经·海内北经》："西王母梯几而戴胜杖。其南有三青鸟，为西王母取食。"东晋郭璞注："又有三足乌主给使"，袁珂案："郭注三足乌，宋本、藏经本作三足乌"。《史记·司马相如列传》："载胜而穴处兮，亦幸有三足乌为之使。"可见三青鸟即为三足乌，作用是为西王母取食，所以汉代画像中常常和西王母形象在一起。三足乌还常出现于日中，汉王充《论衡》卷第

[1] [宋]高似孙：《纬略》，载于《丛书集成初编》，商务印书馆，中华民国二十八年。
[2] [清]苏舆撰、钟哲点校：《春秋繁露义证》第五十三《基义》，中华书局，1992年，350~351页。
[3] 《太平御览》卷九百四十九。
[4] 《艺文类聚》卷第九十九祥瑞部。

十一《说日篇》："儒者曰：日中有三足乌，月中有兔、蟾蜍。"此题材出现于石棺上也应该是表现天界之意。

青龙、白虎附近还有五人，白虎边上为五女形象，青龙边上为五男形象，这五男五女身份无考，但和青龙、白虎、三足乌等形象在一起，应是表示天界中的仙人。

将合江26号石棺上的图像综合起来考察，其象征意义为：墓主人通过天门，进入仙界，仙界中有四神、九尾狐、蟾蜍、三足乌等神灵异兽以及仙人。此类配置模式特征是将四神置于棺身四周，再配以天门、西王母周围的神兽以及仙人来表现墓主升仙至天界的场景。

## 三、第三类配置模式

第三类：柿蒂纹（联璧纹）+伏羲、女娲（含单体）+双阙+西王母（半开门、房屋）+联璧纹（车马出行、仙境人物、神灵异兽等），以合江4号、合江15号、合江19号石棺为例作说明。重点探讨伏羲女娲、车马出行、房屋建筑、西王母在该类配置中所蕴含的意义。

合江4号棺，棺盖上无主图。

前挡为双阙，双阙是为天门之意。

后挡：伏羲女娲。

伏羲女娲的研究成果非常多，图像之名称认定并不统一，有常羲、羲和、阴阳神等观点，通过简阳3号石棺上的铭文可定为伏羲女娲无疑。伏羲、女娲原本有着各自不同的神话，直至汉代在阴阳五行观念的影响下，形象才慢慢固定下来，成为了对偶神。查阅现有的汉代典籍，最早将伏羲、女娲联系在一起的是《淮南子》一书，其《览冥》篇讲到："昔者黄帝治天下，……然犹未及伏羲氏之道也。往古之时，四极废，九州裂，天不兼覆，地不周载，火爁炎而不灭，水浩洋而不息；猛兽食颛民，鸷鸟攫老弱。于是女娲炼五色石以补苍天"。至迟在西汉，伏羲、女娲并列为古圣王。《列子》卷二《黄帝篇》曰："庖牺氏、女娲氏、神农氏、夏后氏，蛇身人面，牛首虎鼻，此有非人之状，而有大圣之德"。《列子》一书著述年代不详，或认为不晚于西汉末年，或认为晋人伪作。

伏羲女娲图像在墓葬中的功用，以往多以生殖神来解释，墓葬是死者的空间，以生殖观念来解释恐怕不妥。笔者认为伏羲女娲原是人类祖先，为人类的文明做出了巨大的贡献，画像中持规矩、乐器等都是为了表现其功绩，于是成为人们尊崇的古代圣王，后来慢慢演变成人类的祖先神，升入天界。其手中所托日月也说明了伏羲女娲是在天界。首先，普通人是无法托起日月的，只有天上的仙人才能做到；其次，日月在天上，属于天上的景象。所以石棺上的伏羲女娲图像象征着天界。

伏羲女娲还有调和阴阳的意义。上文已经谈到汉代盛行阴阳五行思想，伏羲，男性，女娲之夫，手举日轮，属于阳；女娲，女性，伏羲之妻，手托月轮，属阴。二者双尾相交在一起，应该是象征着阴阳交合、平衡的意思。合江20号棺的伏羲女娲配置模式更是说明这一点，其前后挡分别为伏羲托日、女娲托月单体，其构图模式与第二类配置模式中前后挡的朱雀+玄武、日轮+月轮意义应该相同，都是为了"顺阴阳"，可以说阴阳交合是让墓主复生并最终升天成仙的一个重要的先决条件。

合江4号棺的左侧为车马临门、西王母图像。

该画像的构图和山东苍山元嘉元年（151年）墓前室东壁车马画像构图很相似，只是苍山画像石墓房子背后缺少了西王母、中间的建筑是"半开门"图像，门前有一人迎接车马[1]。

棺身右侧：车马出行、房屋建筑、西王母。

汉画中车马功能研究者颇多。巫鸿认为汉代墓葬中的车马图像其中一部分表明墓主的官职或生前经历，另一部分则是送葬行列或者灵魂出行的场面[2]；信立祥认为汉墓中的车马出行场面是墓主人的灵魂从地下世界赴墓地祠堂去接受子孙祭祀[3]；黄永飞通过总结前人对车马出行意义的研究，并结合对车马出行的图式类型和墓葬图像题材配置关系的分析，认为车马出行图最初用于表现墓主死后入葬和升天两个主题，后来由于墓葬形制的变化和举孝廉制度的刺激，逐渐注重表现丧葬仪式中庞大的车马送葬队伍。后来重新归于对逝者归宿的关怀，希望逝者在另一个世界过一种"食有大仓，行有车马"的生活[4]；李立通过对图像的分析认为是车马有"左向行进"构图特点，体现了"西向行进"方位趋向，缘于天门神话、西王母、姮娥传说、成仙故事等，其意义是生命再生和永生。其论证的切入点、思维方式和观点都很新颖，很有启发性[5]。

合江4号棺上的车马图像构图方式颇合李立的论证思路，该车马左向行进，车子上坐着墓主，向一房子奔去，房子后面为西王母，西王母位于西方，体现车马"西向行进"见西王母以升仙。驾车马升仙的故事在史书中也有记载，《汉书·王莽传》："或言黄帝时建华盖以登仙，莽乃造华盖九重，高八丈一尺，金瑵羽葆，载以秘机四轮车，驾六马，力士三百人黄衣帻，车上人击鼓，挽者皆呼'登仙'。"车马实际上是升天的工具，这一点在四川汉墓出土的随葬器物中表现得最为明显。四川汉墓（特别是东汉中晚期到三国时期）中多随葬陶马和马车，马多带翼或类似具有象征意义的刻划，而车身则发现有天象图图案。[6]

画像的中部为房屋，房屋建筑也是汉画像中常见的题材，此类房屋多为庑殿顶，庑殿顶一般为高等级房屋所用，可能并非表现普通的人间建筑，如简阳三号棺的画像中也有建筑题材，在一座杆栏式房子边上有榜题"太仓"，应该是天上粮仓之意。

画像中的这座房屋很可能为天界的入口，其建筑意义可以参考山东苍山元嘉元年墓车马图像：车马行驶到一座建筑前，建筑为半开门图像，门前有人迎接。

对于"半开门"图像关注者较多，许多学者都进行过讨论。或认为"半开门"是镇墓文所说的"魂门"和"假门"，其功用有三：一者，此门可沟通阴阳两界，死者的魂灵通过此门标示着正式入住该墓茔。二者，通过此门返回人间获得重生。三者，通过此门可羽化升仙，永享福祉。或认为四川地区的汉代画像石中开门的女子应视为开启西王母之门、迎接死者灵魂的使者，而山东、江苏地区则是以门来构筑一个高大、完整的建筑为死者灵魂提供一个可供休憩与居住的"理想的家"。或认为没有特殊的文化蕴含；也有认为妇人启门图表达含义为"'妇人启门'而入也正是反映了别葬的妾希望灵魂无所不至，来到丈夫的归宿地。"笔者以为考察半开门的图像功能要将其放回出土单位中，和其它图像联系起来，这是得出正确答案的前提。很多研究者已经注意到门中人物形象背后有双翼，束双环髻，为仙人形象，如王晖墓前挡图像。仙人开门做什么呢？苍山元嘉元年墓"半开门"之前有车马，且门前有迎接之人，其迎谒之意非常明显。迎接车马又是为何呢？合江4号棺图像给出了答案，此房屋虽然不是"半开门"，但从构图结构和半开门的建筑来看，意义

[1]　山东省博物馆、苍山县文化馆：《山东苍山元嘉元年画像石墓》，《考古》1975年第2期。

[2]　巫鸿：《从哪里来？到那里去——汉代丧葬艺术中的"柩车"和"魂车"》，载于《礼仪中的美术》，三联书店，2005年，260页。

[3]　信立祥：《汉代画像中的车马出行图考》，《东南文化》1999年第1期。

[4]　黄永飞：《汉代墓葬艺术中的车马出行图像研究》，中央美院硕士论文，2009年。

[5]　李立、谭思梅：《汉画车马出行画像的神话学诠释》，《理论与创作》2004年第6期；又见于李立：《汉墓神话研究———神话与神话艺术精神的考察与分析》第十章，上海古籍出版社，2004年。

[6]　四川成都新都区文管所藏一套修复完整的陶马车，其车身后背上刻划有类似天象的图案。

应相同，在这座建筑后面坐着西王母，也就是说车上墓主人被迎接去见西王母。

西王母一直是学术界研究的热点。西王母最早见于《竹书纪年》[1]、《山海经》等书，在汉代已经成为神通广大的神仙。司马相如在《大人赋》中说他见到的西王母：

> 西望昆仑之轧沕洸忽兮，直径驰乎三危。排阊阖而入帝宫兮，载玉女而与之归。舒阆风而摇集兮，亢乌腾而一止。低回阴山翔以纡曲兮，吾乃今目睹西王母皬然白首。载胜而穴处兮，亦幸有三足乌为之使。必长生若此而不死兮，虽济万世而不足以喜。[2]

文中说到西王母是一位天界神仙，长生不死。西汉扬雄在《甘泉赋》中也有类似说法："想西王母欣然而上寿兮，屏玉女而却宓妃。"[3]

西王母还是民间保护神，被人供奉。哀帝时，大旱，关东一带的民众曾掀起一场祭祀西王母的大型活动。《汉书·五行志》有详细的记载：

> 哀帝建平四年正月，民惊走，持稿或棷一枚，传相付与，曰"行诏筹"。道中相过逢多至千数，或被发徒践，或夜折关，或逾墙入，或乘车骑奔驰，以置驿传行，经历郡国二十六，至京师。其夏，京师郡国民聚会里巷仟佰，设张博具，歌舞祠西王母。又传书曰："母告百姓，佩此书者不死。不信我言，视门枢下，当有白发。"至秋止。

汉代《焦氏易林》多次提到了西王母，认为西王母有庇佑、赐福、长寿、凶相等神力。

其实最让汉人崇奉西王母的原因是其掌管着不死之药，能让人不死、成仙。《淮南子·览冥训》记载："羿请不死之药于西王母，姮娥窃以奔月"。这才是石棺上出现西王母画像的最根本原因。

将合江4号棺左侧整幅画面联系起来，就是墓主坐着车马来到一座建筑前，这座建筑实际上是天界的入口，进入这座建筑后，可以见到西王母，求得不死之药后成为长生不死的神仙。苍山元嘉汉墓的榜题已经明确说明该幅图像的升仙意义，"使坐上，小车辇，驱驰相随到都亭，游徼候见谢自便，后有羊车橡（像）其□。上即圣鸟乘浮云。"

合江4号棺的右侧为神灵异兽，有蟾蜍、玉兔、九尾狐、三足乌等，这些神兽图像常见于西王母左右，如新都出土的一面画像砖上有西王母和这些神灵异兽的组合图像[4]，所以这些神灵异兽题材象征西王母所处的天界。三鱼共首虽然还不知道出自何种神话典故，但是这种奇异现象不是人间所常见，也应是突出天界之意。边框上的"胜"往往被作为西王母的象征，《山海经》中反复强调西王母戴胜，《山海经·西山经》云："又西三百五十里，曰玉山，是西王母所居也。西王母其状如人，豹尾虎齿而善啸，蓬发戴胜，是司天之厉及五残。"《大荒西经》又云："西海之南，流沙之滨，赤水之后，黑水之前，有大山，名曰昆仑之丘……有人，戴胜，虎齿，有豹尾，穴处，名曰西王母。此山万物尽有。"《海内北经》亦云："西王母梯几而戴胜杖，其南有三青鸟，为西王母取食，在昆仑虚北。"所以合江4号棺的右侧画像是用西王母周围的神灵异兽来象征西王母所处的天界。

综上，合江4号棺画像意义就是墓主人坐着车马通过天门，进入西王母所处的天界，成为神仙，天界中有伏羲女娲祖先神调和阴阳，解除灾异，还有很多神灵异兽。

根据以上分析，也很容易了解合江15号石棺画像的象征意义：其前后挡为伏羲女娲，表示阴阳调和的天界；左侧画像双阙中有半开门图像，门前还有人迎接，表示墓主通过天门被迎接到西王母所处的天界；棺右

[1] 方诗铭、王修龄：《古本竹书纪年辑证》，上海古籍出版社，1981年。
[2] [汉]司马迁撰：《史记·司马相如列传》，中华书局，1959年。
[3] [梁]萧统编，[唐]李善注：《文选》，中华书局，1977年。
[4] 龚廷万等：《巴蜀汉代画像集》，文物出版社，1998年。

侧有西王母周围的灵兽表示天界，天界中有仙人六博、宴饮等景象，表现天界的自由、欢乐的场景。总体还是象征着墓主升仙。

合江19号棺前挡双阙表示天门，后挡伏羲女娲的意义上文已论述。

左侧为联璧纹，玉璧象征着天。清代段玉裁《说文解字注》："瑞玉圜也。瑞，以玉为信也。《释器》：肉倍好谓之璧。边大孔小也。郑注《周礼》曰：'璧圜象天。'"所以玉璧常用来作为祭天的礼器。《周礼·春官·大宗伯》："以玉作六器，以礼天地四方。以苍璧礼天，以黄琮礼地"。据此，笔者认为画像石棺上的玉璧象征着天界，边框上的云纹象征天上的云气。

右侧画面左右的联璧纹也是象征着天界。中间的房屋和胜纹组合起来和合江4号棺的左侧画面意义相同，胜代表西王母，房屋和西王母的组合，也就是进入玉璧代表的天界之中，通过天界之门，便可见到西王母成为神仙。

将画像石棺上的画像联系起来，其象征意义便是从天门进入玉璧代表的天界，天界中有伏羲女娲调和阴阳，阴阳相得，解除灾异，来到西王母居所，见王母并求得不死之药便可成为神仙。

综上所述，第三类配置模式的象征意义是：棺盖上柿蒂纹象征天界，前挡的双阙表示天门，伏羲女娲也是天上的神仙，可以调和阴阳；在棺身左右往往有西王母、房屋建筑或二者组合的图像，表示进入西王母居住的地方便可求药成仙。

# 四、第四类配置模式

第四类配置为：柿蒂纹+伏羲女娲（朱雀）+双阙+历史故事+仙境（采药求仙）、杂耍，以泸州15号、合江23号石棺为例进行说明。

泸州15号石棺前挡为伏羲女娲图像，后挡为"天门"、"大司"等图像。

左侧主图为葛由骑羊、麒麟等图像。葛由是在蜀地升仙，泸州画像石棺出现此题材也很合理。右侧为麒麟图像，麒麟是神的坐骑，古人把麒麟当作仁兽、瑞兽，结合"葛由骑羊"升仙的典故，笔者以为可能有两个用意：一是表示天界，麒麟是神兽，出现在天界很合理；二，既然是神兽，希望墓主能骑着它升仙。

在主图的上方还有柿蒂纹、联璧纹、半开门以及"聂政刺韩王"的历史典故。对于画像石上的历史典故，论者往往以当时儒家伦理观念来解释，作用是标榜墓主之德，如《后汉书·赵岐传》："岐为太常，年九十余，建安六年卒。先自为寿藏，图季札、子产、晏婴、叔向四像居宾位，又自画其像居主位，皆为赞颂。"或认为"恶以诫善，善以示后"。祠堂中的这类画像其观者为生人，用道德的意义来解释，不无道理。但是在墓葬之中或者画像石棺上的这类题材表达的可能不完全是儒家的伦理道德观念，而应该理解为古人所赞颂的义士、贞女已成为仙界一员。再者，这类图像在石棺上往往配置在上层，根据画像石棺的配置规律，天界的符号往往配置在上层。在"聂政刺韩王"的图像两侧为柿蒂纹、联璧纹，都是代表天界的符号，而聂政处于这些符号之中说明其已经在仙界之列。"聂政刺韩王"左侧有一半开门图像，其表达的升仙意义更为明显。《琴操》中记载的聂政遇仙人故事说明聂政已与仙界产生联系，为其升仙作下铺垫。合江22号棺的"董永侍父"图仙意更为明显，图像右侧有一具车马，棺身的左侧还有半开门图像，前文已论述车马和半开门之间的联系和象征意义，二者联系起来，表示具有高尚品德的董永被车马接走，进入天界成仙。从记载董永故事的《搜神记》书名来看，也知道董永已经进入仙界。此图像还说明了一个问题，贤孝之人会遇神、升仙，所以这幅画像放置于墓葬之中，就是表现通过自己的德行可以升仙。

这些贞女、义士、三皇五帝之所以会成为神仙与汉代盛行的谶纬学说不无关系，为了政治需要很多历史人物在此时被造成神仙。

与"聂政刺韩王"一组的还有杂耍图，考虑杂耍图的位置，杂耍人物和柿蒂纹、联璧纹等组合，可见其明显不是表现人间的活动，笔者以为杂耍主要是为了突出天界的快乐生活，亦有娱神的功能。

所以棺身左侧图像总体是表现天界和墓主升仙之意。棺身右侧的构图方式和题材与左侧相同，其象征意义一致。将泸州15号棺各部画像联系起来便可得出其象征意义：墓主通过天门进入天界，天界有伏羲女娲等祖先神调和阴阳，周围有很多异兽奇灵，还可以看到很多"秋胡"、"聂政"等贞女、义士仙友。

合江23号棺前后挡为伏羲女娲、双阙；棺身左右侧为采药求仙图，图像意义已经非常明显。棺身画面均被分成两层，上层有联璧纹、柿蒂纹、"胜"纹等表示天界的符号。棺身左右侧图像是仙人采摘仙草，被凤鸟衔给求药之人，最右侧的一个仙人身子故意刻斜，表现出在天上飘飞的状态。汉代特别流行服药、辟谷、修炼等方法，求得长生不老。张衡《西京赋》："立修茎之仙掌，承云表之清露。"李善注引《三辅故事》："武帝作铜露盘，承天露，和玉屑饮之，欲以求仙。"[1]所以棺身整个画像意义就是，墓主通过天门进入天界，向仙人求仙草，仙草食之不死、成仙，天界中有伏羲女娲主宰阴阳。

综上所述，第四类配置模式仍然象征着墓主升仙，棺盖上刻柿蒂纹，表示天界；前后挡一般为双阙、伏羲女娲图像象征天界；左右侧或用历史故事来表达贞女、义士已经成为仙界的一员，或直接刻画出仙境场景，或是表现墓主求药成仙。

# 五、第五类配置模式

第五类配置模式为：柿蒂纹+伏羲女娲（含单体）+双阙+出行+宴饮，以泸县1号石棺为例。

泸县1号石棺的前挡为伏羲，后挡为单阙、"大司"。

左侧为骑马出行，后面跟着鸟、犬、侍从等。背罐动物模型在金堂李家梁子M23[2]、乐山大嘴湾崖墓[3]均有发现。四川汉墓中出土的最具特色的随葬器物摇钱树上亦有负罐的朱雀，但少有人关注，我们认为所负之罐或为药罐，内装不死之药。骑马图像意义可以参考长宁七个洞7号墓右侧崖棺上的画像[4]，一人骑马向一个房子走去，前面有朱雀导引，前文已经谈过朱雀为神鸟有导引升仙之功能，朱雀的前面为一房子，该房子为杆栏式房屋，与简阳三号棺上的"大苍"房屋相似，说明7号崖墓的主人在朱雀的引导下向天界走去，其房子外为杂耍，也反过来说明杂耍图表现的是天国场景。根据该崖棺的图像可以确定，泸县1号棺中骑马图像也是表达升仙之意，只是省略了朱雀的导引图像。

之所以骑马是为了升仙还有一个证据，这就是有学者已经论证骑马等出行的场面都是朝着一个固定的方向——"天门"而去，而该幅画面上表现的也是如此，骑马人向右走，奔向后挡，后挡正是双阙图像，可见骑马的意义是奔向天门。文献中有汉武帝骑天马上昆仑的记载。《乐府诗集·郊祀歌·天马》曰：

> 天马徕，从西极，涉流沙，九夷服。天马徕，出泉水，虎脊两，化若鬼。天马徕，历无草，径千里，循东道。
>
> 天马徕，执徐时，将摇举，谁与期？天马徕，开远门，竦予身，逝昆仑。天马徕，龙之媒，游阊

[1] [梁]萧统编，[唐]李善注：《文选》，中华书局，1977年，42页。

[2] 成都文物考古研究所：《成都李家梁子墓地》，文物出版社待出版。

[3] 四川乐山市文管所：《四川乐山市中区大湾嘴崖墓清理简报》，《考古》1991年第1期。

[4] 罗二虎：《长宁七个洞崖墓群汉画像研究》，《考古学报》2005年第3期。

阖，观玉台。[1]

再从画像本身来分析，整幅画面很有点"一人得道，鸡犬升天"的气氛。典故出自汉王充《论衡·道虚》："淮南王学道，招会天下有道之人。倾一国之尊，下道术之士，是以道术之士，并会淮南，奇方异术，莫不争出。王遂得道，举家升天。畜产皆仙，犬吠于天上，鸡鸣于云中。此言仙药有余，犬鸡食之，并随王而升天也。"整幅画面应该是描写墓主人升仙的一个场景。

棺身右侧为宴饮场景。房外有一棵树，树上有猴子、鸟。猴常在画像中出现，如泸州15号棺天门周围就有猴子形象。树木在画像中也往往表示天界的场景，据考证，"汉画像中出现的一些树木图像，并不是对当时生活中树的简单记录与再现，而是通过其隐喻的象征图像与符号，传达汉人的一种升仙思想、生殖崇拜，以及汉代人趋吉祈财的观念。"[2]树上往往有神鸟衬托，所以该幅画面也应该是表达天界场景，房内宴饮也是为表现天界的愉快生活。

将石棺上各幅画像联系起来，意义便是：墓主骑着马，带着鸡犬、侍从向天门走去，进入天门之后，便成为仙人，享受无忧无虑的宴饮生活，在天界中有伏羲女娲等调和阴阳的祖先神与之相伴。

总之，该类配置模式也是象征着墓主升仙。棺盖上装饰表示天界的柿蒂纹符号，棺身前后挡是天门和天界神仙伏羲、女娲，左右两侧表现墓主升仙的过程或者天界的生活。

---

[1]　[宋]郭茂倩编：《乐府诗集》，中华书局，1979年，6页。
[2]　吴迎迎：《浅析汉画像中的树木图像》，《美与时代（上）》 2010年第11期。

# 第六章　从石棺画像题材看汉代四川神仙信仰

　　前文已经分析了石棺画像的主要作用是用来表达墓主的升仙愿望，那为何在石棺上画上这些图像就能达到升仙的目的呢？原动力从何而来？笔者以为其背后一定有一个信仰体系在支撑画像行为的实施。

　　本章尝试通过石棺画像题材来分析四川汉代神仙信仰，所引用的画像资料以泸州地区为主，部分涉及到四川其它区域。

## 第一节　天界神仙

　　目前所见史籍中对神仙最早界定的是《汉书》，《汉书·艺文志》：

　　　　神仙者，所以保性命之真，而游求于其外者也。聊以荡意平心，同死生之域，而无怵惕于胸中。然而或者专以为务，则诞欺怪迂之文弥以益多，非圣王之所以教也。孔子曰："索隐行怪，后世有述焉，吾不为之矣。"

　　实际上神和仙是不同的两个概念。《说文》谓："神，天神，引出万物者也。""仙，长生仙去。"《释名·释长幼》曰："老而不死曰仙。仙，迁也，迁入山也。故其制字人旁作山也。"可以看出，"仙"是后天经过个人修炼而达到长生不死的人。"仙"字在典籍中出现的晚于神。

　　至于大规模的神仙活动最早见于《史记·封禅书》：

　　　　自齐威、宣之时，驺子之徒论著终始五德之运，及秦帝而齐人奏之，故始皇采用之。而宋毋忌、正伯侨、充尚、羡门高。最后皆燕人，为方仙道，形解销化，依于鬼神之事。驺衍以阴阳主运显于诸侯，而燕齐海上之方士传其术不能通，然则怪迂阿谀苟合之徒自此兴，不可胜数也。

　　　　自威、宣、燕昭使人入海求蓬莱、方丈、瀛洲。此三神山者，其传在勃海中，去人不远；患且至，则船风引而去。盖尝有至者，诸仙人及不死之药皆在焉。其物禽兽尽白，而黄金银为宫阙。未至，望之如云；及到，三神山反居水下。临之，风辄引去，终莫能至云。世主莫不甘心焉。

　　根据《史记》、《汉代》所载，求仙之说起源于战国，此时神仙数量不多，且地点以东海三山最为著名。神仙学说经过秦汉两朝的发展，至东汉已经形成了一个庞大的体系。据《太平经》：

　　　　"今天地实当有仙不死之法，不老之方，亦岂可得耶？""善哉，真人问事也。然，可得也。天上积仙不死之药多少，比若太仓之积粟也；仙衣多少，比若太官之积布白也；众仙人之第舍多少，比若县官之室宅也。常当大道而居，故得入天大道者，得居神灵之传舍室宅也。若人有道德，居县官传舍室宅也。天上不惜仙衣不死之方，难予人也。人无大功于天地，不能治理天地之大病，通阴阳之气，无益于三光四时五行天地神灵，故天不予其不死之方仙衣也。此者，乃以殊异有功之人也。子欲知其大效乎？

　　比若帝王有太仓之谷，太官之布帛也。夫太仓之谷，几何斗斛？而无功无道德之人，不能得其一升也；

而人有过者，反入其狱中，而正尚见治，上其罪之状，此明效也。"[1]

　　从该段材料可以看出，仙人、仙衣、居住宫室、不死之药数量甚多，只要符合规定条件，人人都可以成仙，大大降低了成仙难度。《太平经》非一人一时写成，而是从西汉末年到东汉顺帝时经过长时间的酝酿而成的。书中专以奉天地顺五行为本，多"巫觋杂语"，但也不乏反映贫苦民众疾苦与要求的思想，其中的神仙信仰观念应该较具代表性。

　　从石棺的画像题材来看，四川地区也已经形成了比较完整的神仙体系。

　　在这个体系中有众多的天神和仙人，各司其职。阴阳调和之神伏羲女娲；西王母掌管不死之药，延长寿命；"天门"中的"大司"迎接升仙之人；半开门中的仙人负责引见升仙之人。众多的义士、贞女，如秋胡之妻、五女、董永、聂政等也被褒扬成仙。除此之外还有众多不知名称的仙人形象，羽人就是其中很重要的一类：

　　羽人即肩部有两个伸出的羽翼能在天空中自由飞翔的仙人。此类形象常见于文献中，《楚辞·远游》："仍羽人于丹丘兮，留不死之旧乡。"王逸注："《山海经》：'有羽人之国，不死之民。'或曰：人得道，身生羽毛也"。洪兴祖补注："羽人，飞仙也。"《论衡·无形第七》曰："图仙人之形，体生毛，臂变为翼，行于云则年增矣，千岁不死。"《史记》中还记载武帝曾使人穿羽衣，装扮仙人以引天上仙人下凡，也说明汉人常认为仙人的形象是带羽翼的。

　　神仙们过着快乐、自由的生活，观看杂耍、奏乐活动，进行六博游戏，常常举行宴饮。周围长满奇异的树草，有采不尽的仙药，太仓中有吃不完的粮食。

　　天界中还有大量的神灵异兽。西王母周围的三足乌、九尾狐、蟾蜍、玉兔等，负责四方的四神，还有大量在人间无法见到的奇灵瑞兽，如三鱼共首、鹤啄鱼等，麒麟、龙、虎、羊等神兽还可以供仙人交通之用。

　　天界中还有大量的建筑。装粮食的太仓，供仙人出入的天门，仙人的居所，还有宴饮、娱乐场所等。

　　总之，通过石棺画像可对汉代四川神仙世界有一定的了解。当然画像主要是为了表达墓主升仙目的，其场景均是围绕这一主题设定，有一定的局限性。从画像上无法体会到文献中所记载的天界气魄："天有九野，九千九百九十九隅，去地五亿万里。五星、八风、二十八宿、五官、六府、紫宫、太微、轩辕、咸池、四守、天阿……"但画面更贴近墓主所想要的生活。

　　从题材和氛围来看，石棺图像更像是《山海经》的图画版。画像中的天门、西王母、羽人、巫、神兽、树木等题材都可以在《山海经》中找到。据蒙文通先生研究，《山海经》乃是"先秦时代的古籍"，并且是"巴蜀地域所流传的代表巴蜀文化的典籍"，和《天问》、《庄子》等都属于南系作品，他甚至认为岷山即昆仑山[2]。《山海经》多记载怪诞不经的神话故事，很明显巴蜀地区的神话体系与东方的蓬莱神话、中原神话并不相同。

　　那巴蜀地区又属于哪个神话系统呢？笔者以为该地区神话系统受昆仑神话影响较大。首先《山海经》记载了大量的昆仑神话，该地发现的实物也可与之印证。笔者曾在成都李家梁子发现一座东汉时期墓葬，该墓甬道处发现一件钱树座，座高66.5厘米，椭圆形底座，其主体由三个柱子构成，左右两个柱子上刻伏羲、女娲图像。此树座重峦叠嶂，山间洞峰相连，亭台相望，多条道路穿梭于山中，通往峰顶，山间有仙人、鸟兽、车马相戏其中，几乎就是《山海经》中昆仑神话的翻版[3]。有学者根据文献认为钱树可能与昆仑山神话

[1]　王明编：《太平经合校》卷四十七，中华书局，1960年。
[2]　蒙文通：《略论〈山海经〉的写作时代及其产生地域》，载《巴蜀古史论述》，四川人民出版社，1981年。
[3]　成都文物考古研究所：《成都李家梁子墓地》，文物出版社，待出版。

体系中的"天柱"有关[1]，钱树座为昆仑山，钱树为天柱，那么摇钱树就是神话中昆仑山的一个缩影。不过多数研究者认为昆仑神话为西北地区神话系统，昆仑即祁连山[2]，笔者以为两种观点并不矛盾，而且还有可能揭示两地之间的联系。蜀地的文化可能受到西北地区的影响，甚至西北地区曾向蜀地有过移民活动。目前成都平原历史最早可以追述到史前新石器时代晚期的"宝墩文化"时期[3]，再早的遗存分布于岷江上游、四川西北方向，是否说明早期蜀民很可能是从西北方向迁徙而来？如果将来的考古资料可以证实的话，那么两地都有昆仑神话信仰就很好理解了。可能昆仑神话传到蜀地后慢慢融入了本土因素，成为自己的神话信仰。

# 第二节　升仙方法

　　从泸州石棺画像题材考察，其升仙至少有以下几种方法：

　　1. **求不死药成仙。**

　　这类画像如合江23号石棺左右侧身画像。

　　战国秦汉流行寻求不死之药成仙，《战国策》："有献不死之药于荆王者，谒者操之以入……"[4]。《列子》："渤海之东……其中有五山焉，一曰岱舆，二曰员峤，三曰方壶，四曰瀛洲，五曰蓬莱。其山高下周旋三万里，其顶平处九千里，山之中间相去七万里，以为邻居焉。其上台观皆金玉，其上禽兽皆纯缟，珠玕之树皆丛生，华实皆有滋味，食之不老不死。所居之人皆仙圣之种，一日一夕飞相往来者，不可数焉。"《楚辞·涉江》："登昆仑兮食玉英，与天地兮同寿，与日月兮同光"。这些文献中都提到不死之药。

　　2. **炼丹药成仙。**

　　炼丹必备之物是鼎，如泸州6号棺其左侧画像可能表示炼仙丹的场景。汉代流行炼丹术，认为丹药可以让人不死，阴长生《自叙》说："不死之要，道在神丹。行气导引，俯仰屈伸，服食草本，可行延年，不能度世，以至乎仙"[5]。在汉墓之中常发现这种金属丸，也应是炼丹之物。

　　3. **方士、巫觋作法升仙。**

　　如泸州9号石棺的左侧图像，文中已考证戴蛇形象为巫师，在作法使墓主升仙。巴蜀古好鬼巫，《华阳国志》中载有："民失在征巫，好鬼妖。""征巫鬼，好诅盟，投石结草，官常以盟诅要之。""俗好鬼巫，多禁忌。""俗妖巫，惑禁忌"、"祖世本巴西宕渠賨民，种党劲勇，俗好鬼巫"等记载。在画像中出现方士、巫觋作法表现了此地鬼巫文化的盛行。

　　4. **房中术。**

　　如泸州12号石棺的左侧棺身右边一组画面，右边二人拥抱亲吻，左边两个人张手，似是巫师在作法。有学者认为此类图像和房中术有关，并考证汉人认为房中术可助升仙[6]。房中术最初乃神仙家创造的一种方术，它以讲求房中节欲、还精补脑及男女卫生等为主旨。据蒙文通先生考证，晚周房中术和行气、服食并列

[1] 霍巍：《中国西南地区钱树佛像的考古发现与考察》，《考古》2007年第3期。
[2] 萧兵：《"昆仑"祁连说补证》，《西北历史》1985年第2期。
[3] "宝墩文化"系考古学的文化命名，因其最早发现于成都市新津县龙马乡的宝墩村而得名。距今4500～3700年。
[4] 何建章：《战国策注释》卷十七《楚辞四》，中华书局，1990年。下同。
[5] 《全汉文》卷一六，商务印书馆，1999年。
[6] 杨爱国：《汉画像石上的接吻图考辨》，《四川文物》1994年第4期。

为神仙术三流派：楚为行气，称王乔，赤松；秦为房中，称容成，彭祖；燕齐为服食，称羡门，安期[1]。秦灭巴蜀之后，蜀地文化深受秦的影响，从画像材料来看，房中术助升仙的思想在蜀地也比较流行。

　　5. 模拟巫术。

　　《金枝》将巫术赖以建立的思想原则归结于两个方面："第一是'同类相生'或果必同因；第二是'物体一经相互接触，在实体接触后还会继续远距离的相互作用'。前者可称之为'相似律'，后者可称作'接触律'或'触染律'。巫师根据第一原则即'相似律'引申出，他能够仅通过模仿就实现任何他想做的事……基于相似律的法术叫做'顺势巫术'或'模拟巫术'[2]。石棺是一个密闭空间，时人之所以认为在上面画满天界的场景就可以升仙，也是缘于模拟巫术行为，与汉代天人感应理论有关。此种巫术在汉代很流行，如汉武帝命人修建了柏梁台、通天台、铜柱、承露仙人掌，也是希望能创造出神仙居住的环境，使神仙下凡，助其升仙。《史记·孝武本纪》中记载有齐少翁对模拟巫术的论述："文成言曰：'上即欲与神通，宫室被服不象神，神物不至。'乃作画云气车，及各以胜日驾车辟恶鬼。又作甘泉宫，中为台室，画天、地、泰一诸神，而致祭具以致天神。"画像石棺的升仙原理也应相同。

# 第三节　鬼神信仰体系与魂魄理论

　　但墓葬中的升仙观念似与汉代厚葬行为相矛盾。如前文分析，墓主葬入石棺、墓室之后，便已升入天界，那为何还在墓中厚葬以大量器物后密闭墓室呢？汉代无论是帝王、权贵还是普通人家都不遗余力修建墓葬，葬入大量随葬品，模仿活着的人的居住生活环境，然后封闭墓葬。后人也多用"事死如生"的观念来解释这种厚葬行为，但人已经升仙不在了，还"事"谁呢？

　　汉代的魂魄理论可以解释这种矛盾。汉人认为人由魂和魄两个部分组成。据余英时先生研究，"魄"的出现早于"魂"，直到前4世纪末、3世纪初的时候，魂魄的二元性才和阴阳原理统一起来[3]。《左传·昭公七年》有云：

　　　　人生始化曰魄，既生魄，阳曰魂；用物精多，则魂魄强，是以有精爽至于神明。
　　　　孔颖达正义曰："人禀五常以生，感阴阳以灵。有身体之质，名之曰形。有嘘吸之动，谓之为气。形气合而为用，知力以此而强，故得成为人也……人之生也，始变化为形，形之灵者名之曰魄也。既生魄矣，魄内自有阳气。气之神者，名之曰魂也。魂魄神灵之名，本从形气而有，形气既殊，魂魄亦异。附形之灵为魄，附气之神为魂也。附形之灵者，谓初生之时，耳目心识，手足运动，啼呼为声，此则魄之灵也。附气之神者，谓精神性识，渐有所知，此则附气之神也……郑玄《祭义》注云：'气谓嘘吸出入者也。耳目之丘明为魄。'是言魄附形而魂附气也。人之生也，魄盛魂强。及其死也，形消气灭。《郊特牲》曰：'魂气归于天，形魄归于地。'以魂本附气，气必上浮，故言'魂气归于天'；魄本归形，形既入土，故言'形魄归于地'。圣王缘生事死，制其祭祀；存亡既异，别为作名。改生之魂曰神，改生之魄曰鬼。《祭义》曰：'气也者，神之盛也。魄也者，鬼之盛也。合鬼与神，教之至

---

　　[1]　蒙文通：《晚周仙道分三派考》，《蒙文通文集》第一卷《古学甄微》，巴蜀书社，1987年。
　　[2]　[英]J.G.弗雷泽著、徐育新、汪培基、张泽石译：《金枝》第三章，新世界出版社，2006年，15页。
　　[3]　余英时：《魂兮归来——论佛教传入以前中国灵魂与来世观念的转变》，载《东汉生死观》，上海古籍出版社，2005年，134-135页。

也。''死必归土，此之谓鬼。''其气发扬于上'，'神之著也'。是故魂魄之名为鬼神也……以骨肉必归于土，故以"归"言之。魂气无所不通，故以'不测'名之。其实鬼神之本，则魂魄是也。"[1]

此处对魂、魄，形、气和鬼、神之间的关系进行了详尽的总结。朱子对魂魄分、合有进一步的理解：

> "'阳魂为神，阴魄为鬼。''鬼，阴之灵；神，阳之灵。'此以二气言也。然二气之分，实一气之运。故凡气之来而方伸者为神，气之往而既屈者为鬼；阳主伸，阴主屈，此以一气言也。故以二气言，则阴为鬼，阳为神；以一气言，则方伸之气，亦有伸有屈。其方伸者，神之神；其既屈者，神之鬼。既屈之气，亦有屈有伸。其既屈者，鬼之鬼；其来格者，鬼之神。天地人物皆然，不离此气之往来屈伸合散而已，此所谓'可错综言'者也。"因问："'精气为物'，阴精阳气聚而成物，此总言神；'游魂为变'，魂游魄降，散而成变，此总言鬼，疑亦错综而言？"曰："然。此所谓'人者，鬼神之会也'。"[2]

据此理论，人死后身体分成了魂和魄两部分，阳魂为神，可以成仙升入天界的，所以墓葬中利用画像石、摇钱树、帛画等让其升仙；但是阴魄成鬼，要归入地下，《说文》："人所归为鬼。"既然鬼还在地下，那就要如《荀子·礼论》所说："丧礼者，以生者饰死者也，大象其生，以送其死，事死如生，事亡如存。"[3]在墓葬中"厚资多藏，器用如生人"[4]、"故作偶人，以侍尸柩，多藏食物，以歆精魂。"[5]这和当时的阴阳观念也是相符的。

---

[1] [周]左丘明传，[晋]杜预注，[唐]孔颖达正义，浦卫忠、龚抗云、胡遂、于振波、陈咏明整理：《春秋左传正义》，北京大学出版社，2000年。

[2] [宋]黎靖德编撰、王星贤校：《朱子语类》，中华书局，1986年。

[3] 王先谦：《荀子集解》，中华书局，1988年。

[4] [汉]桓宽撰：《盐铁论·散不足论》。

[5] [汉]王充撰：《论衡·薄葬篇》。

# 第七章　与其它画像墓的比较研究

　　本章尝试将画像石棺的题材和配置与其它画像墓进行比较分析研究，比较对象为汉代画像崖墓、画像砖墓、画像石椁墓、画像石墓、壁画墓等五类材料。限于精力和篇幅，不可能对所有画像墓一一分析，每一类中仅选择一些典型的墓葬进行对比。考虑到区域文化差别，墓葬材料以四川地区为主。

## 第一节　与画像崖墓的比较研究

　　此处以中江塔梁子M3为例[1]。

　　M3为多室墓，由墓道、墓门、甬道、前室、二室、三室、四室、后室组成。墓内发现较多的画像和雕刻，为画像崖墓的典型。其墓门外侧有两具半圆雕像，左为羊，右为蟾蜍。前室带左右侧室，未发现画像。

　　二室带甬道和右侧室。室外凿出门枋，门楣上方雕刻出檐檩、檐枋、橡、瓦垄，并涂有红色颜料。门框两侧各有图案，左侧为佩剑人物，右侧已毁。

　　三室带甬道和左右侧室。墓室外刻凿出门枋，两侧门框上均有石刻彩绘画像，左侧为胡人执桴载吹奏，部分加彩。右侧门框有三层图像，上层为飞鸟，中层为人物，双手捸于胸前，下层为浅浮雕狗头。门楣上方雕凿出檐檩、檐枋、瓦垄，有些涂彩。甬道浅浮雕胡人舞蹈，上有榜题"人"。左侧室也刻有门枋，门枋外两侧刻半圆雕八角形石柱，石柱上方有斗拱，栌斗上各雕一力士。门楣上方高浮雕檐檩、瓦垄、门框、门楣、门柱、斗拱、檐枋等，部分施彩。墓室顶部高浮雕藻井图，形式为中心方框并四周放射状伸出木橡结构，中心雕刻太阳、内墨绘金乌。

　　侧室四壁上方均凿承橡枋。沿侧室门外承橡枋右侧，浅浮雕蛇食鼠图案。右壁和后壁浅浮雕壁柱及壁穿，二者将壁面划分成8个区域，区域内作壁画，内容均为宴饮图，上层四幅（从上至下，从右到后，第一、三、五、七）保存完好，下层四幅（二、四、六、八）模糊、脱落。宴饮图中主人坐于前，图像较大，后有侍者，二、四、六、八幅图背后还有帷帐。此处仅介绍有榜题的几幅图：

　　宴饮图一。共彩绘4人，前方两个人坐于席上，身前有案，案上有盘、豆等器物。身后有两人，为侍者。人物上方榜题："先祖南阳尉，□□土乡长里汉太鸿文君子宾，子宾子中黄门侍郎文君真坐与诏，外亲内亲相检厉见怨。□□诸上颁颠诸□□□□□□，绝肌则骨当□，□父即鸿芦，拥十万众，平羌有功，赦死西徙处，此州郡县乡卒。"

---

[1]　四川省文物考古研究院、德阳市文物考古研究所、中江县文物保护管理所：《中江塔梁子崖墓》，文物出版社，2008年。

宴饮图五。共绘6人，前方二人坐于席上，后方四人为侍者。右边坐者上方榜题："广□守呈、瓦曹吏（史）、创农诸□掾□子女生。荆□□□□□此墓"，左边坐者上方："蜀郡太守文鲁掾、县官啬夫、诸书掾史堂子元长生"。右边站立二人上方榜题不清，左边站立二人上方分别榜题"司空"、"司空佐"。

宴饮图七。共绘5人，左边二人坐于席上，右边站立三侍者。左边第一个人榜题"荆子安字圣应主"，左边第二人榜题"应妇"，应为墓主夫妇。右边第三人榜题"侍奴"，第二人榜题"从奴"，第一人榜题"从小"。

左壁彩绘兵器架，榜题"兵库"。兵库边上有一庑殿顶式建筑，榜题模糊不清。

三室右侧室门枋与左侧同。侧室后壁墨绘2人坐，左壁半圆雕两个盥洗池。

四室外雕刻门枋。门右侧浅浮雕青龙，门楣上方高浮雕檐檩、檐枋、瓦垄。其甬道左右壁均刻鹤啄鱼（原报告为仙禽啄鱼）。四室右壁有深浮雕石刻画像，画像分三层，上层为浅浮雕鼠、鸟、鱼；中层雕杆栏式建筑，中柱斗拱左右墨书"厨"、"苍"，门墙上有"三"字，另一字已模糊不清；下层高浮雕舂米图。

后室带甬道和左侧室。外雕刻出门枋，门楣上方有檐檩、檐枋、瓦垄。甬道内左、右壁分别刻绘子母鹅和朱雀。

左侧室左侧有房形石棺，棺室有门枋，门枋上方右为仿木结构，正中刻铺首（原报告称虎头），棺室后壁中间开长方形门洞，门洞左右侧壁各彩绘侍奴一人。左侧室右半部分也是房形石棺，石棺门楣上方为仿木结构，中间凿出门洞，门洞两侧勾画人物，且有墨书榜题，但已模糊不清，棺前两段凿两怪兽作棺足。

墓内出土大量陶器残片，器形有罐、盘、盆、耳杯、豆、灯等，其它还有五铢钱、摇钱树、铁凿、红色矿物颗粒等，时代为东汉晚期。

M3的绝大部分画像题材在画像石棺中都可以见到。如羊、蟾蜍、飞鸟、犬、仿木结构建筑、蛇、鹤啄鱼、朱雀、太阳及金乌、兵库、宴饮、庑殿顶建筑、苍、厨、舂米等。舂米图在合江二号石棺右侧，兵库在郫县新胜3号棺一侧有发现[1]，其它的均为常见图像。但胡人舞蹈图不见于石棺画像题材中，我们推测这与墓主经历有关。可见画像石棺和崖墓壁上的题材较为相近。

画像的配置模式有相近之处，崖墓墓门与石棺上的阙构图相似，边上常刻画人物，其意义也应相近，都象征着天门以及守卫。墓室顶部图像与棺盖上相似，M3左侧室藻井中部刻有太阳，太阳中绘金乌形象，太阳在天上，所以其墓室顶部象征着天界，与石棺棺盖上的象征意义一致，棺盖顶部一般刻画柿蒂纹、联璧纹等代表天界的符号。甬道中的图像常见于棺的前挡，M3后室甬道右侧绘朱雀，该图像常见于棺前挡，甬道也是位于墓室之前，象征意义一致，都是引导墓主升仙之意。棺身左右的图像常发现于墓室内，M3四室右壁的"苍"应是表示"太苍"之意，简阳3号石棺的一侧也发现"太苍"铭文，太仓应该是天上的粮仓的意思。同理，其"厨"可能也是表示天上厨房之意。

但也有不同之处，塔梁子M3在左侧室中有八幅宴饮壁画，其中两幅有榜题，其榜题明确说明图像为墓主人的生活场景以及经历，这与画像石棺中的宴饮题材意义不太相同，其宴饮周围往往有仙人博或者灵兽，多是象征天上生活。

综上，崖墓中图像配置方式、意义与画像石棺大同小异。二者画像的配置有相似之处。崖墓的墓门、甬道、墓顶的图像题材多见于石棺的前后挡和棺盖上。墓室内的图像多见于棺身的左右侧。其象征意义也有相同之处，二者画像题材都有表达墓主升仙之意。二者差异也比较明显，石棺的画像配置比崖墓要有规律的多，前文已述石棺的棺盖、前后挡、左右侧都会有相应的题材与之相配，而崖墓中的除墓门外，其它部位画

---

[1]　罗二虎：《汉代画像石棺》，巴蜀书社，2002年。

像配置较为凌乱。在象征意义方面，崖墓中的画像生活气息更为浓重，而画像石棺中的题材以升仙为主。

# 第二节　与画像砖墓的比较研究

以成都曾家包汉墓为例[1]。曾家包共发现2座汉墓（M1、M2），两座墓共埋于同一封土下，时代为东汉晚期。

M1由墓道、墓门、甬道、双后室等几部分组成，小砖券顶墓，部分用石。墓门由略成半圆形的门额石和长条形的门枋、门槛石组成门框，额和槛两端凿抠窝置双扇石门。石门外开，墓门正面光素，背有石刻画像，西扇门背上部刻朱雀，下部刻男女二人：女者头挽高髻，身着广袖长服，左手持镜；男者头包巾，身着袍服，双手握杵。东扇门背上部亦刻朱雀，下部被盗墓者打掉一角，残留的画面为一持戟、挎环柄刀的武士。

甬道、前室未发现画像。

双后室的后壁均有石刻画像。

西后室的后壁画像分上中下三个部分：上部为狩猎图；中部立武器架，武器架左右刻两部织机，左上有一立柱悬一猴，前有马匹及辇车；下部为酿酒图（原报告所述，依据不详），左边有牛车拉粮，中间为多个瓮，左下侧为打水图，中间在生火煮物，其周围有鸟、鸡、鸭、犬等动物。

东后室后壁画像也分三层：上部为双羊嘉禾图；中部原报告定为"养老图"，左侧为一硬山顶房屋建筑，上有两个阁楼。房内走出一人。房子左边为一树木，树木前一人身体前倾呈下跪姿势，此人背后为一庑殿顶双层楼房，楼有回廊，一衣冠整敕者倚栏侧坐，身旁似有一侍者。楼下房门半开，一人微露半身。下部为农作图，右为一庑殿顶杆栏式楼房，房前二人舂米。前有一耕者，左为四块水田和一个有围堤的水塘，塘内有船。

M2墓葬形制与M1相近。墓门为石门，门额、门枋和双扇石门的内外皆有石刻画像。门额刻展翅翘尾、昂首而立的朱雀一只，西侧门枋上刻龙虎衔着璧。西扇门外上部刻卧鹿一只，身有翼，下部刻男女二人：女者头挽高髻，广袖长服，持镜；男者头着帻，广袖长服，跪捧书卷。东扇门外上部也为卧鹿，下部有男女二人，男者头戴冠，广袖长服；女者髻包巾，广袖长服，捧镜。西扇门背上部刻朱雀，下部二人，皆头着帻，广袖长服，左者拥彗，右者持环柄刀。东扇门背为武库图，守库者席坐于外，手握环柄刀，侧立守库之犬。

甬道和前室的两壁嵌画像砖，共二十块，包括十六个题材(有四块的内容重复)。其中甬道西壁嵌有一块，前室的东西壁各九块，还有一块在墓内淤土内清出，从残留的痕迹看，是嵌在甬道东壁的，位置与甬道西壁那块恰好对称。画像砖的具体排列位置是：甬道东、西壁接近墓门处分别嵌日月、阙；前室东壁从前至后(以墓门为准)依次排帷车、小车、骑吹、丸剑起舞（杂耍）、宴饮起舞、宴集、六博、庭院、盐场画像砖；前室西壁从前至后依次排凤阙、市井、帷车、宴集、弋射收获、骈车、庭院、馈赂、盐井画像砖。

画像砖室墓与画像石棺的题材有相同之处，如朱雀、门吏、龙虎衔璧、武库、杂耍、车马、宴饮、阙等。但是差别比较大，仅这两座墓出土的画像题材就有很多未在石棺中见到，如市井、收获、农耕、盐场、酿酒、庭院等。总体来说画像砖墓中的题材生活气息浓厚，而石棺画像以升仙为基本主题。造成差别的原因

---

[1]　成都市文物处：《四川成都曾家包东汉画像砖石墓》，《文物》1981年第10期。

有二：一是墓室和石棺对于死者的用途的差别，墓室画像表现了许多生活居住场所的画面。而石棺是葬具，为一个狭小的密闭空间，对画像象征意义的要求更为强烈；二是画像砖的制作方法和风格差异造成的，画像砖有模范，制作材料对其题材的发挥限制较小，而石棺上面积有限，画师起稿时对画像的取舍限制较大。

画像砖墓和画像石棺的配置模式、意义有相同之处，但二者的差异仍较为显著。相同之处主要集中于墓门甬道，M1、M2墓门上都有朱雀和门吏，甬道中有日月图、阙，相当于石棺的两挡上的朱雀和阙、伏羲女娲托日月。两类图像都有表现升仙的意义，M1西后室后壁的半开门、双羊嘉禾图都是表现升仙之意的，而且从其后壁的画像构图来看，上、中层明显是表现天界，下部是表现人间场景，其天界的位置与画像石棺相同。

但差异也比较明显，画像砖墓室内的题材较为复杂，表现的是天上、人间一个立体的宇宙概念，如M2前室左右壁的画像内容，有些明显是表现升天的，M2车马出行的方向很明显是奔向阙（天门）而去。但是画像中又有很多市井、庭院、盐井、收获等表现人间生活的场景。而画像石棺的题材较为单一，多表现天界场景和升仙愿望。

综上，画像石棺的前后挡相当于画像砖墓的墓门甬道位置；石棺的棺盖、左右侧的题材散见于画像砖墓墓室的左、右、后壁之中，但后者题材远较画像石棺复杂，表现的是一个天上、人间的立体的宇宙观念。

## 第三节　与画像石椁的比较研究

画像石椁以江苏徐州沛县栖山1号墓（M1）为例[1]。

M1为一长方形竖穴石坑墓，内葬两石棺并有一个边箱。棺和边箱皆用石板扣合而成，棺板两端皆凿有槽，以插前、后挡。中间棺内有人骨一具，头北足南，石棺内壁四面都有画像。西边棺内也有人骨一具，方向与中间棺一致，该棺只有头、足挡的内壁有画像。边箱内出五铢铜钱一串，别无它物，棺板无画像。未发现棺木痕迹。根据徐州地区汉墓的形制以及中间棺出有铁剑判断，此墓应为夫妻合葬墓，时代为西汉末至王莽时期。

六块画像石分别为：

一号画像石，位于中棺头挡。正反面皆有画像，构图格式相近。正面中间刻一璧，四周有四个正方形格。上二格内刻铺首衔环。左下方格内刻两个佩剑之人：左边一人躬身，高冠，似迎客状；右边一人操手，似来宾。右下格内刻一马作吃草状。背面分四个正方形格，上二格刻一对称的铺首衔环，左下方格刻二人，二人佩剑对面而立，右下方格内刻一人相马。

二号画像石，位于中棺足挡。正反面皆有画像，正面用两条带状平行线把其分成三部分，中间部分较小，且空白无雕像，两侧部分稍大且相等，每格中刻一树，村端各有一鸟相对而立。背面为正方形框内刻一虎。

三号画像石，位于中棺东壁。正反面皆有图像。正面画面可分五组：

第一组。左侧刻二层楼阁，楼上有一妇女面几而坐，几上放一鼎一盘，楼下刻一鸟，昂首衔食。紧靠右边的柱旁刻二妇女，执棒作捣壶状，左侧有楼梯，在楼顶两侧各有一树，树旁有一鸟衔食，鸟右有九尾狐，

[1]　徐州市博物馆、沛县文化馆：《江苏沛县栖山汉画像石墓清理简报》，《考古学集刊》第二集，1982年。

衔食奔跑，有四人拱手佩剑面向楼阁而立，前者人身蛇尾，次为马首人身，其后为鸡头人身，最后似为一老翁，发掘者考证此组为诸神朝拜西王母之图像。

第二组刻一树。树有五枝，其左三枝上各立一鸟，右边枝上立一鹤啄鱼，树下左边有一人张弓射鸟，已将右侧第二枝上立鸟射落在地，在树右侧有一老者佩剑静立观望。

第三组位于整个画面的中部。中心是一个建鼓，鼓上罩树形华盖，顶立一鸟，两侧各有一羽葆飘起，其上各蹲一鸟。建鼓两侧各有一人执桴击鼓，左侧一老者面鼓操手而立。

第四组，位于整个画面的右上角。中心为一小棚，棚下有物，不知何名，其上有鼎和盘，左侧有一老者佩剑面棚而立，右侧有二人负棒面棚而行，棒上系有物。

第五组，位于右下角，为二人格斗。背面画面正中刻一虎，旁二竖格内刻两鸟栖树，两边各有一圆璧。

四号画像石，位于中棺西壁。正反面皆有画像，正面画像分五组：

第一组位于左侧，为一楼阁。楼顶左右各刻一树，楼上有二人对奕，左侧人背后有一壶，楼梯位于室内，一人正在登梯上楼，一楼楼梯左侧二人佩剑相对而立。

第二组为一双层门阙，阙门内及左右各有一佩剑持笏人。

第三组位于右下方，为一车马出行图场面，前有二轺车，车上各有二人，一为御者，一为乘者。车后为一骑吏相随，再后为二步卒，向双阙奔去。

第四组，位于中部上方，中心是二人作长袖舞，四周为吹奏乐器伴奏者。

第五组，位于右上角，为庖厨图。背面画面中心是狩猎图像，旁二竖格内刻二鸟栖树，最外边各有一圆璧。

五号画像石，位于西边椁头挡。仅有一面有画像，画面正中刻铺首衔环，环下左右各有一人佩剑相对而立，二人手执绳系于环上。

六号画像石，位于西边椁足挡。刻一对称的双层阙，阙门的正中刻一人着长袍而立，胸前横托一物。阙门两侧各立一人，柱杖躬身低首。阙上二人，右边一人作张网捕猎状，中间一兔向左奔驰，后有二猎狗疾追。

通过对栖山M1的介绍，可以发现画像石椁与画像石棺的部分题材相似，但内容略丰富些。铺首、虎、马、西王母、阙、树木、仙人博、杆栏式建筑、射鸟图、璧、车马出行、鸟啄鱼、乐舞等题材在画像石棺上都有发现，如类似射鸟图在新津县宝子山3号崖棺一侧也有，双阙、西王母等题材更是常见。差别在于细节的表现，如树的形状呈叶形，而四川的枝条散开。但有些题材在四川却未有发现，如马首人身、鸡首人身形象，反而在陕北较为常见。

配置规律也非常接近。先分析单幅画面，如西棺的两挡画像，其足挡为双阙图像，头挡为铺首形象，这两种图像在四川的画像石棺中很常见，棺上位置也相同，如泸州15号石棺。中椁西侧壁主图为车马临阙，为四川石棺画像中常见题材，如大邑县同乐村的画像石棺一侧。中椁东侧壁画像主图为拜见西王母，与郫县三号石棺的一侧画面非常相近，差别在于郫县的西王母坐于龙虎座上，前面为半开门形象，而栖山的为西王母坐于杆栏式建筑内。

据上文分析，画像石椁和石棺的题材和配置模式及象征意义非常相近，笔者以为主题都是为了表达墓主升仙之意，而并非墓主接受祭祀[1]。

有些木棺、椁上也有绘画，其题材和配置模式与石椁相同，如山东临沂金雀山14号墓木棺，此处不再单

---

[1]　此说见信立祥：《汉代画像石综合研究》，文物出版社，2000年。

独分析。

综上，画像石椁无论是题材、配置模式还是象征意义都与画像石棺相近，笔者甚至怀疑四川石棺形制以及画像的最直接来源就是中原和山东、苏北地区的画像石椁、木棺椁。当然楚墓画像对四川画像石棺也有影响，如马王堆帛画上的日、月形象、玉璧等题材在四川画像石棺上经常出现。

## 第四节　　与画像石墓的比较研究

此处以苍山元嘉元年画像石墓为例[1]。

此墓结构完整，更重要的是有大量的铭文说明墓室的画像布局。墓道已经被破坏，墓室用六十块石灰岩石料砌成，平面近长方形，分墓门、前室、双主室及侧室五个部分。时代为东汉桓帝元嘉元年(151年)。

墓内侧室上层出题记二方，刻于前室西横额画像石下的支柱上。全文为：

元嘉元年八月廿四日，立郭毕成，以送贵亲，魂零有知，枔哀子孙，治生兴政，寿皆万年。

薄□郭中，画观后当：

朱雀对游□（仙）人，中行白虎后凤皇，中直（？）柱，双结龙，主守中溜辟邪央（殃）。

室上（殃），五子举（舆），僮女随后驾鲤鱼，前有白虎青龙车，后□（即）被雷公君。从者推车，乎握冤厨(狐狸宛雏?)。

上卫桥，尉车马，前者功曹后主簿，亭长、骑佐胡便（使）弩，下有深水多渔者，从儿刺舟渡诸母。

使坐上，小车軿，驱驰相随到都亭，游徼候见谢自便，后有羊车橡（像）其□。上即圣鸟乘浮云。

其中画，橡（像）家亲，玉女执樽杯柈（盘），局□□□好弱儿。

堂外，君出游，车马道从骑吏留，都督在前，后贼曹，上有虎龙衔利来，百鸟共□至钱财。

其内，有倡家，生□（竽）相和伎吹庐，龙爵除央（鹤）嚼(啄)鱼。

堂三柱：中□□龙非详（祥），左有玉女与（仙）人，右柱□□请丞卿；新妇主待（侍）给水将（浆）。

堂盖□，好中□□□□色，末有盱其当饮食：就夫（大）仓，饮江海，学者高迁宜印绶，治生日进钱万倍，长就幽（冥），则决闭旷（圹）之后不复发。[2]

画像石刻计十石十二幅(编号1~12)，主要刻置在墓门与前室：

一号画像石，位于墓门处，原编号为1号。上格刻双兔和五龙一虎，下格刻车骑出行图。题记中"堂外，君出游，车马道从骑吏留，都督在前，后贼曹，上有虎龙衔利来"应指此幅画像内容。

二号画像石，位于前室西壁横额，原编号为9号。画面中心为一大桥，桥饰栏杆。三辆辎车接连上桥，车前三骑吏。题记中有"上卫桥，尉车马"。左上角刻一骑者，深目高鼻，张弓欲射。题记有："骑佐胡便（使）弩"。桥下刻一舟，两人划船，两老妇人乘坐，船前后刻三渔人捕鱼。题记中有："下有深水多渔者，从儿刺舟渡诸母。"

三号画像石，位于前室东壁横额，原编号为7号。画面左侧刻"半开门"图像，房屋庑殿顶。内刻二

[1]　山东省博物馆、苍山县文化馆：《山东苍山元嘉元年画像石墓》，《考古》1975年第2期。
[2]　题记以原报告为底本，参考方鹏钧、张勋燎：《山东苍山元嘉元年画象石题记的时代和有关问题的讨论》，《考古》1980年第3期。

人，左挂杖，右执扇。房旁一人恭迎车骑。前为骑马者，后为车马，再后为羊车，车骑上刻九鸟飞翔浮云间。题记中称"使坐上，小车軿，驱驰相随到都亭，游徼候见谢自便，后有羊车橡（像）其□。上即圣鸟乘浮云。"应指此幅。

四号画像石，位于前室东壁，原编号为8号。画分三格：上格刻龙凤图；中格刻"进馈图"，一老妇坐床上，前置几案。两侧刻侍仆四人，跪进酒馈。左侧一厨夫，执环刀，前置一案。上方置一酒樽。题记中"其中画，橡（像）家亲，玉女执樽杯柈（盘）"可能指此格画像；下格刻辎车一辆，盖沿垂幛，前后各有骑吏导从。

五号画像石，位于前室南横额(即相石背面)，原编号为5号，画面分上下两格。上格左侧刻两龙一虎；中部刻兽身鸟首异兽，仰首，嘴吐一圆物，作伸颈吐气之态；右刻双鹤啄鱼，题记有"鹤啄鱼"。下格刻舞乐杂技图，题记中"其内，有倡家，生□（竽）相和化吹庐，龙爵除央（鹤）嚼（啄）鱼。"指此幅内容。

六号画像石，位于墓门中立柱，原编号为3号，刻四结龙。

七号画像石，位于墓门左立柱，原编号为2号。刻画两格画面，上格刻"西王母"端坐在云气缭绕的座上，下格刻二人上山叠垒。

八号画像石，位于墓门右立柱，原编号为4号。刻画三格，上中两格各刻拱手侧立门吏；下格刻坐着的侍女。

六号、七号、八号画像石与题记对照，应为"堂三柱：中□□龙非详（祥），左有玉女与（仙）人，右柱□□请丞卿；新妇主待（侍）给水将（浆）。"

九号画像石，位于前室北壁中立柱，原编号为10号，刻双结龙，题记中"中直（？）柱，双结龙，主守中溜辟邪央（殃）。"指此幅。

十号画像石，位于前室南壁中立柱，原编号为6号，刻一斑纹猛虎，题记称"中行白虎"。

十一号画像石，位于西主室顶上，原编号为11号，雕刻有一幅虎龙相搏图。

十二号画像石，位于主室后壁，原编号为12号。画面己残脱，上格左侧刻青龙、白虎、朱雀、玄武四灵图象，右侧刻人兽相搏斗图象。

此汉墓的铭文和画像相应，铭文既说明了画像的布局，又明确了画像的意义，对汉画的释读具有非常重要的意义。

墓中的画像题材仅有少数和画像石棺上相近，如车马出行、半开门、龙虎图等。然而二者构图细节差别很大，如西王母的形象和画像石棺上的完全不同，车马也以队列为主，而石棺的多为单辆；四神图像在石棺上也有，但刻画形态、风格完全不同。所以仅从该画像石墓来看，画像石墓与画像石棺的题材差别很大。

二者画像题材和配置模式差异太大，无从比较。从铭文来看该墓中的画像配置有很强的规划性，但其画像配置模式却与画像石棺、椁完全不同。升仙的题材往往置于门额之上，具有人间生活气息的题材多分布于墓壁位置。

但二者的象征意义却相近。该画像石墓的铭文明确表达了升仙的愿望，画像上也布满了天界神灵和仙界气息。

## 第五节　与壁画墓的比较研究

此处以内蒙和林格尔新店子1号东汉墓为例[1]。

该墓是一座大型砖砌多室墓，规模大且题材丰富，"是分析汉代墓室壁画图像及其位置分布的最佳例子"[2]，其配置模式也延续西汉至新莽时期的图像的排列规律。

该墓由墓道、墓门、前室、中室、后室、及三个耳室组成的多室墓，早年被盗，棺木已遭焚毁。出土器物以陶器为主，器形有陶罐、鼎、案、盘、盒、碗、耳杯、魁斗、勺等，另有铜镜、残铜片、残铁器和漆器残片等。尸体仅发现少数门牙、椎骨、臂骨等。时代为东汉晚期。

墓室壁画现存四十六组，五十七个画面。壁画中可识辨的榜题近二百五十条，"壁画是一个相互联系的整体"。

甬道两侧为守卫和迎接门吏，前室顶部为仙人骑白象、凤鸟、朱雀麒麟、雨师等天界图像。前室上部绘有大幅车马出行图，中层为墓主人一生为官以及生活经历，如通过一些较小幅的画面，描绘了府舍、粮仓、宴筵、所经之地、皇帝褒奖等。

前室两耳室主要画厨炊、牧羊、碓舂、谷仓、农耕等场面，顶部有云纹斗拱。

中室顶部未见图像，上部为历史人物故事，其下是墓主燕居，再下一组为祥瑞图，最下为宴饮庖厨图。

后室顶部为四神图，下部为武成城图、庄园图、桂树、双阙图、卧帐图等[3]。

该墓画像题材丰富，很多图像为石棺上画像所不见，特别是其为官经历，这在画像石棺中罕见，但是其表示天界的题材如四神、云气、祥瑞图与石棺题材有一致之处。

和林格尔壁画墓配置规律大致为：墓顶绘神仙、四神、仙界灵兽、云气等图像；墓葬的甬道处为门卫和迎谒图；后室后壁有双阙图像，可能是表示墓主升入天门之意；墓室的中下部为墓主的生活场景和经历。该墓也有将祥瑞图像配置在中部的情况，如中室祥瑞图配置于历史人物、墓主燕居的下方，这个现象已有学者注意到并认为这组祥瑞图像虽然与天界有关，但整体而言与人间关系更为密切[4]。其实这种现象不仅存在于壁画墓中，画像石墓、画像石祠堂中的历史人物故事往往都配置于较高的位置，在庖厨宴饮、车马出行之上。笔者以为之所以将这些历史人物配置于靠近天界的位置，是因为时人认为这些人物品德高尚，已经成为仙界的一员。

壁画墓画像配置规律和画像石棺有相似之处，墓顶相当于石棺的棺盖；墓葬甬道和后室后壁相当于棺的前后挡，二者均在此处配置双阙和迎谒人物。二者差别在于壁画墓中有着丰富的墓主生活经历和场景，表现出浓厚的生活气息，而这在石棺画像上少见。

[1]　内蒙古自治区文物考古研究所：《和林格尔汉墓壁画》，文物出版社，2007年。
[2]　黄佩贤：《汉代墓室壁画研究》，文物出版社，2008年，231页。
[3]　笔者此仅介绍墓内图像大概，至于详细的位置请参看和林格尔汉墓壁画情况一览表。
[4]　黄佩贤：《汉代墓室壁画研究》，文物出版社，2008年，232页。

# 第六节　小结

　　本章的比较研究只是选取典型墓葬来进行综合分析，由于墓葬以及画像题材存在区域和个体差异，所以资料的选取上有片面性，但此章的目的主要是想表明，画像石棺作为一种特殊的葬具，与其它质地的画像墓葬之间存在着异同。这种异同的探讨还有很多细节需要完善，其背后的原因也需要进一步探讨，非本文的篇幅所能完成。此处只是希望这种比较方法能为画像墓的研究提供一种有益的思路。

　　通过上文的比较分析，可以总结出以下结论：

　　1．画像石棺作为一种葬具，其题材和配置最接近画像石椁和木棺椁，由此看来，葬具上的画像题材和配置模式存在很大的一致性，即使本文所列例子一个在江苏，一个在四川，这种一致性也明显显现。而画像墓的题材和配置虽然与画像石棺有相近的地方，但是差异也很明显，特别是画像石墓与石棺差别最大。

　　2．从目前的研究来看，一般都认为墓室中画像的配置是按照汉代的宇宙观来进行的，汉代宇宙分成天上、人间和地下三层。画像墓早期特别重视表达升仙愿望，墓中的画像也以升仙题材为主，但是到了东汉中晚期对现世题材开始重视起来，无论是墓葬的结构还是墓中的画像，都更像生人的居室，生活气息浓厚。所以画像墓中从早期的以升仙题材为主演变为升仙与生活场景题材并重。而石棺的画像题材变化不大，一直以来主要表现天界，少见人间生活。

　　3．无论是画像墓还是画像石棺，其题材很大一部分源自宫室享堂，用于教化，后被引进墓葬绘画中，并产生新的象征意义。张勋燎先生对秋胡戏妻的画像的论述颇有启发性，张先生将秋胡戏妻故事与《华阳国志》中的列女事迹相比较后，得出"汉代四川地区有由官府将本地贞妇列女的事迹绘成图画放在官府衙门之内或其它地方以示旌表，作为对百姓施行教化的教材，已成时尚风俗。文献记载汉代巴蜀地区大量贞女孝妇列女材料的大量出现，正是在这些四川东汉画像石、画像砖上的秋胡戏妻之类图像故事影响下的结果。这些四川东汉画像石、画像砖上的秋胡戏妻之类图像，也正是当时政府加强对妇女推行忠孝节义教育的历史形像记录。"结论中的"秋胡戏妻"等画像材料与官府推行的教化密切相关，发前人所未发，但逻辑关系应该是官府的大力宣传此类教化故事，才产生了此类画像砖石，而不是因为画像砖石材料影响了文献记载[1]。汉代文献中以《鲁灵光殿》对古代画像记载最为详尽：

　　　　图画天地，品类群生。杂物奇怪，山神海灵。写载其状，托之丹青。千变万化，事各缪形。随色象类，曲得其情。上纪开辟，遂古之初。五龙比翼，人皇九头。伏羲鳞身，女娲蛇躯。鸿荒朴略，厥状睢盱。焕炳可观，黄帝、唐、虞。轩冕以庸，衣裳有殊。下及三后，淫妃乱主。忠臣孝子，烈士贞女。贤愚成败，靡不载叙。恶以诫世，善以示后。

　　文中所述的伏羲女娲、黄帝唐虞、忠臣孝子、烈士贞女、山神海灵等均常见于墓葬画像之中，其意义"恶以诫世，善以示后。"而墓葬中这类题材多是为了表现墓主升仙的愿望。

　　4．画像区域特征明显。前文选取的画像崖墓和砖室墓都是四川地区的，虽然其配置方式与石棺存在明显的差别，但是画像题材有很大一部分相同，同一类的题材风格和构图方式也很接近。而其他地区，如栖山画像石椁虽然配置模式和题材与画像石棺相近，但是同一类题材的画像风格、形象、构图明显与四川地区不同。

---

　　[1]　张勋燎：《四川东汉墓秋胡戏妻画像砖、画像石与常璩华阳列女传》，《西华大学学报（哲学社会科学版）》2006年第5期。

# 结　语

　　本书全面而详尽的发表了近几十年来泸州地区出土的画像石棺资料，在文字的基础上配以拓片、照片、线图，让读者立体的了解画像石棺的情况，并对部分图像进行了释读。文中的解释主要以同类图像的榜题为依据，再联系文献来了解图像的内容、背景和来由。我们在介绍画像材料部分除图像释读外，尽可能予以客观介绍，不夹杂作者的主观看法。

　　文中第三章对泸州地区现有画像资料进行了客观全面的介绍。第四、五、六、七章即在客观报道的基础上作了一些研究。首先是对画像石棺进行基础性的研究，包括石棺以及画像的型式划分、分组、分期、断代等研究，力图将石棺年代判定得更为客观、具体。然后分析石棺画像的配置模式以及象征意义，并借此窥探汉代四川鬼神信仰和其他精神观念。最后，在此基础上将画像石棺与汉代的画像砖墓、画像石墓、画像崖墓、壁画墓、画像石椁等画像墓进行比较，以了解画像墓的区域差异和不同画像墓葬题材、配置以及象征意义的异同。

　　本书很多的论证方法属于尝试性的工作，如依据艺术风格和构图方式对石棺上的图像进行型式划分；根据四神方位、阴阳观念等确定石棺方位，以此为基础对石棺各部画像进行分类，总结出若干配置模式，分析其象征意义，然后探索各类模式背后所隐藏的鬼神信仰、风俗习惯等精神世界。本文的研究只是在画像石棺课题领域作了一些探索，这些论证方法尚处于摸索过程，目的是引起学界的更多关注。由于我们的能力所限，疏漏难免，敬请方家批评指正。

# 附　表

附表一　泸州画像石棺分期表

| 题材名称 | 形制 A Aa | 形制 A Ab | 形制 B | 阙 A Aa I | 阙 A Aa II | 阙 A Aa III | 阙 A Aa IV | 阙 A Ab I | 阙 A Ab II | 阙 A Ab III | 阙 B | 伏羲女娲 A | 伏羲女娲 B Ba I | 伏羲女娲 B Ba II | 伏羲女娲 B Ba III | 伏羲女娲 B Bb | 伏羲女娲 B Bc | 柿蒂纹 A | 柿蒂纹 B | 柿蒂纹 C | 西王母 A | 西王母 B | 朱雀 A | 朱雀 B | 房屋 A | 房屋 B Ba | 房屋 B Bb | 组合 | 分期 |
|---|---|---|---|---|---|---|---|---|---|---|---|---|---|---|---|---|---|---|---|---|---|---|---|---|---|---|---|---|---|
| 泸州2号 | ✓ | | | | | | | | | | | | | | | | | | | | | | | | | | | B | 第一期 |
| 泸州5号 | | ✓ | | ✓ | | | | | | | | | | | | | | | | ✓ | ✓ | | | | | | | F | 第一期 |
| 泸州6号 | ✓ | | | | | ✓ | | | | | ✓ | | | | | | | | | | | | | | | | | G | 第一期 |
| 泸州9号 | ✓ | | | ✓ | | | | | | | | | | | | | | | | | | ✓ | | ✓ | | | | A | 第一期 |
| 泸州12号 | ✓ | | | ✓ | | | | | | | | | | | | | | | | | | | | ✓ | | | | A | 第一期 |
| 泸州4号 | ✓ | | | | | | | | ✓ | | | | | | | | | | | | ✓ | | | ✓ | | | | A | 第二期 |
| 泸州8号 | ✓ | | | | | | ✓ | | | | | | | | | | | | | | | | | | | | | F | 第二期 |
| 泸州11号 | ✓ | | | | | | | | | | ✓ | | | | | | | | | | ✓ | ✓ | | | | | | A | 第二期 |
| 泸州14号 | ✓ | | | | | | ✓ | | | | | | | ✓ | | | | | | | | | | | | ✓ | | F | 第二期 |
| 纳溪蒲灏子崖棺 | | | ✓ | | | | | | | | | | | | | | | | | | | | | | | | | | 第二期 |
| 泸县2号 | ✓ | | | | | | | | ✓ | | | ✓ | | | | | | ✓ | | | | | | | | ✓ | | F | 第二期 |
| 泸县3号 | ✓ | | | | | ✓ | | | | | | ✓ | | | | | | | | | | | | | | | | F | 第二期 |
| 泸县牛石函崖棺 | | | ✓ | | | | | | | | | | | | | | | | | | | | | ✓ | | | | F | 第二期 |
| 合江1号 | ✓ | | | | | | | ✓ | | | | | ✓ | | | | | | | | ✓ | | | | | | | F | 第二期 |
| 合江2号 | ✓ | | | | | | | | | ✓ | | ✓ | | | | | | | | | | ✓ | | | | ✓ | | F | 第二期 |
| 合江3号 | ✓ | | | | | | | ✓ | | | | | ✓ | | | | | | | | | ✓ | | | | | | F | 第二期 |
| 合江4号 | ✓ | | | | | | | | ✓ | | | ✓ | | | | | | | | | | ✓ | | | | | ✓ | F | 第二期 |
| 合江5号 | ✓ | | | | ✓ | | | | | | | | | | | ✓ | | | | | | | | | | | ✓ | F | 第二期 |
| 合江9号 | ✓ | | | | | | | ✓ | | | | | ✓ | | | | | | | | | | | | | | | F | 第二期 |
| 合江10号 | ✓ | | | | | | | ✓ | | | | | ✓ | | | | | ✓ | | | | | | ✓ | | | | F | 第二期 |
| 合江11号 | ✓ | | | | | | | | | | | | | | | | | | | | | | | | | | ✓ | E | 第二期 |
| 合江12号 | ✓ | | | | | | | | ✓ | | | | ✓ | | | | | | | | ✓ | | | ✓ | | | | F | 第二期 |
| 合江15号 | ✓ | | | | | ✓ | | ✓ | | | | | | | | | | | | | | | | | | | ✓ | D | 第二期 |
| 合江17号 | ✓ | | | | | | | ✓ | | | | | | | | | | | | | | | | | | | ✓ | F | 第二期 |
| 合江19号 | ✓ | | | | | | | ✓ | | | | | | | | | | | | | | | | | | | ✓ | F | 第二期 |
| 合江20号 | ✓ | | | | | | | | | | | ✓ | | | | | | | | | | | | | | | | F | 第二期 |
| 合江21号 | ✓ | | | | | | | | ✓ | | | | | | | | | | | | | | | | | | | A | 第二期 |
| 合江22号 | ✓ | | | | ✓ | | | | | | | | | | | ✓ | | ✓ | | | | | | | | | ✓ | F | 第二期 |
| 合江23号 | ✓ | | | | | | | ✓ | | | | | ✓ | | | | | | | | | | | | | | | F | 第二期 |
| 合江25号 | ✓ | | | | | | | | ✓ | | | | | | | | | | | | | | | | | | | C | 第二期 |
| 合江26号 | ✓ | | | | | | | | ✓ | | | | | | | | | | | | | | | | | | | C | 第二期 |
| 泸县1号 | ✓ | | | | | | | | | | ✓ | ✓ | | | | | | | | | | | | | | | ✓ | F | 第三期 |
| 泸州1号 | ✓ | | | | | | ✓ | | | | | | | | ✓ | | | | | | | | | | | | | F | 第三期 |
| 泸州13号 | ✓ | | | | | | ✓ | | | | | | | | ✓ | | | | | | ✓ | | | | | | | F | 第三期 |
| 泸州15号 | ✓ | | | | | | | | | ✓ | | | | | ✓ | | | | | | | | | | | | | F | 第三期 |
| 泸县沙洞子崖棺1 | | | ✓ | | | | | | | | | | | | | | | | | | | | | | | | | | 第三期 |
| 泸县沙洞子崖棺2 | | | ✓ | | | | | | | | | | | | | | | | | | | | | | | | | | 第三期 |

## 附表二 泸州石棺画像配置简表

| 名称 | 棺盖 | 前挡 | 后挡 | 左侧 | 右侧 | 地点 |
|---|---|---|---|---|---|---|
| 泸州1号 | 不详 | 双阙 | 伏羲、女娲 | 青龙 | 白虎（鸟、鱼） | 龙马潭洞宾亭 |
| 泸州2号 | 盖前侧为日轮 | 无主图 | 月轮 | 青龙 | 白虎 | 泸州第二中学 |
| 泸州4号 | 不详 | 朱雀衔珠 | 双阙 | 主：鹤啄鱼；次：胜、联璧 | 主：龙雀衔鼎；次：柿蒂纹、胜纹 | 龙马潭区大驿坝 |
| 泸州5号 | 柿蒂纹 | 双阙 | 伏羲女娲 | 无主图 | 无主图 | 泸州市杜家街 |
| 泸州6号 | 柿蒂纹 | 双阙 | 女娲 | 人物与鼎 | 仙人、麒麟 | 龙马潭区大驿坝 |
| 泸州8号 | 不详 | 一挡为凤阙 | | 不详 | 不详 | 龙马潭大驿坝 |
| 泸州9号 | 柿蒂纹 | 朱雀 | 双阙 | 双雀衔物 | 神、巫、鹤啄鱼 | 江阳干道麻柳湾新区 |
| 泸州11号 | 不详 | 朱雀 | 单阙、大司 | 人物、鹤啄鱼、菱形 | 车马出行、升鼎、宴饮 | 市中区新区计划生育指导站 |
| 泸州12号 | 主：柿蒂纹。次：昆虫、莲花、水鸟、田螺 | 朱雀 | 双阙 | 五女 | 主：百戏杂耍。次：柿蒂纹、联璧纹、鸟、蛇斗、鸟头兽搏斗 | 龙马潭安宁镇 |
| 泸州13号 | 主：柿蒂纹。次：两鱼、两鸟衔物 | 伏羲、女娲 | 主：双阙。次：凤鸟、仙人博、鱼。铭文：蜀（？）延熹八年闰月五日兹是仪寿百年 | 主：五男女、连理木、树下人物、挑担。次：猴、鸟、胜、倒三角纹 | 主：射鸟，连理木及树下人物；次：鸟、龟等。铭文：延熹八年九月十五日 | 龙马潭区石洞镇 |
| 泸州14号 | 无主图 | 凤阙 | 伏羲女娲 | 无主图 | 房屋建筑 | 龙马潭区大驿坝 |
| 泸州15号 | 不详 | 伏羲女娲 | 双阙、大司、猴、凤 | 主：葛由骑羊、麒麟、鸟；次柿蒂纹、联璧纹、半开门、杂耍、聂政刺韩王 | 主：秋胡戏妻、鹤啄鱼；次：三猴、猴戏鸟、联璧纹、半开门、二桃杀三士、秋胡戏妻、联璧纹 | 江阳大坪市政大院 |
| 纳溪崖棺 | | | | （仅知为棺一侧）：房屋、杂耍 | | 纳溪区 |
| 泸县1号 | 无主图 | 伏羲 | 单阙、大司 | 骑马出行、鸟、狗、二侍从 | 宴饮、鸟、猴和树 | 泸县云龙镇 |
| 泸县2号 | 柿蒂纹 | 伏羲、女娲 | 双阙、大司 | 宴饮、杂耍、人物 | 骑马人、二侍从、房屋人物；联璧纹 | 泸县云龙镇 |
| 泸县3号 | 无主图 | 胜、双阙、伏羲女娲 | 无主图 | 无主图 | 无主图 | 泸县福集镇 |
| 泸县牛石函崖棺 | | 朱雀衔珠 | | 车马出行 | | 泸县太伏镇 |
| 泸县沙洞子崖棺1号 | | | | （仅知为棺一侧）人物、树木、猴 | | 泸县石寨乡 |
| 泸县沙洞子崖棺2号 | | | | （仅知为棺一侧）人物、鸟 | | 泸县石寨乡 |
| 合江1号 | 无主图 | 双阙 | 伏羲女娲 | 西王母 | 龙虎衔璧 | 合江县城区张家沟 |
| 合江2号 | 联璧纹 | 双阙、大司 | 伏羲、女娲 | 西王母、联璧纹 | 人物、奏乐、象、房屋、犬、舂米 | 合江县胜利乡 |
| 合江3号 | 柿蒂纹、蟾蜍 | 双阙 | 伏羲女娲 | 西王母 | 东海太守等人物、鹤啄鱼。铭文：东海太守良中李少 | 合江县胜利乡 |
| 合江4号 | 无主图 | 双阙 | 伏羲女娲 | 车马临门、西王母 | 蟾蜍、玉兔、九尾狐、三足乌、三鱼共首、飞鸟 | 合江县城区县公安局 |
| 合江5号 | 无主图 | 双阙 | 伏羲女娲 | 半开门 | 车马出行 | 合江县城区张家沟 |
| 合江9号 | 无主图 | 双阙 | 伏羲女娲 | 无主图 | 龙虎衔璧 | 合江县密溪乡 |

| 名称 | 棺盖 | 前挡 | 后挡 | 左侧 | 右侧 | 地点 |
|---|---|---|---|---|---|---|
| 合江10号 | 朱雀、柿蒂纹 | 双阙 | 伏羲女娲 | 联璧 | 联璧纹、宴饮 | 合江县实录乡 |
| 合江11号 | 无主图 | 朱雀 | 玄武 | 无图像 | 无图像 | 合江县合江镇 |
| 合江12号 | 不详 | 双阙 | 伏羲女娲 | 麒麟、凤鸟 | 西王母 | 合江县实录乡 |
| 合江15号 | 不详 | 伏羲举日 | 女娲托月 | 双阙、半开门、人物 | 宴饮、仙人博、树木、蟾蜍、玉兔、三足乌、九尾狐 | 合江县白米乡 |
| 合江17号 | 无主图 | 双阙 | 伏羲女娲 | 联璧纹、房屋 | 联璧纹 | 合江县实录乡 |
| 合江19号 | 不详 | 双阙 | 伏羲女娲 | 联璧纹 | 联璧纹、房屋、胜 | 合江县实录乡 |
| 合江20号 | 不详 | 伏羲 | 女娲 | 车马出行 | 不详 | 合江县白米乡 |
| 合江21号 | 无主图 | 朱雀 | 双阙 | 青龙、房屋、联璧 | 人拉白虎尾 | 合江县虎头乡 |
| 合江22号 | 柿蒂纹 | 双阙 | 伏羲、女娲 | 宅第半开门 | 董永侍父、车马出行 | 合江县城 |
| 合江23号 | 不详 | 双阙 | 伏羲、女娲 | 采药求仙 | 采药求仙 | 合江县合江镇 |
| 合江25号 | 无主图 | 双阙与日轮 | 九尾狐与月轮 | 青龙、三足乌、蟾蜍、五人 | 白虎、五人 | 合江县白米乡 |
| 合江26号 | 无主图 | 双阙与日轮 | 蟾蜍、九尾狐与月轮 | 白虎、五女 | 青龙、三足乌、五男 | 合江县白米乡 |

## 附表三　四川地区画像墓（棺）纪年简表[1]

| 时代 | 名称 | 题材 | 出处 | 备注 |
|---|---|---|---|---|
| 永元元年（89年） | 新都胡家墩画像砖墓 | 车马出行、阙前迎谒、养老、西王母仙境、三人叙谈 | 张德全：《新都县发现汉代纪年画像砖墓》，《四川文物》1988年第4期 | |
| 永元十四年（102年） | 彭山县寨子山550号崖墓 | 凤鸟、花卉、接吻 | 梅养天：《四川彭山崖墓简介》，《文物参考资料》1956年第5期 | |
| 永元十五年（103年） | 四川大邑同乐村砖室墓石棺 | 车马临阙 | 高文、高成刚：《中国画像石棺艺术》，山西人民出版社，1996年 | |
| 元兴元年（105年） | 重庆市前大中1、2号石棺 | 1号石棺：前后挡为双阙+伏羲；左右侧为铺首衔环。2号石棺：前后挡为仙人、蟾蜍+女娲；左右侧为铺首衔环 | 转引自罗二虎：《汉代画像石棺》，巴蜀书社，2002年，144～146页 | 石棺年代晚于铜镜的纪年 |
| 元初八年（121年） | 渠县冯胡焕墓阙 | "胜"、青龙、玄武、铺首 | 重庆市文化局、重庆市博物馆：《四川汉代石阙》，文物出版社，1992年 | |
| 延光□年（122-125年） | 长宁县七个洞3号崖墓 | 女娲、伏羲女娲、阙 | 罗二虎：《长宁七个洞崖墓群汉画像研究》，《考古学报》2005年第3期 | |
| 永建三年（128年） | 郫县王孝渊墓碑 | 男女人物、凤鸟、伏羲女娲、蟾蜍、青龙、白虎、朱雀、玄武、羊首、鹿、圭、璧、璜等。 | 谢雁翎：《四川郫县犀浦出土的东汉残碑》，《文物》1974年第4期 | |
| 阳嘉三年（134年） | 乐山麻浩99号崖墓 | 龙虎衔璧、枭、建筑装饰 | 四川大学考古专业研究生实习小组：《四川乐山纪年崖墓调查报告》，待发表 | |
| 延熹元年（158年） | 乐山市柿子湾26号崖墓 | 双阙、方士、门卒、执戟门吏、花卉、建筑装饰 | 唐长寿：《乐山崖墓与彭山崖墓》，电子科技大学出版社，1993年 | |
| 延熹二年（159年） | 重庆市江津长沟3号墓 | 双阙、楼、羊头、柿蒂纹、马、鱼 | 黄中幼、张荣华：《江津沙河发现东汉纪年崖墓》，《四川文物》1994年第4期 | |
| 延熹七年（164年） | 温江火星村石门 | 铺首、朱雀、玉兔、三足鸟、九尾狐等 | 郭永棣、高文：《温江县出土汉代石墓门画像》《四川文物》1994年第3期 | |
| 延熹八年（165年） | 泸州13号石棺 | 柿蒂纹、伏羲女娲、双阙、五男女、连理木、树下人物、猴、鸟、"胜"、三角纹、龟、射箭、铭文等 | 邹西丹：《泸州市石洞镇发现东汉"延熹八年"纪年画像石棺》，《四川文物》2007年第6期 | |
| 延熹九年（166年） | 乐山麻浩100号崖墓 | 鱼、鸟、鸟衔蛇、直棂窗、"胜"纹 | 四川大学考古专业研究生实习小组：《四川乐山纪年崖墓调查报告》，待发表 | |
| 熹平元年（172年） | 长宁县七个洞1号崖墓 | "胜"、山形纹、串钱纹、伏羲女娲、阙、马、卷云纹、联璧纹、"玄武"符号、龙等 | 罗二虎：《长宁七个洞崖墓群汉画像研究》，《考古学报》2005年第3期 | |
| 熹平二年（173年） | 重庆市云阳旧县坪遗址 | 仙女、半开门、朱雀 | 程地宇：《<汉巴郡朐忍令景云碑>考释》三峡大学学报》（人文社会科学版)2006年第5期 | |

[1]　参考罗二虎先生《西南汉代画像与画像墓研究》表七，四川大学博士论文，2001年。有所改动，此处仅录入笔者能收集到的材料，内容有增删、格式有调整。

| 时代 | 名称 | 题材 | 出处 | 备注 |
|---|---|---|---|---|
| 熹平七年十月（178年） | 长宁县七个洞2号崖墓 | 龙、"胜"、卷云纹、阙、鱼、挑壶人物、凤鸟踏楼、骑马人物、鸟、杂耍、持便面人物、张弩人物等 | 罗二虎：《长宁七个洞崖墓群汉画像研究》，《考古学报》2005年第3期 | |
| 光和七年（184年） | 成都天回山三号崖墓 | 宾主相见、庖厨、犬、双阙、伏羲女娲、凤鸟与鱼、人物 | 刘志远：《成都天回山崖墓清理记》《考古学报》1958年第1期 | 墓葬晚于纪年 |
| 建安十年（205年） | 芦县樊敏碑 | 铺首衔鱼、人物击锤、大鸟、树下人物、人登山峦、大象、西王母、玄武等 | 重庆市文化局、重庆市博物馆：《四川汉代石阙》，文物出版社，1992年 | |
| 建安十四年（209年） | 雅安高颐墓阙 | 车马出行、铺首衔鱼、鸟兽、握剑侧卧、抡锤击虎、三足鸟、九尾狐、树鸟、抚琴与听琴、季札赠剑、蔓草禽兽、半开门、行猎、双龙与虎、击虎、人与马、翼兽、蛇衔鸟、蛇衔鼠、鱼、蛙、人物、羊衔草等 | 重庆市文化局、重庆市博物馆：《四川汉代石阙》，文物出版社，1992年 | |
| 建安十七年（212年） | 芦山县王晖石棺 | 仙人半开门、龙、虎、玄武、铺首 | 任乃强：《芦山新出汉石图考》，载于《川大史学·任乃强卷》，40～54页，四川大学出版社，2006年 | |

# 附录一

# 四川泸州"五女"汉画像考

山东大学历史文化学院考古与博物馆学系　陈秀慧

**内容提要**

四川泸州龙马潭出土榜题"五女"人物画像，主要刻绘五位女子，近似的画像内容亦见于合江26号石棺，其棺身左侧刻绘白虎与五位女子，右侧刻绘青龙与五位男子。青龙与白虎是四川汉画像石棺左右两侧常见的四神题材，然而过去学界将之与人物作同一图像单元解释，以致该图像内涵难以厘清。据旧传西汉扬雄《蜀王本纪》记载，五女、五男画像应释作秦惠王以"五女"馈蜀王，蜀王遣"五丁"迎接的历史故事。

**关键词**

泸州　合江　画像石棺　五女　五丁　四神

## 一、前言

位于巴蜀盆地南缘、长江上游地区的泸州[1]，是四川境内崖墓分布的区域，也是汉代画像石棺出土最多的地区之一。画像内容主要以反映东汉时期墓葬流行的西王母神仙世界、墓主升仙、镇墓辟邪、墓主生活、生殖崇拜等题材为主，历史故事方面，过去得见"秋胡戏妻"、"董永侍父"、"泗水捞鼎"、"季札挂剑"[2]、"白猿盗女"[3]，以及"东海太守与郎中李少君"[4]等题材，本文主要提出泸州石棺出现反映《蜀王本纪》所载"秦五女入蜀"故事画像。

历史悠久的泸州，夏商时隶属梁州域，周武王封巴国，泸州为巴国辖地，周慎靓王五年（前316年），秦惠王派张仪、司马错并灭巴、蜀，置巴郡，泸州为其辖地。西汉景帝前元六年（前151年），长江与沱江交汇处（今泸州市江阳区）置江阳县。汉武帝建元六年（前135年），置犍为郡，领江阳县，东汉献帝建安十八年（213年）置江阳郡，梁武帝大同年间（535~546年）建置泸州[5]。

泸州当地崖墓的清理发掘工作始于1980年代，主要集中于泸州北部长江沿岸的合江、纳溪、江阳、龙马潭、泸县等地河谷山崖，年代主要在东汉中期至魏晋之间。出土的葬具除了独木棺、砖石棺、陶棺以外，还有使用整块石材凿制而成的石棺，以及直接开凿于墓内山岩的崖棺，部分石棺与崖棺棺身与棺盖刻绘丰富的画像，是研究汉代墓葬艺术珍贵的材料[6]。

"秦五女入蜀"画像石棺资料，首见于2008年泸州市博物馆晏满玲发表《泸州地区崖墓及葬具、葬品初步调查报告》一文[7]。这是首篇以整个泸州地区出土汉代崖墓作为论述主题的报告，除了说明泸州崖墓的分布、结构、葬具及随葬品之外，并列举相关作品说明各类画像题材。文末提及，2003年泸州市龙马潭区出土题刻"五女"二字的画像石棺（以下简称泸州"五女"画像石棺），榜题首见于汉代出土文物，但文中并未进一步说明该石棺的任何细节。

在前述资料基础上，晏满玲于2009年以《泸州地区崖墓刍议》（以下简称《刍议》）为题[8]，增补更丰富的出土材料与图片，同时对于此区域出土之画像石棺进行登录，并就各类画像题材进行说明，其中对泸州"五女"画像石棺有更进一步的著录。根据该文所附"泸州地区画像石棺登录表"，该石棺左侧刻绘"求药"、"五女出行"、"秘戏"三个主题画像（图一，1）[9]，文末附加说明此石棺所刻绘的"五女出行"画像上，题刻直式隶书榜文"五女"二字（图一，2）[10]。然而文中仍未对该画像作进一步的描述与释读，也未收录该画像相关图版。

1

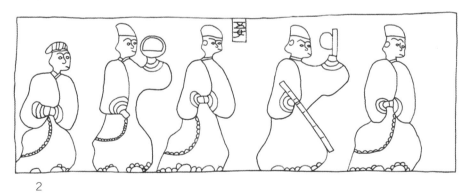

2

3

1.左侧　求药、五女、秘戏（晏满玲提供）　2.泸州"五女"画像及其榜题（陈秀慧绘制）　3.右侧　百戏乐舞（引自《四川文物》2009 年 4 期，93 页图 28）

由于山东、安徽与内蒙古皆出土以"七女为父报仇"为题材的汉代画像及榜题，学界曾针对该图像的判读进行论证[11]。笔者对泸州"五女"画像及其榜题，是否与"七女为父报仇"题材有关，感到好奇。2012年5月，王锦生先生转寄晏满玲女士提供泸州"五女"画像石棺左侧面线绘图[12]，由此得知该"五女"画像仅刻绘五位右向而立的女子，无任何叙事性情节，而目前所见"七女为父报仇"画像均具体刻绘械斗场面与地点特征，因此笔者初步排除泸州"五女"画像与"七女为父报仇"故事相关的可能性。

为进一步解读该画像可能的意涵，笔者检索与"五女"相关文献记载，得到以下六项材料：

1.秦惠王欲并蜀地，赐"五女"馈蜀王。

2.战国齐人苏浑有"五女"，为北海县"节女山"名称之由来。

3.西汉名医淳于意有"五女"，其幺女即为著名的孝女缇萦。

4.西汉元帝召"五女"以示呼韩邪单于，王昭君即为其一。

5.西汉有"五女"为父建造石墩，名为"五女墩"或"五女激"。

6.东汉末隐士戴良有"五女"，皆尊其父训，有隐者之风。

以上六项文献记载，何者可能与泸州"五女"画像有关呢？若以汉代画像常采用忠孝节义题材的特点思考，苏浑、淳于意、戴良的"五女"或河南地区"五女墩"的记载，皆是两汉时期与孝女行仪有关的故事。然而，笔者更为关注的是，与四川地区有地缘关系的《蜀王本纪》相关记载。

《蜀王本纪》旧传为西汉文学家扬雄（前53年~18年）所著[13]。该书记载诸多古蜀国的神话传说与历史掌故，是研究巴蜀上古历史文化的重要文献。该书记载秦惠王赐"五女"馈蜀王的情节中，除了提及事件核心人物"五女"以外，还出现次要人物"五丁"，也就是被蜀王派遣迎接"五女"的五名力士。有趣的是，隶属泸州地区的合江县出土合江26号石棺[14]，其棺身左右侧分别刻绘五女、五男人物画像。

在此感谢王锦生先生热心提供王庭福《合江汉代画像石棺考略》（以下简称《考略》）所载合江25、26号画像石棺拓本图版[15]。此乃启发笔者撰写本文之关键。这两具石棺出于合江县百米乡铜锣村同一座崖墓。25号石棺左右两侧分别刻绘青龙、三足乌、蟾蜍、五男，以及白虎、五男画像（图四、五），26号石棺左右两侧则分别刻绘白虎、五女，以及青龙、三足乌、五男画像（图七、八）。其中"五女"与"五男"两个图像单元，均采用人物成列站立的构图形式，并无其他图像元素或情节，与上述泸州龙马潭出土"五女"画像近似。

过去学界将合江25、26号石棺人物与动物画像，视为同一组图像单元，本文从画像题材与图像配置的角度，论证此二具石棺的"青龙"与"白虎"图像，均属汉代常见的四神题材，并不能将之与人物视为同一组图像单元。在此基础上，进一步比较、分析泸州"五女"画像与合江25、26号石棺的五女、五男画像，由此推论泸州"五女"画像及其榜题所指涉的内容，应是"秦五女入蜀"历史事件。谨以此拙文，就教于学界前辈。

## 二、泸州"五女"画像石棺简介

2003年7月29日，四川省泸州市龙马潭区安宁乡良丰村出土一具汉画像石棺，长205、宽62、高69厘米，主要分为棺身与棺盖两部分，各别以整块石材凿制而成。棺身呈长方形，棺盖为弧形顶，前后两端略斜出棺身。棺盖顶与棺身四周刻绘画像与纹饰。现藏泸州市博物馆[16]。目前无相关出土报告，其尺寸、画像题材与图像位置均见于晏满玲《刍议》一文所录"泸州地区画像石棺登记表"，文末说明其棺身左侧画像有榜题

图二　泸州龙马潭出土东汉泸州"五女"画像石棺（二）线绘图

1.前挡 双阙（陈秀慧绘制）　2.后挡 朱雀（引自《中国汉画学会第十二届年会论文集》282 页图 22）　3.顶盖 柿蒂纹、花鸟、蟾蜍（陈秀慧绘制）

"五女"二字[17]。在图版方面，仅见《刍议》收录棺身右侧"百戏乐舞"画像线绘图[18]。其次，晏满玲《泸州地区汉画资源调查与分析》（2011）则收录该石棺后挡"朱雀"画像线绘图[19]。本文所采用棺身左侧"五女出行杂耍"画像线绘图，为晏满玲女士所提供。以下就该石棺画像内容说明之[20]。

泸州"五女"画像石棺顶盖画像（图二，3），中央浮雕一组大型柿蒂纹[21]，纹饰中心为一璧形图案，正中间一小圆圈。璧形图案外上下左右各一叶瓣，呈十字状。每叶瓣中以阴线刻绘一圆圈图案及长短不等的波浪纹。棺盖左刻一鸟一蟾蜍，鸟喙尖长，直颈，双翅收拢，一脚提起，一脚直立，前有一圆珠；棺盖右刻一花一蟾蜍（本文以观者为基准确定图像左右方向，下同），花中间以阴线刻绘双圆为花心，周以八片花瓣[22]。棺盖左右两端各一道装饰带，内以阴线刻画波浪纹。整个棺盖弧形画面以细密平行阴刻斜线组成三角纹交错为地，四周施以细密平行阴刻斜线。

柿蒂纹是四川汉画像石棺盖上最常见的一种抽象纹样，其十字将空间分为四个方向，每个方向的尖头指向远方，意味著空间的无限延伸，用以象征宇宙或天境[23]，一般都作为主体图案，居于画面中间显著的位置，四周有云气纹、鱼、鸟等元素。此外，蟾蜍图像的加入，强化了仙界的意象。《初学记》引《淮南子》曰："羿请不死之药于西王母，羿妻姮娥窃之奔月，托身于月，是为蟾蜍，而为月精。"[24]在以西王母为题材的汉画中，蟾蜍常以捣药或舞蹈的形象，出现在西王母侍众里，因此蟾蜍也具备长生不老的意涵[25]。

棺身部分，前挡刻绘单檐单出双阙，阙顶上方有两道绳索纹，阙底下为一道水平装饰带，带内无纹（图二，1）。代表天门的双阙，是四川汉画像石棺前挡最常见的题材，少部分为单阙，有些则加入门吏，用以象征墓主死后通过天门进入仙界[26]。后挡刻绘一左向而立的朱雀，顶冠长羽，双翅高扬，右腿提起，左腿直立，尾羽高翘。此乃象征南方的四神之一，具有镇墓辟邪、调和阴阳的作用（图二，2）。以上两者画面均以细密平行阴刻斜线组成三角纹交错为地。这种"前双阙、后朱雀"图像组合，是四川汉画像石棺图像配置上常见的形式之一，但整体而言，后挡画像题材仍以表现生殖崇拜的"伏羲、女娲"图像为多数。

棺身右侧主要以"杂耍表演"为题材（图一，3），占据整个画面下半段，内容包括倒立、射箭、击鼓、舞蹈、顶碗、跳丸、飞剑等百戏乐舞，下端一水平装饰带，带内无纹。画面最右端转角处为半个"胜"形纹。画面上半段则以水平与垂直边框纹饰组合成四格栏框，上边框为两道绳索纹，下边框内为波浪纹，栏框内各刻绘图像，由左至右分别是"变形柿蒂纹"、"联珠纹"、"鸟斗蛇"、"鸟兽"等。画像外，以细密平行阴刻斜线组成三角纹为地。

"胜"是西王母最主要的服饰特征，《山海经·西山经·西次山经》载："西王母其状如人，豹尾虎齿而善啸，蓬发戴胜。"[27] 又《山海经·海内北经》载："西王母梯几而戴胜杖。"[28] 因此"胜"成为象征西王母的重要标志。在四川出土的汉代崖墓或石棺上经常可见"胜"形纹饰，以作为西王母神仙世界的表征。因此，上述泸州"五女"画像石棺右侧以"杂耍表演"为题材的画像，主要是祈求墓主人在西王母仙境中，得享受跟人间一样欢愉的娱乐生活。

棺身左侧整个画面由三道水平与三道垂直边框纹饰构成框格。上方第一道水平边框为双道绳索纹，第二道水平边框内刻波浪纹与解索纹，两道水平边框之间刻画三角形纹饰。位于画面下方的第三道水平边框内无纹饰，与第二道水平边框之间，施以三道内刻波浪纹的垂直边框，将画面切割出三个框格，由左至右分别刻绘"求药"、"五女"及"秘戏"等画像（图一，1）。

左端框格内刻绘两名男子相向而立，右者头后垂一发束，手持一束长茎状物，左者略为屈膝，双手上举，状似向对方求取持物。在《刍议》文中将此图像解读为"求药"。而人们求不死之药的祈愿，正反映出汉代画像中普遍的升仙思想[29]。

右端框格内左右各一组人物，右边为一对男女，右男子头戴山形冠，着长袍，左女子着深衣，头戴巾帼，裙 露出双履。男子右手环抱女肩，左手握女手，作拥吻状。左边也是男女人物一对，右向立。右男子头戴山形冠，着长袍，左手高举，右手持长棍，左女子头戴巾帼，双手亦高举，涵意不明。其中作拥吻状男女人物，是四川地区汉代文物中时有所见的"秘戏"题材。除了彰显汉代儒家繁衍子嗣的孝道思想，同时也体现道家阴阳调和的养生之道[30]。

中间框格内刻画五名女子依序右向而立，脸部五官清晰，头戴巾帼，身着深衣[31]。除了由右至左第二人以外，其他四人衣裙上，从腰至裙后有一道连弧纹饰，裙 有波浪纹，露出双履。其中第二人左手持便面，右手持棒状物，第四人则左手上举，持一圆扇，其他三人皆拱手置于腹前。在《刍议》文中以"五女出行"名之，亦即将人物作同一方向的表现，解读为人物往前行进的动作。再者，第二位与第三位女子之间，题刻竖写的隶书榜文"五女"二字（图一，1），正与画面上刻绘五位女子的内容吻合。此榜题内容首见于汉代出土文物。

综上所述，可知泸州"五女"画像石棺的装饰与画像内容，依循四川汉代石棺图像配置的基本结构[32]，也就是棺盖的柿蒂纹饰是宇宙、天空或仙界的象征，前挡的双阙是进入仙界的"天门"，后挡的朱雀是护守墓主吉祥，调合阴阳的神灵，左侧则是墓主在仙境中的娱乐生活。虽然不见四川石棺常用以表达生殖崇拜的"伏羲、女娲"图像，但类似的寓意已由石棺左侧的"秘戏"图像所取代。而墓主长生不死的祈愿，则由"求药"图像加以表达。整体上具体反映出两汉时期墓葬艺术中普遍的升仙思想。然而，榜题"五女"

图三　泸州凤凰山出土东汉泸州11号石棺　左侧　车马出行、泗水捞鼎、宴饮　拓本（引自《中国画像石棺全集》310—311页）

图四　泸州大山坪出土东汉泸州14号石棺　左侧　鸟衔鱼、秋胡戏妻　拓本（引自《中国画像石棺全集》314—315页）

的女子，其意涵为何？从字面看，基本上与画像内容吻合，因此笔者思忖，这是否意味工匠欲藉榜题文字，强调画面上的五位女子是特别指涉当时人们所认知的"五女"事迹，而非仅是一般普通的五位女子？

在汉代石棺画像的布排上，历史人物故事与其他题材刻绘于同一画面是常见的构图形式，多数将不同图像单元并呈于同一画面，未以边框纹饰区隔不同题材。而以边框纹饰将历史故事画像与其他题材画像加以区隔的形式，见于泸州11号与14号石棺（图三、四）。前者左侧以边框纹饰将画面分为三格，左右两格分别为"车马出行"与"宴饮"画像，中间一格则为两人奋力拖拉绳索，试图打捞一鼎的情景，学界释作"泗水捞鼎"，相较于鲁南苏北地区所见此题材画像的繁杂，其表现形式相当简化。后者左侧也是以边框纹饰将画面分割为数个单元，下半部分左右两格，分别表现"鸟衔鱼"与"秋胡戏妻"。

由此可知，以边框纹饰为框架，将历史人物故事与其他画像题材并列，是泸州汉画像石棺图像组合形式之一。因此，笔者推测泸州"五女"画像可能也是一则历史人物故事。下文将逐一检视先秦两汉时期与"五女"有关的事迹，作为图像释读的参考。

# 三、"五女"相关文献

在"五女"可能是历史人物故事画像的假设前提下，笔者以"五女"为资料检索重点，查阅相关文献记载，所得共有六项，以下分别说明之。

首先，旧传西汉扬雄《蜀王本纪》记载秦惠王以"五女"馈蜀王事迹，其文曰：

秦王知蜀王好色，乃献美女五人于蜀王。蜀王爱之，遣五丁迎女。还至梓潼，见一大蛇入山穴中。一丁引其尾，不出。五丁共引蛇，山乃崩，压五丁。五丁踏地大呼，秦王五女及迎送者皆上山，化为石。蜀王登台，望之不来，因名五妇侯台。蜀王亲埋作冢，皆致万石，以志其墓 [33]。

此一历史事件亦见于东晋常璩《华阳国志·蜀志三》，其文云：

周显王二（当作三）十二年，蜀侯使朝秦。秦惠王数以美女进，蜀王感之，故朝焉。惠王知蜀王好色，许嫁五女于蜀。蜀遣五丁迎之。还到梓潼，见一大蛇入穴中。一人揽其尾，挈之，不禁。至五人相助，大呼 蛇。山崩，时压杀五人及秦五女，并将从；而山分为五岭。直顶上有平石。蜀王痛伤，乃登之。因命曰五妇冢山。川平石上为望妇堠。作思妻台。今其山，或名五丁冢 [34]。

由上引文，可知周显王三十二年（前337年），蜀王曾派遣使臣至秦国朝见秦惠王。《史记·秦本纪》亦载："惠文君元年，楚、韩、赵、蜀人来朝。" [35]秦惠文君元年即周显王三十二年，当时秦惠文王继任王位，诸国派使臣前往朝贺。由于秦惠王此前曾献五位美女给蜀王，蜀王感念此事，派人前往拜见。

秦惠王献"五女"给蜀王，主要出于并吞蜀地的军事策略。《蜀王本纪》载：

秦惠王时，蜀王不降秦，秦亦无道出于蜀。蜀王从万余人，东猎褒谷，卒见秦惠王。秦王以金一笥遗蜀王，蜀王报以礼物，礼物尽化为土。秦王大怒，臣下皆再拜，贺曰："土者，地也，秦当得蜀矣。" [36]

类似的记载亦见于前引《华阳国志·蜀志三》，其文曰：

周显王之世，蜀王有褒汉之地。因猎谷中，与秦惠王遇。惠王以金一笥遗蜀王。王报珍玩之物，物化为土。惠王怒。群臣贺曰："天承我矣！王将得蜀土地。" [37]

这两段记载均表示蜀国辖地曾包括汉中许多区域，因此蜀王在两国边界山谷打猎，与秦惠王不期而遇，同时也说明秦国君臣欲并灭蜀国的意图。

由于秦、蜀两地有秦岭、大巴山的阻隔，地势险峻，自古以来交通不易，因此成为一道自然的国防屏障，阻挡来自北方的侵略。《史记·张仪传》载："秦惠王欲发兵以伐蜀，以为道险狭难至。" [38]因此秦欲并灭蜀国，首要在于突破陕川交通上的险阻，而"美人计"也就成为隐含军事企图的和亲策略。

当时秦惠王得知蜀王好女色，于是将秦国五位美女许配给蜀王，蜀王慎重其事地派遣"五丁"前去迎接。所谓的"五丁"，指的是蜀国的五位力士。《蜀王本纪》载：

天为蜀王生五丁力士，能徙蜀山。王无五丁，辄立大石，长三丈，重千钧，号曰石牛。千人不能动，万人不能移 [39]。

当时秦国计划利用"五丁"迎接"五女"回蜀的过程中，打通秦、蜀两地之间险峻的道路，预谋藉此引兵入蜀 [40]。就在一行人回到梓潼（今四川省绵阳市梓潼县）的路上，遇到一条大蛇躲入山穴，一名男丁拉蛇不出，又由五人通力拉拔，却因而引发山崩，"五丁"与"五女"殉难。蜀王悲痛，亲埋造冢，时人名为"五妇冢"与"五丁冢"，此山亦被称作"五妇山" [41]。当时蜀王登上附近山间的平石，引颈期盼"五女"的到来，不料他们竟惨遭意外，因此那块平石亦被称为"望妇堠"，其上建有思妻台，名为"五妇侯台"。

"五妇山"即今梓潼县城北五公里的五指山，明代曹学全《蜀中名胜记》卷二十六《梓潼县》载：

又有五妇山，在县北十二里，高四百二十丈，按《蜀记》云，梓潼县有五妇山，秦王遣蜀王美女五人，蜀王遣五丁迎女。至梓潼，五丁蹋地大呼，惊五女，并化为石。蜀王筑台而望之，不来，因名五妇侯台。《汉书·地理志》云，梓潼五妇山。碑志存，有五妇神庙……又有隐剑泉在五丁力士庙西一十步，古老云，五丁开剑路，迎秦女，拔 山摧，五丁与秦女具毙于此[42]。

可见到了明代，当地尚存五妇庙与五丁庙，用以纪念这个战国中期的历史事件。然而，今日陕西兴平市区东约一里处，亦存"秦五女墓"遗址。乾隆四十二年（1777年）《兴平县志》载：

> 五女冢，《旧志》："在县东一里，秦惠王欲图蜀，先 （以）五女馈之蜀，有神张仲子者，愍宗国之衰，化为儒士，谏蜀王，不听。命费氏五丁迎之。仲子为大蟒，穴终南山中，五女至，蟒动，石坠，五女死。惠王迎葬之。"[43]

此乃说明兴平县旧志记载秦五女冢位于兴平县，而受难地为陕西西安市南郊的终南山，而非四川梓潼县五妇山，其中还加入过去文献未见的张仲子传说。该书还特别指出，旧志记载不知所据为何，并说"此冢毗连者有六，亦不止五冢也。"[44]仅管陕、川地方志对"五女"事件的记载存在歧异，但某程度上也反映出此事件的真实性[45]。

在秦"五女"入蜀事件后二十多年，秦惠王更元九年（前316年），派遣张仪、司马错、都尉墨等率军伐蜀，所经路线正是汉中与巴蜀在经济文化交流下所形成的"石牛道"[46]。是年，蜀王自葭萌（今四川剑阁县东北）抵抗秦兵，战败后遁走武阳（今四川彭山东南），为秦军所害，自此蜀国终告灭亡，为秦国占有[47]。这是秦国第一次以武力进行大规模的领土扩张，对于后来统一中国的历史大业，有著深远的影响[48]。由此可见，秦"五女"入蜀这个以为军事、外交为企图的联姻，是秦国历史上相当重要的事件，虽然最后以悲剧收场，却更增添其传奇色彩。

第二则与"五女"相关的记载，是北海县（今山东潍坊）"节女山"地名之由来。北宋乐史编《太平寰宇记》卷十八《河南道·潍州》云：

> 节女山，在县西北三十五里。《郡国志》云："北海县节女，当齐愍王伐楚，苏浑死焉，有五女终身不嫁，呼父魂葬于此山，因名。"[49]

故事背景主要是战国中期，齐愍王（？～前284年）为齐宣王之子，齐宣王十九年（前301年）即位。其人骄傲残暴，穷兵黩武。当时齐人苏浑，生平不详，有"五女"，终身未嫁，被尊称为"节女"。齐愍王伐楚时[50]，苏浑逝世，"五女"呼其父名，引其魂归葬于山，故名"节女山"。这是一则战国时期齐国贞节孝女的故事。

第三则与"五女"有关的记载，是汉代名医淳于意（前215～前140年）[51]有"五女"的事迹。《史记·淳于意传》载：

> 太仓公者，齐太仓长，临菑人也，姓淳于氏，名意。少而喜医方术……知人死生，决嫌疑，定可治，及药论，甚精。受之三年，为人治病，决死生多验。然左右行游诸侯，不以家为家，或不为人治病，病家多怨之者。文帝四年中，人上书言意，以刑罪当传西之长安。意有五女，随而泣。意怒，骂曰："生子不生男，缓急无可使者！"于是少女缇萦伤父之言，乃随父西。上书曰："妾父为吏，齐中称其廉平，今坐法当刑。妾切痛死者不可复生而刑者不可复续，虽欲改过自新，其道莫由，终不可得。妾愿入身为官婢，以赎父刑罪，使得改行自新也。"书闻，上悲其意，此岁中亦除肉刑法[52]。

西汉初期著名的医学家淳于意，齐临淄（今山东淄博）人，曾任齐国太仓令，世称"太仓公"或"仓公"。其为人诊病能知其死生，以医术高明，称著于世。然其性格清廉刚正，不随意为仗势欺人的王公贵族治病，常得罪于人。汉文帝前元四年（前176年），其为人上书诬告，遂遭押解长安进行审判。

淳于氏膝下无子，育有五女，其中最年幼者为少女缇萦。当时淳于氏感叹自己在危急之时，子女中无男儿帮忙。缇萦为此感伤，决意陪同其父进京，并上书朝廷为父申诉，愿舍身为官婢，以赎父罪，文帝为之动感，非但免除其父刑罚，并就此废除肉刑。这是著名的"缇萦救父"历史故事[53]。相关记载亦见于《汉书·刑法志》，以及《列女传·辩通传》中《齐太仓女》一文[54]。

第四则与"五女"有关的记载，是西汉元帝召"五女"示匈奴王呼韩邪单于的事迹。《后汉书·南匈奴列传》载：

昭君字嫱，南郡人也。初，元帝时，以良家子选入掖庭。时呼韩邪来朝，帝以宫女五人赐之。昭君入宫数岁，不得见御，积悲怨，乃请掖庭令求行。呼韩邪临辞大会，帝召五女以示之。昭君丰容靓饰，光明汉宫，顾景裴回，竦动左右。帝见大惊，意欲留之，而难于失信，遂与匈奴[55]。

西汉时期，中原汉族与北方匈奴之间的战争与和亲不断上演，其中匈奴王呼韩邪单于朝汉是关键性的历史事件。汉宣帝时期，匈奴内部严重分裂，五单于分立，相互攻击。五凤四年（前54年）呼韩邪单于败北于郅支单于，翌年，听从左伊秩訾王之议，遣子侍汉，求请汉朝协助。甘露三年（前51年）呼韩邪单于亲自朝见汉宣帝于甘泉宫（位于今陕西淳化县甘泉山），俯首称臣，正式归属于汉王朝，就此展开两族六十余年的和平共荣。

汉元帝竟宁元年（前33年），呼韩邪单于二度进京，倍受礼遇，"自言愿婿汉氏以自亲"[56]，向元帝提出和亲之请，上引文即描写元帝下赐五位宫女给呼韩邪单于，却为王昭君的美貌惊艳。然唯恐失信，只得抱憾送昭君远嫁塞外。此一和亲事件促使汉匈两族的友好关系更加稳固，在经济与文化上的交流更为发达，可谓影响深远。也因而有了历史上著名的"昭君出塞"故事流传千古，成为中国历代文学、戏曲、音乐、绘画等艺术创作上重要的创作题材。

第五则与"五女"有关的记载，是两段描写西汉时期河南地区"五女墩"的事迹。唐代段成式《酉阳杂俎·续集》卷四《贬误》引南朝宋盛弘之《荆州记》曰：

固城临洰水，洰水之北岸有五女墩。西汉时，有人葬洰，墓将为水所坏。其人有五女，共创此墩，以防其墓[57]。

类似的记载亦见于北魏郦道元《水经注·沔水》，其文曰：

沔南有固城，城侧沔川，即新野山都县治也，旧南阳之赤乡矣。……沔水北岸数里有大石激，名曰五女激（孙潜校本作"五女"），或言女父为人所害，居固城，五女思复父怨，故立激以攻城。城北今沦于水。亦云有人葬沔北，墓宅将为水毁，其人五女无男，皆悉巨富，共修此激以全坟宅。然激作甚工[58]。

从前引《荆州记》记载可知，西汉时期有一人育有五女，其姓氏、生平不详，死后葬于固城旁的洰水北岸[59]。由于父家将被河水冲毁，五位女儿便造墩以为防护，故有"五女墩"之称。然而，撰写时间稍晚的《水经注》记载为"五女激"。

《水经注》描述在沔水（今汉江）南方有固城，即新野郡山都县治[60]。沔水北岸有所谓的"五女激"。其由来说法有二：其一，有五女因父遭人所害，为报父仇，居于固城，建造石激，作为攻城之用。所谓"激"，即堤防水流要冲之处所堆聚的大石，用以激去其水；其二，与《荆州记》所载情节近似，不同的是，墓地位置记载为沔水北岸，非洰水北岸。文中还描述五女皆富，共修石激保护坟宅，并强调石激做工精良。

暂且不细究上述两段文字地点记录或传说内容的差异[61]，可确认的是，西汉时期的河南地区，有"五女"为父修建石墩或石激的事迹流传后世。

第六则与"五女"有关的记载，是东汉末年隐士戴良有"五女"的事迹。《后汉书·戴良传》曰：

戴良字叔鸾，汝南慎阳人也。……良少诞节，母　驴鸣，良常学之以娱乐焉。及母卒，兄伯鸾居庐
啜粥，非礼不行，良独食肉饮酒，哀至乃哭，……良才既高达，而论议尚奇，多骇流俗。……举孝廉，
不就。再辟司空府，弥年不到，州郡迫之，乃　辞诣府，悉将妻子，既行在道，因逃入江夏山中。优游
不仕，以寿终。初，良五女并贤，每有求姻，辄便许嫁，　裳布被，竹笥木屐以遣之。五女能遵其训，
皆有隐者之风焉[62]。

东汉末年的隐士戴良，是魏晋高士风度的时代先驱[63]，生卒年不详，约为桓灵时期之人[64]。其人才
高旷达，怪诞不羁，言行骇俗，不拘礼节，然以孝著称。虽被推举孝廉，或司空府召用，均推辞不仕，隐居
江夏（今湖北黄冈县）山中。是人五女皆贤惠，以粗服布被、竹箱木屐为嫁妆，作风简约朴素，传承其父隐
者风范。

以上六则先秦、两汉时期与"五女"有关的文献记载，哪一则可能与泸州"五女"画像有关呢？笔者认
为第一则秦惠王以"五女"馈蜀王的典故可能性较高，其他五则的可能性较低。理由分述如下。

其一，隐士戴良及其"五女"约为东汉桓灵时期的历史人物，而泸州"五女"画像石棺的年代大约在东
汉中期或晚期[65]。两者时间先后难以断定。即使戴良事迹早于石棺的制作，但时间似乎较为接近，要形成
一种社会上普遍认知而广为流传的墓葬艺术题材，可能性相对较低；再者，"五女"传承其父隐逸行谊的叙
述，并非文献强调的重点。是故，暂时排除以此作为图像解读之参考。

其二，关于西汉"五女墩"或"五女激"的记载，不论固城"五女"是为了防护父家或是为父报仇而建
石墩或石激，其故事的核心价值是汉代墓葬艺术中常见的孝悌精神，或许有可能作为石棺画像题材。然而，
前引《荆州记》与《水经注》两段记载，内容有异，有待详加考证，故不采此说。

其三，关于汉元帝召"五女"示呼韩邪单于的记载，其重点在于"昭君出塞"，主要核心人物为王昭
君、汉元帝及呼韩邪三人，其他四位宫女仅是情节中的次要人物，与泸州"五女"画像仅强调五位女子的形
式不符，因此排除其为图像意涵的可能性。

其四，关于西汉淳于意"五女"的记载，缇萦是此孝悌故事的核心人物，非以"五女"为叙事重点，故
排除其为图像意涵的可能性。

其五，关于战国齐人苏浑"五女"的记载，虽然是一则以贞节孝女为题材的故事，然而该资料未见其他
可作比较的相关文献，因此暂时将之排除在图像解读的参考之外。

其六，秦惠王以"五女"馈蜀王，是秦并灭巴蜀的军事与外交策略，对于陕川道路的开通具重大意义。
其故事背景具有巴蜀在地的地域性，引起笔者关注。在四川汉画像石棺中，不乏以巴蜀当地传说为画像题材
的作品，"白猿盗女"即是一例[66]。此一题材目前仅见于四川地区，可以说明汉代巴蜀地区的工匠，在石
刻创作上，有其地域意识，不完全采用北方与中原地区流行的画像题材。

以上述思路　前提，笔者进一步考　，其他地区未出现过的"五女"画像，是否有可能也属于地域性题
材？如果是，四川地区是否存在其他类似的作品？在这个提问下，笔者在合江26号石棺上找到同样刻绘五位
女子的画像（图九）。更有趣的是，同一石棺另一侧面则刻绘五位男子画像（图十）。[67]这样的图像配置
令笔者联想到蜀王遣"五丁"迎接"五女"的故事情节。此外，同一墓葬出土的合江25号石棺，其左右两侧
亦各刻五位男子画像（图六、七）。

过去学界对合江25、26号石棺画像的介绍，多将其人物图像各自与同一画面中的"青龙"、"白虎"图
像相互关联，笔者认为这是欠缺对图像单元与组合形式分析所作的说明。为了以合江25、26号石棺上的人物
画像，作为本文解读泸州"五女"画像的佐证，以下先针对这两具石棺进行图像分析。

# 四、合江25与26号石棺图像分析

　　合江县，古巴郡之地，位于四川盆地南部边陲，东北为重庆市，西与泸州市泸县、江阳区、纳溪区、叙永县比邻，南接贵州省。西汉武帝元鼎二年（前115年），置符县，隶属犍为郡，东汉改置符节县。东汉献帝建安十八年，置江阳郡，符节县隶属之。北周保定四年（564年）改称合江县，隶属泸州郡[68]。1984年迄今，出土31具汉画像石棺，是目前中国出土汉画像石棺数量最多之地[69]。2005年合江县汉代画像石棺博物馆成立，是第一座以画像石棺为主要典藏品的专题博物馆。

　　2002年，合江县百米乡铜锣村四社东汉崖墓出土两具画像石棺，编列为合江25号与26号石棺，现藏合江县汉代画像石棺博物馆（图五~十）。这两具石棺在尺寸、材质与形制上均相同，长210、宽65、高68厘米，主要包括棺身与棺盖两部分，分别以整块青砂岩凿制而成。棺身呈长方形，棺盖为弧形顶，前后两端略突出于棺身。棺身四周以凿纹地平面阴线刻雕绘画像与纹饰，物像造型朴拙，以细阴刻线描绘脸部与服饰细节，以细密平行阴刻线组成菱形纹为地。棺身左右侧面画像四周，饰以细密平行阴刻线组成三角纹边框纹饰。棺盖顶弧面及棺盖四周平面均无画像，仅施以细密平行阴刻线为饰。

**图五　合江铜锣村出土东汉合江25号石棺（一）　拓本、线绘图**

1.前挡　日、双阙（引自《合江汉代画像石棺》59页图32）　2.后挡、月、九尾狐（引自《中国画像石棺全集》365页）

3.前挡　日、双阙（引自《四川文物》2009年4期，93页图30）　4.后挡、月、九尾狐（引自《四川文物》2009年4期，93页图24）

合江25号石棺前挡刻绘象征天门的双阙（图五，1、3）。阙的结构为重檐单出阙，屋脊尾端上翘，阙身向上收分，底有基座。两阙之间浮雕一圆形图案，象征太阳[70]。后挡刻绘一九尾狐，其上浮雕象征月亮的圆形图案，一道裂缝穿圆而过（图五，2、4）[71]。九尾狐，正侧面左向立，双耳直竖，眼圆，注视前方，口微张，颈直身平，四肢直立，腹下雄性生殖器外露，尾巴弯垂，尾脊歧出八尾，故名九尾。整体造型略显僵硬[72]。《山海经·大荒东经》载："有青丘之国，有狐，九尾。"[73]又《孝经援神契》载："德至鸟兽，则狐九尾。"[74]因此九尾狐象征德行，在汉画中经常被配置于西王母身旁。

棺身左右两侧横长型画面，刻绘青龙、白虎等动物及男性人物。棺身左侧画面分左右两段（图六），左段以一青龙为主，正侧面左向立，头扁长，顶竖双角，张口咧齿，颈略弯曲，颈背有鳍，身呈兽形，前肢略作前扑，后肢直立，腹下雄性殖器外露，尾如长鞭，向后上方弯曲。龙背上一只三足乌，又名"三青鸟"或"青鸟"，正侧面左向立，颈略曲，敛翅翘尾，三足而立。《山海经·海内北经》载："西王母梯几而戴胜，其南有三青鸟，为西王母取食。"[75]又《史记正义》云："三足乌，青乌也。主为王母取食，在昆墟之北。"[76]龙身后一蟾蜍，呈俯视角度，身圆胖，背脊上饰以圆点，四肢短小，作爬行状。蟾蜍与三足乌均为西王母神仙世界的成员。

棺身左侧画面右段为五位男子，均着圆领长袍、束腰、衣 下露出双履。不同的是，由左至右第一、三、四位戴高冠，其他两位戴山形冠，第一至四位均正面拱手恭立，第五位则伸出右手搭在第四位人物肩上。

棺身右侧画面亦分为左右两段（图七），右段一白虎，正侧面右向立，面略方，两眼圆瞪，双耳直竖，张口咧齿，长颈连接修长的身躯，呈S形弯折，前肢略作前扑，后肢曲立，腹下雄性生殖器外露，尾如长鞭，向后上方弯曲。

棺身右侧画面左段为五位男子，均正面拱手恭立，其中由左至右第四位面部刻画五官，其他人物则无。五人皆着圆领长袍，束腰，衣 下露出双履。不同的是，由左至右第一、四位戴高冠，其他三位戴山形冠。整体服饰与造型同棺身左侧五位男子。

与上述合江25号石棺同出一墓的合江26号石棺，两者画像内容与布排形式近似。前挡亦为双阙（图八，1、3），重檐单出阙，屋脊尾端上翘，阙身向上收分，底有基座。两阙间亦一圆形图案，象征太阳。不同的是，此圆形图案是以阴刻线刻绘，而非浮雕[77]。

后挡为一蟾蜍，右向立，右前肢握一束长条状物，或为药草，其上亦有阴线刻绘的圆形图案，象征月亮（图八，2、4）。有趣的是，画面右下角以阴线刻绘一只身躯娇小的九尾狐，正侧面左向立，双耳竖起，眼睁嘴闭，曲颈直身，前肢扑举，后肢站立，作跳跃姿态，尾巴垂直上翘，且歧出八尾[78]。未见腹下有雄性生殖器，应为雌性。此图像疑似画面完工后，工匠为与合江25号石棺后挡雄性九尾狐对称，加以补刻。

棺身左右两侧横长型画面，刻绘青龙、白虎等动物及男女人物，图像内容与布排方式亦与合江25号石棺近似。棺身左侧画面分左右两段（图九），左段一白虎，正侧面左向立，方脸竖耳，眼圆口闭，曲颈，身体略向后拱起，前肢扑举，后肢站立，作跳跃姿态，长尾呈S型钩垂于后。未表现雄性生殖器，应为雌性。

棺身左侧画面右段是五位女子，左向拱手站立，皆发髻圆耸，上着开襟圆领衣，束腰，下着裙裳，裙尾曳地，抑或裙 有波浪纹。五人脸略偏左，露耳，未刻五官，身朝正面，双手拱于腹前，由左而右，前三位身略前倾，第五位身略后倾。

棺身右侧画面也分左右两段（图十），左段五位男子，左向拱手站立，头戴山形冠，头略偏右，以细阴刻线描绘五官，皆着开襟圆领长袍，身后衣角略高，露出内衬，衣 下露出双履。由左而右第一至三位身略

图六　合江铜锣村出土东汉合江25号石棺（二）　照片、拓本、线绘图

1. 左侧 青龙、三足乌、蟾蜍、五丁（引自《合江汉代画像石棺》彩页19）　2. 左侧 青龙、三足乌、蟾蜍、五丁（引自《中国画像石棺全集》362-363页）　3. 左侧 青龙、三足乌、蟾蜍、五丁（陈秀慧绘制）

图七　合江铜锣村出土东汉合江25号石棺（三）　拓本、线绘图

1. 右侧 白虎、五丁（引自《中国画像石棺全集》364-365页）　2. 右侧 白虎、五丁（陈秀慧绘制）

**图八　合江铜锣村出土东汉合江26号石棺（一）　拓本、线绘图**

1. 前挡 日、双阙（引自《合江汉代画像石棺》59 页图 32）　2. 后挡 月、蟾蜍、九
尾狐（引自《合江汉代画像石棺》102 页图 56）　3. 前挡 日、双阙（陈秀慧绘制）　4.
后挡 月、蟾蜍、九尾狐（引自《四川文物》2009 年 4 期，93 页图 26）

前倾。

棺身右侧画面右段一青龙，正侧面右向立，头扁长，顶有双角，张嘴吐长舌，颈与身曲线起伏似蛇，四肢状似兽足，前肢较短，向前伸举，后肢粗壮有力，跨步前行，腹下雄性生殖器外露，长尾卷曲呈涡旋状。龙尾下一三足乌，形如雁鸭，长喙圆眼，昂首直颈，双翅收拢，扇尾平举，三足弯曲而立。

综上所述，总结以下三点：

其一，两具石棺画像的设计上，具有清楚的性别与阴阳二元意识。如两具石棺前后挡均刻圆形图案，分别象征"日"、"月"。又，25号石棺圆形图案以浅浮雕表现，26号石棺圆形图案则以细阴刻线刻绘，前者为阳，后者为阴。再者，25号石棺后挡的九尾狐为雄性，而26号石棺后挡的九尾狐则为雌性（表一）。此外，两具石棺有男性人物的画面，不论青龙或白虎皆为雄性，在女性人物的画面，所配置的白虎则为雌性（表二）。因此，笔者推测25号石棺的使用者应为男性墓主人，而26号石棺的使用者则为女性墓主人。

其二，两具石棺各自的图像布排上具对称性，即25、26号石棺前后挡均刻象征日、月的圆形图案（表一）。此外，接近前挡的画像均为青龙或白虎，接近后挡的画像均为五位男女人物（表二）。

其三，两具石棺整体图像布排上，具对称性与统一性（图十一）。首先，两具石棺前挡都是造形近似的双阙，各自搭配象征日的圆形图案，后挡则刻划象征月的圆形图案，再各别搭配与西王母世界有关的九尾狐与蟾蜍。其次，棺身左右两侧画像题材，皆是五位人物，搭配青龙或白虎，其间点缀与西王母世界有关的三

1

2

c

**图九　合江铜锣村出土东汉合江26号石棺（二）　照片、拓本、线绘图**

1. 左侧　白虎、五女（引自《合江汉代画像石棺》彩页20）　2. 左侧　白虎、五女（引自《中国画像石棺全集》366—367页）　3. 左侧　白虎、五女（陈秀慧绘制）

1

2

**图十　合江铜锣村出土东汉合江26号石棺（三）　拓本、线绘图**

1. 右侧　青龙、三足乌、五丁（引自《泸州文物2004特刊》26页）
2. 右侧　青龙、三足乌、五丁（陈秀慧绘制）

**表一　合江25、26号石棺前后挡画像比较** [79]

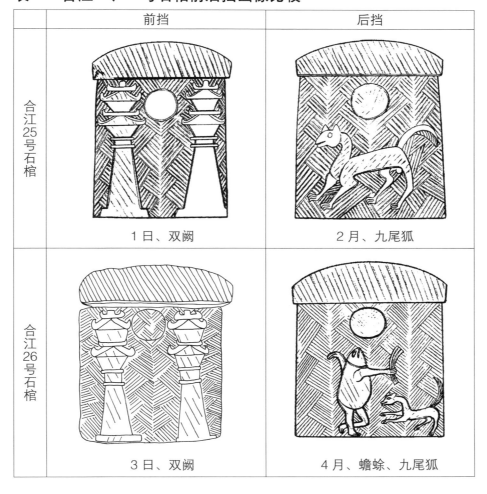

| | 前挡 | 后挡 |
|---|---|---|
| 合江25号石棺 | 1 日、双阙 | 2 月、九尾狐 |
| 合江26号石棺 | 3 日、双阙 | 4 月、蟾蜍、九尾狐 |

足乌或蟾蜍。

　　然而，如果从上述两具石棺整体的对称性角度加以思考，笔者认为还须进一步探究的是，为何男性墓主人的25号石棺，两侧均刻绘五位男子人物画像，而女性墓主人的26号石棺两侧则各刻绘五位男子与五位女子人物画像，而非两侧均刻绘五位女子人物画像？此问题将在下文作进一步分析与讨论。

　　再者，对于两具石棺四组男女人物与青龙、白虎的画像组合，目前学界在图像解释上，多将人物与动物视为同一图像单元（表三）。此观点最早见于王庭福《考略》一文。他将26号石棺上的"白虎、五女"画像，解释为"五女观虎图"，而将"青龙、三足乌、五丁"画像诠释为"青龙、三足乌观赏图" [81]，显然认为人物与动物之间具有"观者"与"被观者"的关系，所表现的是人物观赏动物的画面，而此一说法也为学界所采用。

　　首先，在画像石棺命名上，晏满玲将合江25石棺名为"五君子观虎画像石棺"，将26号石棺名为"五女观虎画像石棺" [82]。其次，《合江汉代画像石棺》一书也作"合江25号（左侧）五君子观龙图"及"合江26号（左侧）五女观虎图"的说明 [83]。此外，高文《中国画像石棺全集》一书亦指出男女人物均作"观虎"或"观龙" [84]。无一不是将人物与动物视为同一组图像单元。

　　然而，从图像格套解析的角度思考，笔者认为五位男女人物应与青龙或白虎分属不同图像单元，后者是汉代画像石棺常见的"四神"图像元素，不应混淆。此一观点的成立，是本文解读泸州"五女"画像的基础。以下将以四川汉代石棺的画像题材与图像配置分析，加以论证。

**表二　合江25、26号石棺左右侧画像比较** [80]

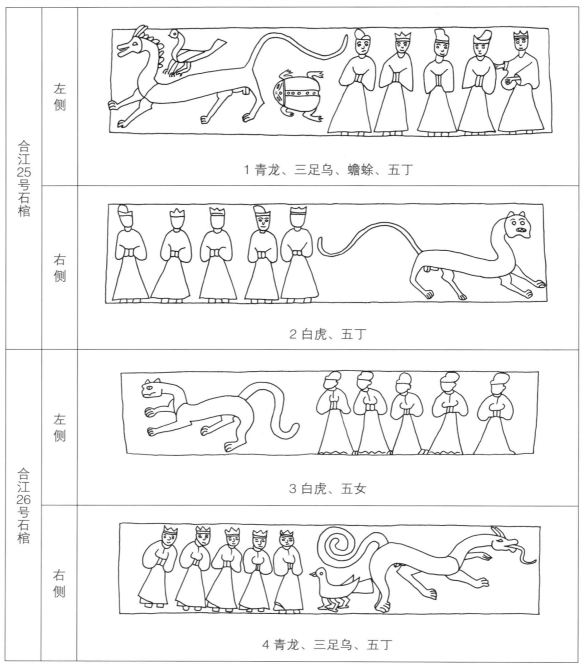

表三　合江25、26号石棺图像说明比较

| 论文／图录 | 实例 | 图像说明 |
|---|---|---|
| 《考略》 | 合江 26 号石棺（左侧） | 五女观虎图 |
| | 合江 26 号石棺（右侧） | 青龙、三足乌观赏图 |
| 《刍议》 | 合江 25 号石棺 | 五君子观虎画像石棺 |
| | 合江 26 号石棺 | 五女观虎画像石棺 |
| 《合江汉代画像石棺》 | 合江 25 号石棺（左侧） | 五君子观龙图 |
| | 合江 26 号石棺（左侧） | 五女观虎图 |
| 《中国画像石棺全集》 | 合江 25、26 号石棺 | 男女人物观龙、观虎 |

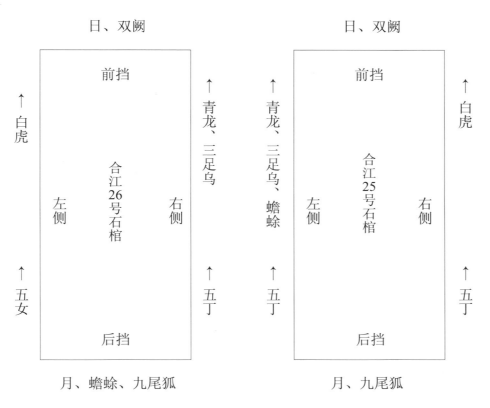

说明：↑代表动物与人物的方向均朝前挡

图十一　合江25、26号石棺图像配置

# 五、四川汉代石棺四神图像配置

象征天界方位的"四神"，青龙、白虎、朱雀、玄武，是汉代墓葬最普遍的图像题材之一。目前出土的汉代画像石棺或石椁中，以四神为饰者不在少数。在图像配置上，四神图像元素的采用不一，以青龙、白虎数量居多，其中最经典的是现藏于山东曲阜孔庙的东安汉里画像石椁，完整呈现四神图像配置。

1937年，山东曲阜韩家铺出土东安汉里画像石椁（图十二、十三），年代约在西汉末至东汉初年，是一座由七块石板构成的双室石椁，全长277、宽246、高101厘米。其结构是由四块石板构成四壁，一块石板作为中间隔板，将石椁空间分为左右两室，两块石板作为盖板。石椁内外与盖板均刻绘画像，除了宴乐人物、神荼、郁垒、璧纹、怪兽等图像，椁内四壁依照方位刻绘四神画像，亦即东、西壁各刻绘青龙、白虎于穿璧纹之间，南、北壁各刻绘双朱雀、双玄武，龙、虎方向均朝北[85]。

四神图像也常见于四川东汉画像石棺，最常见者即石棺左右两侧配置青龙与白虎，后挡搭配朱雀或玄武，前挡则为双阙或其他图像。也有依图像配置需求，选择部分灵物作为象征的情形。为论证合江25、26号石棺青龙与白虎画像属四神题材范畴，而非与五位男女人物为同一图像单元，笔者针对四川汉画像石棺中，左右两侧刻绘青龙与白虎者，进行以下图像单元与组合分析（表四、附表）。

四川汉画像石棺中，完整采用四神图像元素者，以简阳鬼头山崖墓3号石棺最具代表性（图十四）[86]。此棺是1986年出土于四川省简阳县董家埂乡深洞村鬼头山崖墓，长212、宽63、高64厘米，年代为东汉中晚期，现藏四川省简阳市文物管理所。棺身四壁刻绘丰富的画像与榜题，是解读汉代石棺画像的重要佐证。

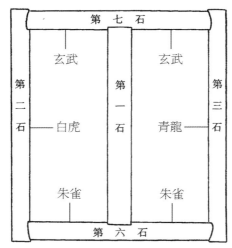

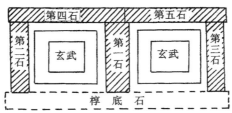

图十二　曲阜韩家铺村出土西汉末至东汉初期东汉里石椁四神图像配置（引自《中国画像石全集1》专文45页，四神位置为笔者标示）

该石棺前挡一凤鸟展翅扬尾，榜题"□（凤）鸟"，即为朱雀；后挡一对人身蛇尾像，以及一鸟一龟，分别榜题"伏希"、"女"、"九"、"兹武"，代表伏羲、女娲、鸠及玄武，其中玄武龟身无蛇缠绕（图十四，1、2）。棺身左侧分三部分，左端是一虎朝左作跳跃状，榜题"白虎"，中间是有屋檐相连的单檐单出双阙，阙顶各一立凤，阙间一门吏，榜题"天门"与"大可"，"可"为"司"之异体，故应为"大司"，右端为一干栏式建筑，右侧一鹤安立，榜题"大苍"，即为"太仓"（图十四，3）。

棺身右侧左段为日月神人一对，榜题"日月"，其下一树，榜题"柱铢"，左上一鸟，榜题"白雉"，左下一麒麟状动物，头顶独角，榜题"禽利"。画面中间一马车，右上有仙人骑鹿及仙人博弈，榜题"先（仙）人骑"、"先（仙）人博"。画面右下一青龙右向奔驰，两鱼共游（图十四，4）。

上述画像内容表现许多四川汉画像石棺常见的天界仙境图像元素，其中四神分布于棺身左右侧及前后挡，青龙、白虎皆在近前挡的位置，相互对称。就图像单元的构成而言，白虎与青龙皆为独立的图像单元，与前后挡的朱雀、玄武共构四方位的概念。而天门与太仓为同一图像单元，代表天界仙境的入口，以及提供墓主人食物的粮仓。羽人、仙人、

**表四　四川汉画像石棺四神图像配置**

| 实例 | 前挡 | 后挡 | 左侧面 | 右侧面 |
|---|---|---|---|---|
| 合江25号石棺 | 日、双阙 | 月、九尾狐 | 青龙、三足乌、蟾蜍、五丁 | 白虎、五丁 |
| 合江26号石棺 | 日、双阙 | 月、蟾蜍、九尾狐 | 白虎、五女 | 青龙、三足乌、五丁 |
| 简阳鬼头山崖墓3号石棺 | 朱雀（残） | 玄武、伏羲、女娲 | 白虎、天门、大司、太仓 | 青龙、鱼、仙人、日神、月神、仙禽瑞兽、神树、车马 |
| 泸州1号石棺 | 朱雀、玄武、双阙、璧、西王母、东王公 | 伏羲、女娲 | 白虎、鸟、鱼 | 青龙（残损） |
| 富顺1号石棺 | 双阙、门吏 | 玄武、伏羲、女娲 | 青龙、西王母、骑鹿仙人、骑射人物、车马 | 白虎、风雨雷电神人、联璧 |
| 芦山王晖石棺 | 铺首衔环（棺盖）、仙人启门 | 玄武 | 青龙 | 白虎 |
| 泸州3号石棺 | 圆形图案 | （残损） | 白虎 | 青龙 |
| 新津10号石棺 | （不详） | （不详） | 白虎 | 青龙 |
| 乐山鞍山崖墓石棺 | 双阙、门吏 | 朱雀 | 白虎、鸟 | 青龙、鱼、车马人物、门 |
| 合江21号石棺 | （损毁） | 朱雀 | 青龙、建筑人物、联璧 | 白虎、人物 |
| 合江11号石棺 | 朱雀 | 玄武 | 菱形纹地 | 菱形纹地 |

图十三　曲阜韩家铺村出土西汉末至东汉初期东安汉里石椁　拓本（引自日本京都
大学人文科学研究所藏石刻拓本资料 http://kanji.zinbun.kyoto-u.ac.jp/db-
machine/imgsrv/takuhon）
1.南壁内侧 朱雀　2.北壁内侧 玄武　3.东壁内侧 青龙　4.西壁内侧 白虎

图十四　简阳深洞村出土东汉鬼头山崖墓3号石棺　线绘图（引自《汉代画像
石棺》图56-59）

1. 前挡 朱雀　2. 后挡 伏羲、女娲、玄武　3. 左侧 白虎、天门、大司、太仓　4. 右侧 青龙、
仙人六博、日月神人、仙禽瑞兽、神树

仙禽瑞兽、车马等亦为同一图像单元，代表天界仙境的成员与墓主升仙的车驾。其次，伏羲与女娲是四川汉画像石棺后挡最常见的题材，也是独立的图像单元，其中玄武是配合整体石棺四神题材而配置的图像。

　　四神图像元素的采用，除了平均布排于石棺四壁以外，泸州1号石棺则呈现工匠在设计上的另一种思考。该石棺是1940年代出土于四川省泸州市郊洞宾亭一带的崖墓，棺长223、宽83、高78厘米，棺盖无存，年代为东汉时期，现藏泸州市博物馆（图十五）[87]。棺身前挡为单檐单出双阙，左阙上有西王母，右阙上有东王公，两阙之间一圆璧，璧上一朱雀，其下一玄武。后挡则是各举日月的伏羲、女娲，画像已残损模糊[88]。左侧面一青龙，向右腾空奔驰，头部残缺。右侧面一白虎，向左腾空奔驰，前后各一飞鸟，尾下一鱼。不同于其他石棺的龙虎皆朝向同一方向，此石棺龙虎方向相反。

　　由前所述，可知青龙、白虎作为独立的图像单元，被布排在石棺左右两侧。前后挡分别是四川汉代画像石棺常见的双阙、伏羲与女娲，但工匠不愿割舍朱雀与玄武，将之布排在前挡的双阙中间，致使画面特别拥挤。然而，有些工匠选择简洁的构图，以富顺1号石棺为例，工匠在四神题材的采用上舍弃朱雀。

图十五　泸州洞宾亭出土东汉泸州1号石棺　线绘图（引自《汉代画像石棺》图109-112）

1.前挡　双阙、璧、朱雀、玄武、西王母、东王公
2.后挡　伏羲、女娲　3.左侧　青龙　4.右侧　白虎、鸟、鱼

富顺1号石棺是1985年出土于四川省富顺县邓井关镇崖墓，长232、宽76、高70厘米，年代为东汉中晚期，现藏四川省富顺县文物管理所（图十六）[89]。棺盖状况不详。棺身前挡为单檐单出双阙，门中一吏正面拱手而立；后挡上为举日月的伏羲、女娲，下有玄武。棺身左侧面分左右两段，左段一青龙，左向奔驰，右段表现墓主人乘马车至西王母仙境的情景。西王母端坐于龙虎座，左仙人骑鹿，右上角人物骑马射鸟，右下角车马人物。棺身右侧面分三段，右段一白虎，右向奔驰，中间为四个人物，学界或解读为巫术仪式，或说是百戏象人[90]。笔者认为，右戴斗笠，持锸者为雨师，作吹气状者为风伯，持鼓槌者为雷公，最左一人状似女子，或为电母。左端则刻绘象征天界的联璧纹饰。

由前述可知，工匠仅挑选青龙、白虎与玄武三个图像代表四神的意象，且青龙、白虎皆与其他不同主题的画像共构整体画面，两者位置与方向对称，皆为独立的图像单元。同样只选择三种图像元素，可以芦山王晖石棺反证富顺1号石棺的青龙、白虎确实为独立的图像单元。

芦山王晖石棺是1941年出土于四川省芦山县石羊上村一座砖室墓，长279、宽89、高100厘米，年代为东汉末期，原地保存（图十七）。棺盖顶呈八瓣瓦棱形弧顶，前端浮雕一组表情生动的铺首衔环图像。棺身前挡为一开一掩的两扇门，门中一位麟身有翼的仙女半露其身，右手扶门而立。门框上端有象征西王母仙境的"胜"形图案，右半门框与门扉上以隶书题刻铭文："故上计史王晖伯昭，以建安拾六岁在辛卯九月下旬卒，其拾七年六月甲戌葬，呜呼哀哉。"可知其凿制年代的下限为东汉建安十七年（212年）。棺身左右侧分别是朝向前挡方向奔驰的青龙与白虎，两者皆翼肩，身躯线条流畅，深具动感。后挡浮雕一玄武，龟蛇两头对视。整体雕工之精美，构图之简洁，历来为世人称道[91]。

王晖石棺采用最简洁的图像元素，表现天界与四神两大主题。一般四川画像石棺前挡常见象征天门的双阙，在此被简化为门与铺首衔环，又仅以仙女及"胜"形图案，提示整个石棺空间即西王母仙境。其次，王晖石棺以青龙、白虎、玄武三个图像代表四神，画面上没有任何其他画像题材与纹饰，显示出四神的重要性。相较于富顺1号石棺，两者均采用上述三种灵物表达四神，却以不同方式表达西王母世界的意涵，一繁一简，在题材与构图上形成强烈的对比。由此可证，四神题材既可独立展现，也可与其他题材并呈于同一画面。再者，石棺左右侧仅表现青龙与白虎，无其他画像者，亦见于泸州3号石棺与新津10号石棺亦是两例[92]。

图十六　富顺邓井关镇出土东汉富顺1号石棺　拓本（引自《中国画像石棺艺术》40页；
《中国画像石棺全集》256页；《中国画像石全集7》图184、185）
1. 前挡　双阙、门吏　2. 后挡　伏羲、女娲、玄武　3. 左侧　青龙、骑鹿仙人、西王母、骑射人物、车
马　4. 右侧　白虎、风雨雷电神人、联璧

　　除了上述省略朱雀之例，乐山市鞍山崖墓石棺则是简省玄武。此棺1992年出土于四川省乐山市中区九峰
乡鞍山村崖墓，长213、宽73、高77厘米，棺盖情况不详，时代为东汉中晚期，现藏四川省乐山崖墓博物馆
（图十八）[93]。棺身前挡为重檐双出双阙，两阙之间有二门吏拱手相向而立。后挡一朱雀展翅，左向立。
棺身右侧面分左右两段，右一辆车马，右向前行，后随从一人，其上一歇山顶双柱门，为墓主车临天门的情
景；左一青龙，右向奔驰，一鱼同游。棺身左侧面仅一白虎，左向奔驰，前一飞鸟。
　　由上述可知，乐山鞍山崖墓石棺以青龙、白虎及朱雀，共构四神意象，龙虎均朝前挡奔驰，方向上具对
称性，但两个画面在图像单元的布排上却不相同。右侧面由两个图像单元构成，而左侧面仅一图像单元。这
个对比也说明，青龙、白虎都是独立的图像单元，工匠可自由选择是否与其他主题共组画面。类似的四神图
像配置，亦见于合江21号石棺。

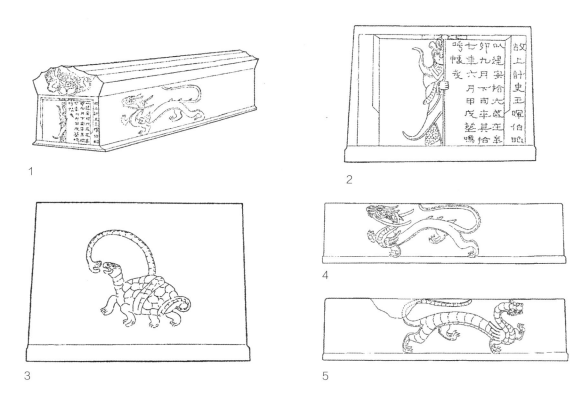

**图十七　芦山石羊上村出土东汉王晖石棺　线绘图（引自《汉代画像石棺》图49、51-54）**

1. 前挡、左侧　2. 前挡　仙人启门与题记　3. 后挡　玄武　4. 左侧　青龙　5. 右侧　白虎

**图十八　乐山鞍山村出土东汉乐山崖墓石棺　拓本（引自《中国画像石全集7》图163；《四川汉代石棺画像集》图72；《巴蜀汉代画像集》图292、306）**

1. 前挡　双阙、门吏　2. 后挡　朱雀　3. 左侧　白虎、鸟　4. 右侧　青龙、鱼、车马人物、门

图十九　合江真武村出土东汉合江21号石棺　拓本（1、2由成都市文物考古研究所提供；3、4引自《中国画像石棺全集》353、354页）
1.前挡 双阙　2.后挡 朱雀　3.左侧 青龙、建筑人物、联璧　4.右侧 白虎、人物

合江21号石棺是1999年出土于四川省合江县虎头乡真武村渔连子，长200、宽70、高76厘米，现藏合江县汉代画像石棺博物馆（图十九）[94]。棺身前挡为双阙，重檐单出阙，屋脊尾端翘起，阙身向上收分，底有基座。画面右上部分损毁。后挡一朱雀，昂首曲颈，展翅左向立，三条丰美的长尾羽往后高翘。棺身左侧面分三部分，左一青龙，左向奔腾，顶有双角，张口吐舌，颈身呈S形弯曲，后半身跃起，尾巴后垂如勾。中间下方是一干栏式建筑，楼下有梯，状似粮仓，一男子荷棒，席地而坐。右为象征天界的联璧纹。棺身右侧面是一只横贯整个画面的白虎，正侧面右向奔走，双耳直竖，两眼圆睁，张口咧齿，颈曲直身，腹下有雄性生殖器。长尾被身后男子往后拉曳。由于画面空间不足，虎的右前肢与人物右腿画入下边框内。

就图像组合而言，左右侧面青龙、白虎均朝前挡方向，搭配后挡的朱雀画像，清楚表现四神题材的意象。左侧面青龙为一独立的图像单元，与其他人物及纹饰图像单元共组画面。有趣的是，工匠为右侧面的白虎图像设计一个与之互动的人物，而非与其他图像单元共组画面，丰富了其中的情节与动态感，是较为特殊的例子。

再举合江11号石棺作为有力的反证。此石棺是1996年出土于四川省合江县合江镇黄溪侯五嘴，现藏合江县汉代画像石棺博物馆（图二十）[96]。其前后挡各刻画朱雀与玄武图像，左右侧仅以细密平行阴刻线组成菱形纹为地，没有刻绘任何画像。由此可知，工匠舍弃一般石棺在左右侧配置青龙与白虎的形式，而在前后挡配置朱雀与玄武，是相当有趣的例证。这让我们了解工匠在选择四神为石棺画像题材时，可自由选择其中部分元素加以组合。因此可再度证明四川汉代画像石棺左右侧青龙、白虎图像，是在四神题材架构下独立的图像单元，不能与其他题材混谈，方能正确解读其他画像的意涵。

从以上对于四川汉代画像石棺四神图像配置与组合分析，可以证明合江25、26号石棺的青龙与白虎都是四神的图像单元。尽管两具石棺前后挡并无朱雀与玄武图像，但可以确认整体石棺具备四神意象的表现。青龙、白虎各自与五女、五男人物画像布排于同一个画面，是两个图像单元的组合（表五）。过去学界将合江25、26号石棺左右侧画像，解释作"五女观虎图"、"五君子观虎图"及"五君子观龙图"等说法，需加以

1

2

3

4

图二十　合江黄溪侯五嘴出土东汉合
江11号石棺　　照片、拓本（引自《合
江汉代画像石棺》彩页15、17；图50，
3—4）

1、2.前挡 朱雀
3、4.后挡 玄武

修正。在此认知基础上，以下对合江25、26号石棺"五女"、"五男"画像与泸州"五女"画像，进行图像分析，以推论其意涵。

## 六、"秦五女入蜀"故事画像之成立

在分析与诠释泸州"五女"画像前，先回头检视前文提出的一个问题，亦即合江25、26号石棺在图像整体设计上，具明显的对称性与性别意识，为何男性墓主人的25号石棺左右侧分别刻画五位男子，而女性墓主人的26号石棺左右侧却分别刻画五位男子与五位女子，而非均作五位女子？这个现象说明，26号石棺的五男、五女图像，可能具有特定意义。笔者认为，前引《蜀王本纪》所载秦五女与蜀五丁事迹，正是该图像解读的佐证。

我们可以假设，负责设计合江25、26号石棺的工匠，在选择青龙、白虎作为石棺两侧画像题材的同时，他也为女性墓主人的26号石棺选用一个与女性议题有关的题材，亦即秦惠王以"五女"馈蜀王这个当地流传的历史故事，作为石棺部分的画像内容。而"秦五女"与"蜀五丁"正是此历史故事情节中的主要核心人物，具有相当程度的象征性，加上两者在性别与人数上呈现对称性，促使工匠在图像配置的设计上，分别将五位女子以及五位男子两个图像单元与青龙、白虎各组成一个画面。

在此，可以看到一个有趣的现象，亦即工匠将合江26号石棺青龙的尾部设计成涡卷的造形，犹如长蛇作卷曲状（图十），而"五女"与"五丁"的殉难，正是缘于"五丁"遇到大蛇而发生山崩，笔者认为工匠可能藉由青龙尾部造形的设计，将五丁与青龙两个原本不同的图像单元，试图以间接的手法作一个巧妙的结合。

然而，在男墓主人的合江25号石棺的设计上，又为何采用两组五位男子图像呢？笔者认为，其关键就在于两具石棺在整体设计的考虑上，著重其构图与图像配置的整体性与对称性。为配合26号石棺左右两侧分别以"五女＋白虎"与"五丁＋青龙"的组合，25号石棺也就采用"五丁＋白虎"与"五丁＋青龙"的组合，均为男性人物的画像，正与此棺使用者为男墓主人的性别相应，但这两组"五丁"图像可能就不具备蜀王五丁力士的意涵了。以下就上述假设，进一步比较四组男女人物画像表现细节，探究其可能性（表六）。

首先，合江26号石棺两组人物画像具有共通点：其一，两组人物脸部或眼神皆略微朝向另一组青龙、白虎图像，形成两组图像单元之间似乎有某种互动关系，但如前文所析，两者应分属两个不同主题的图像单元。其二，两组人物造型呈现一致性，如五位女子均梳高髻，脸部皆未刻画五官，而五位男子均戴山形冠，衣 后方略微高起，露出内衬，面

**表五　合江25、26号石棺左右侧图像单元分析** [95]

| 实例 | | 四神图像单元 | 人物图像单元 |
|---|---|---|---|
| 合江25号石棺 | 左侧 | 1 青龙 | 2 五丁 |
| | 右侧 | 3 白虎 | 4 五丁 |
| 合江26号石棺 | 左侧 | 5 白虎 | 6 五女 |
| | 右侧 | 7 青龙 | 8 五丁 |

部皆以细阴线刻绘五官。其三，两组男女人物的服饰上均作圆领开襟。以上细节说明合江26号石棺左右侧图像，在设计上相互对应，明显具有对称性与统一性。

其次，合江25号石棺两组五位男子人物画像，细节表现不尽相同，说明如下：第一，右侧五位男子图像多数呈正面像，与白虎之间无互动关系，而左侧五位男子图像，从最左与最右两位人物的姿态，分别转向中间三位人物，更是明显与青龙图像无互动关系，而且最右一位人物与前一位之间有肢体上的互动，明显与右侧人物群呈现的静态不同。第二，在人物冠饰上，有的戴山形冠，有的戴高冠，造形并不统一，又人物服饰均圆领无开襟，与合江26号石棺人物均作圆领开襟不同。

从以上比较可知，工匠在图像细节的表现上，将合江25、26号石棺的人物画像作出区隔，但又利用图像配置形式与人数的一致性，形成两具石棺图像在视觉上的对称性与统一性。因此，笔者认为合江26号石棺的"五女"与"五丁"图像既然是对称的图像单元，明显能与之对应的文献，就是《蜀王本纪》记载秦惠王以"五女"馈蜀王，蜀王遣"五丁"迎接的历史典故。工匠采用的是以男女各五位人物形象，呈现故事中两大核心人物群，以象征所指涉的历史事件，而非呈现文献中较为戏剧化的"五丁曳蛇"情节。以下针对泸州

## 表六　泸州出土汉代石棺"五女"与"五丁"图像对照 [97]

| | 五女图像 | 五丁图像 |
|---|---|---|
| 泸州五女画像石棺 | <br>1 左侧 | |
| 合江26号石棺 | <br>2 左侧 | <br>3 右侧 |
| 合江25号石棺 | | <br>4 左侧<br><br><br>5 右侧 |

"五女"画像与合江26号"五女"画像进行比较分析（表七），并作出泸州"五女"画像及其榜题意涵的最后结论。

泸州"五女"画像石棺与合江26号石棺的"五女"画像，在内容与表现方式上相当近似。首先，两者均刻绘五位朝同一方向站立的女子，无其他图像元素或情节表现。五人的脸部与身躯均非呈正面，而是略为侧转，人物手部动作主要拱手于腹前。然而，两者在五官、衣冠等细节表现上，也有所不同。前者人物脸部有刻画五官，后者则无。又，前者人物头戴巾帼，后者人物则是发髻圆耸。再者，前者身着深衣，衣上有连弧纹饰，双履外露，后者身着开襟圆领上衣，束腰，下着裙裳，双履隐于裙内，部分人物衣 曳地，但两者人物裙 或有波浪纹。

两幅五女画像较明显的差异，在于前者人物右向立，后者人物左向立；前者部分人物动作不一致，有一人一手持便面一手持棒状物，亦有一人持一圆扇，而后者均无持物。很重要的是，前者具榜题"五女"二字，后者虽无榜题，但另一侧面却有"五丁"画像与之对称。因此，笔者认为泸州"五女"画像及其榜题，也是"秦五女入蜀"的历史故事画像。至于在人物方向、服饰或动作细节上的差异，应该是不同工匠在造形设计上略施变化，但基本上皆采用五位女子朝同一方向站立的造型，特别突出性别与人数，以象征性的简约

**表七　泸州出土汉代石棺"五女"图像比较**

| 项目 | 泸州"五女"画像（A） | 号石棺"五女"画像（ |
|---|---|---|
| 图像单元 | | |
| 构图 | 五位女子依序右向立 | 五位女子依序左向立 |
| 服饰 | 头戴巾帼，身着深衣，腰至裙后有一道连弧纹饰，裙襬呈波浪纹，露出双履 | 发髻圆耸，着开襟圆领上衣，束腰，下着裙裳，有的裙尾曳地，或裙襬有波浪纹 |
| 脸部 | 脸部均刻画五官，面向右侧 | 面向左侧，露出左耳，均未刻画五官 |
| 身躯 | 身躯略右向侧直立 | 身躯略左向直立，前三位身略前倾，第五位身略后倾 |
| 手部 | 第二人左手持便面，右手持棒状物，第四人左手上举，持一圆扇，其他三人拱手于腹前 | 五人均拱手于腹前 |
| 榜题 | 榜文："五女" | （无） |
| 对称图像 | 石棺另一侧无对称之画像 | 石棺另一侧有"五丁"人物图像，两者造型与布排呈对称 |
| 同 | ・A、B 人物性别皆为女性<br>・A、B 人数皆为五人<br>・A、B 构图皆五人朝同一方向站立<br>・A、B 人物脸部与身躯均略转向，非正面像<br>・除了 A 中有两人手持物外，其他 A 与 B 人物皆拱手于腹前<br>・A、B 均无其他图像元素及情节表现 | |
| 异 | ・A 人物右向立，B 人物左向立<br>・A 脸部有刻画五官，B 脸部无刻画五官<br>・A 人物头戴巾帼，B 人物发髻圆耸<br>・A 身着深衣，双履外露，B 身着开襟圆领上衣，下着裙裳，不见履外露<br>・A 有两人手持物，B 人物均无持物<br>・A 有榜题，B 无榜题<br>・A 无对称图像，B 石棺另一侧有"五丁"人物图像，造型与布排呈对称 | |

手法，表达此一古巴蜀发展史上具重大意义的历史事件。

# 七、结　语

　　过去学界认为四川出土汉代石棺画像内容，主要以西王母仙界、墓主升仙、社会生活、镇墓辟邪，以及生殖崇拜等题材为主，历史人物故事相对较为少见。这主要缘于多数人物画像并无榜题，加上欠缺对汉画构图、图像单元组合，以及图像格套概念的理解与运用，导致许多画像意涵解读上的问题。随着新出土材料与相关研究日增，让我们认知到四川汉代石棺也有不少历史故事题材的画像，然图像内容的判读存在以下几种情况：

　　1.具明确榜题者，较容易理解其意涵，如"神农与仓颉"、"孔子问礼"[98]。

　　2.虽有榜题，但因判读有误，无法解读其意涵，仰赖榜题释读的再检讨，并确立其图像格套，再佐以相关文献资料比对，方得解读其画像意涵，如"东海太守与郎中李少君"[99]。

3. 虽无榜题，但具典型图像元素者，在与相关图像比对后，得理解其画像内容，如"荆轲刺秦王"[100]、"泗水捞鼎"[101]、"秋胡戏妻"[102]、"梁高行"[103]、"董永侍父"[104]、"季札挂剑"[105]等。

4. 少部分题材可能源于区域性的历史传说，不见其他地方出土相关图像。在研究上需透过图像元素的分析，并与相关文献资料加以比对，方得解读其画像内涵，如"白猿盗女"[106]。

5. 同一题材曾在其他地区出现过，但因图像表现形式与重点不同，导致较难透过核心图像元素的比对而解读之，同样必须在研究上找到构图近似的画像，分析其格套特点与图像元素，再从文献中寻找可能的线索，如"楚昭贞姜"[107]。

上述这些历史故事画像的呈现，有些是独自构成一个画面，有的是与其他不同题材共构一个画面。不同主题图像单元的解构，有时成为图像释读的关键。本文即运用图像单元的解构，在泸州"五女"画像的研究与分析上，循序渐进地加以论证。

笔者重新检讨学界对合江25、26号石棺青龙、白虎与五位人物图像关系的混淆，先行将两者分属不同图像单元的问题厘清，确立合江26号石棺左右两侧呈对称构图的"五女"及"五男"为两组独立的图像单元，而这两组图像单元的性别与人数特征，与《蜀王本纪》记载蜀王遣"五丁"迎接"秦五女"入蜀的两组核心人物相应。加上泸州"五女"画像石棺与合江26号石棺的两组"五女"画像，其构图与表现形式相当近似，由此推论泸州"五女"画像及其榜题，即"秦五女入蜀"历史故事。

"秦五女入蜀"画像的成立，除了为汉代历史故事画像题材再添新例，更重要的是，此题材与上述"白猿盗女"画像一样，其背景都与巴蜀当地的历史或神话传说有关，且目前相关图像的出土都仅出现于四川地区，表示这两个题材可能是巴蜀区域性的材料，同时说明当地工匠在画像题材的选择上，具有明显的地域意识。是故未来在四川汉代叙事性图像研究上，需要考虑地域性题材的可能性。

后记

2012年9月22日，山东博物馆、山东省石刻艺术博物馆，于济南举办"汉代石椁画像与汉文化研究学术研讨会"，本文初稿首次在该会议上进行口头发表。撰文与修订过程中，承蒙王锦生、贾雨田、晏满玲、索德浩、刘雨茂、杨爱国、于秋伟，以及龚诗文等诸位先生的协助与鼓励，谨致谢忱。

（原载于山东博物馆编：《山东博物馆辑刊（2017年）》，文物出版社，2019年）

**附表：四川出土"四神"画像石棺一览表[108]**

| 序号 | 实例 | 画像内容[109] | | | | | 出土地点 | 收藏单位 | 著录 |
|---|---|---|---|---|---|---|---|---|---|
| | | 棺盖 | 前挡 | 后挡 | 左侧面 | 右侧面 | | | |
| 1 | 合江25号石棺 | 细密平行阴刻斜线纹 | 日、双阙 | 月、九尾狐 | 青龙、三足鸟、蟾蜍、五丁 | 白虎、五丁 | 四川省合江县白米乡铜锣村四社崖墓 | 合江县汉代画像石棺博物馆 | 《泸州文物》25、26页；《四川文物》图24、30；《合江石棺》彩页19；16页；《石棺全集》362～365页 |
| 2 | 合江26号石棺 | 细密平行阴刻斜线纹 | 日、双阙 | 月、蟾蜍、九尾狐 | 白虎、五女 | 青龙、三足鸟、五丁 | 四川省合江县白米乡铜锣村四社崖墓 | | 《泸州文物》25、26页；《四川文物》图26；《合江石棺》彩页20；图33、56；图50-1、2；《石棺全集》366、367页 |
| 3 | 合江21号石棺[110] | 细密平行阴刻斜线纹 | （损毁） | 朱雀 | 青龙、建筑、人物、联璧 | 白虎、人物 | 四川省合江县虎头乡真武村渔渡子 | | 《石棺全集》353、354页 |
| 4 | 合江11号石棺 | 细密平行阴刻斜线纹 | 朱雀 | 玄武 | 菱形纹地 | 菱形纹地 | 四川省合江县黄溪侯五嘴 | | 《合江石棺》彩页15、17；图50-3、4 |
| 5 | 泸州1号石棺 | （无存） | 双阙、璧、朱雀、玄武、西王母、东王公 | 伏羲、女娲 | 白虎、鸟、鱼 | 青龙（残损） | 四川省泸州市洞宾亭崖墓 | 泸州博物馆 | 《石棺艺术》42、43页；《四川石棺》图156～158；《巴蜀》图307；《全集7》图186；《汉代石棺》113、114页；《石棺全集》300～302页 |
| 6 | 泸州3号石棺 | 后端：圆形图案 | 圆形图案 | （残损） | 白虎 | 青龙 | 四川省泸州市第二中学汉墓 | | 《石棺艺术》44、45页；《汉代石棺》115、116页；《四川文物》图23；《石棺全集》303～305页 |
| 7 | 乐山鞍山崖墓石棺 | （不详） | 双阙、门吏 | 朱雀 | 白虎、鸟 | 青龙、鱼、车马人物、门 | 四川省乐山市九峰乡鞍山村崖墓 | 乐山麻浩崖墓博物馆 | 《石棺艺术》87、88页；《四川石棺》图69～72；《巴蜀》图292、306；《全集7》图161～163；《汉代石棺》61～63页；《中美全2》413、414页；《石棺全集》223～225页 |
| 8 | 芦山王晖石棺 | 盖顶：七道凹弧面 前端：铺首衔环 | 仙人启门 | 玄武 | 青龙 | 白虎 | 四川省芦山县沫东乡石羊上村砖室墓 | 原地保存 | 《选集》图49～51；《四川》56、57页；《石棺艺术》1～4页；《四川石棺》图57～62；《中美全1》图97；《巴蜀》图273、274、308、338、485、486；《全集7》图91～94；《汉代石棺》65～68页；《中美全2》430、431页；《石棺全集》211～215页 |

续表

| 序号 | 实例 | 画像内容[109] | | | | | 出土地点 | 收藏单位 | 著录 |
|---|---|---|---|---|---|---|---|---|---|
| | | 棺盖 | 前挡 | 后挡 | 左侧面 | 右侧面 | | | |
| 9 | 简阳鬼头山崖墓3号石棺 | 细密平行阴刻斜线纹 | 朱雀 | 玄武、伏羲、女娲 | 白虎、天门、大司、大仓 | 青龙、鱼、仙人、日神、月神、仙禽瑞兽、神树、车马 | 四川省简阳县董家埂乡深洞村鬼头山崖墓 | 简阳市文物管理所 | 《石棺艺术》6～14页 《四川石棺》图98～100 《巴蜀》图305、350、357 《全集7》图96～100 《汉代石棺》71～73页 《中美全集2》434、435页 《石棺全集》245、246、248、249页 |
| 10 | 富顺1号石棺 | （不详） | 双阙、门吏 | 伏羲、女娲、玄武 | 青龙、西王母、骑鹿仙人、骑仙人、射人、车马、物 | 白虎、风雨雷电神人、联璧 | 四川省富顺县邓井关镇崖墓 | 富顺县文物管理所 | 《石棺艺术》40、41页 《四川石棺》图117～120 《全集7》图184、185 《汉代石棺》78、79页 《石棺全集》254～256页 |
| 11 | 新津10号石棺 | （不详） | （不详） | （不详） | 白虎 | 青龙 | 四川省新津县崖墓 | 民间收藏 | 《石棺全集》178～181页 |

**著录简称说明：**（依出版年排序）

1. 《选集》=闻宥集撰：《四川汉代画象选集》，中国古典艺术出版社，1956年。
2. 《四川》=高文编：《四川汉代画像石》，巴蜀书社，1987年。
3. 《中美全集1》=中国美术全集编辑委员会编：《中国美术全集·绘画编18：画像石画像砖》，上海人民美术出版社，1988年。
4. 《石棺艺术》=高文、高成刚编：《中国画像石棺艺术》，山西人民出版社，1996年。
5. 《四川石棺》=高文编：《四川汉代石棺画像集》，人民美术出版社，1998年。
6. 《巴蜀》=龚廷万、龚玉、戴嘉陵编：《巴蜀汉代画像集》，文物出版社，1998年。
7. 《全集7》=高文、高成英编：《中国画像石全集7：四川汉画像石》，人民美术出版社，2000年。
8. 《汉代石棺》=罗二虎：《汉代画像石棺》，巴蜀书社，2002年。
9. 《泸州文物》=王庭福：《合江汉画像石棺考略》，泸州市博物馆：《合江汉画像石棺》，《泸州文物2004特刊：泸州石刻文物研究专辑》，泸州市博物馆，2004年，26页。
10. 《四川文物》=晏满玲：《合江汉代石棺》，《四川文物》2009年4期，93页。
11. 《合江石棺》=信立祥、金维诺《合江汉代画像石棺》编委会编：《合江汉代画像石棺》，中国戏剧出版社，2010年。
12. 《中美全集2》=金维诺、信立祥编：《中国美术全集·画像石画像砖（二）》，黄山书社，2010年。
13. 《石棺全集》=高文编：《中国画像石棺全集》，三晋出版社，2011年。

# 注　释

[1] 目前泸州市下辖四县三区，包括泸县、合江县、古蔺县、叙永县、纳溪区、江阳区、龙马潭区。

[2] "秋胡戏妻"、"董永侍父"、"泗水捞鼎"、"季札挂剑"四个历史故事画像，分别刻绘于泸州11、14、16号石棺，以及合江22号石棺。参晏满玲：《泸州地区崖墓及葬具、葬品初步调查报告》，顾森、邵泽水、傅国亮编：《大汉雄风：中国汉画学会第十一届年会论文集》，高等教育出版社，2008年，456页；晏满玲：《泸州地区崖墓刍议》，《四川文物》，2009年4期，94页；晏满玲：《泸州地区汉画资源调查与分析》，中国汉画学会、四川博物院编：《中国汉画学会第十二届年会论文集》，中国国际文化出版社，2011年，279、280页；晏满玲：《四川泸州汉画考古新发现》，中国汉画学会、河南博物院编：《中国汉画学会第十三届年会论文集》，中州古籍出版社，2011年，382～383页；高文编：《中国画像石棺全集》，三晋出版社，2011年，311、315、321、355页。

[3] 高文《中国画像石棺全集》录泸州15号石棺，刻画"戏猿"画像，据巫鸿与唐长寿对"白猿盗女"故事图像之研究，笔者认为该画像内容亦为同一题材。参高文编：《中国画像石棺全集》，三晋出版社，2011年，319页；巫鸿著、张勃译：《汉代艺术中的"白猿传"画像：兼谈叙事绘画与叙事文学之关系》，巫鸿著，郑岩、王睿编：《礼仪中的美术：巫鸿中国古代美术史文编》上卷，生活·读书·新知三联书店，2005年，186～204页；唐长寿：《新津画像崖棺"玃盗女"图考》，《四川文物》，2005年6期，53～55、86页。

[4] 合江2号石棺刻绘榜题"东海太守/良中李少君"人物画像，共四人，中间握手的两人，过去多被解读为一男一女，并认为榜题东海太守即为李少君，亦即画面中右侧男性人物。然而，从人物冠服的特征判断，笔者认为两者应该皆为男性。就榜题的位置与排列而言，"东海太守"、"良中李少君"位在两人物中间，且分为两行，这可能分别指涉两位主要男性人物。构图近似的画像亦见于四川新津宝子山4号崖墓石棺及南溪2号石棺。前者有与合江2号石棺近似的榜题"东海太守"、"郎麦少君"（亦见释作"即墨少君"），后者主要的两个人物也多被解读为夫妻。罗二虎曾指出，合江2号石棺与新津宝子山4号崖墓石棺榜题内容大体相同，但不详其意涵。笔者认为上述三幅图像中的主要两位人物均为男性，两人均作握手状，显然为同一格套。所谓"良中李少君"、"郎麦少君"或"即墨少君"，笔者认为或可解读为"郎中李少君"。"即"与"郎"字形相近，而"良"字可能是工匠缺笔之故；"墨"或"麦"两字，可能因为字体漫漶，不易辨识，而将"中"与"李"作一字解读。故笔者推测此画像内容，可能与汉武帝身边著名的谏臣东海太守汲黯，以及方士李少君有关。此二人交游事宜虽不见相关记载，但从汲黯崇信黄老方术与李少君修道炼丹的背景，加上四川地区墓葬反映早期道教的发展。这或许可解释此画像题材仅见于四川之故。相关问题有待进一步分析与论证。参罗二虎：《汉代画像石棺》，巴蜀书社，2002年，42、130页。（按：此观点笔者于2012年济南参加会议时提出。相关论证参索德浩：《汉画"东海太守"与"李少君"》，《考古与文物》，2017年1期，70～77页。）

[5] 泸州市地方志编纂委员会编：《泸州市志》，方志出版社，1998年，75～81页。

[6] 晏满玲：《泸州地区崖墓刍议》，《四川文物》，2009年4期，87页。

[7] 晏满玲：《泸州地区崖墓及葬具、葬品初步调查报告》，顾森、邵泽水、傅国亮编：《大汉雄风：中国汉画学会第十一届年会论文集》，高等教育出版社，2008年，456～466页。

[8] 晏满玲：《泸州地区崖墓刍议》，《四川文物》，2009年4期，87～96页。

[9] 本文所录石棺棺身前后挡及左右侧面，以罗二虎《汉代画像石棺》一书所示为基准。参罗二虎：《汉代画像石棺》，巴蜀书社，2002年，12页图1。

[10] 晏满玲：《泸州地区崖墓刍议》，《四川文物》，2009年4期，92、95页。

[11] 苏兆庆、夏兆礼、刘云涛编：《莒县文物志》，齐鲁书社，1993年，127～133页；王思礼：《从莒县东莞汉画像石中的七女图释武氏祠"水陆攻战"图》，政协莒县委员会文史资料委员会编：《莒县文史资料 第10辑·莒文化研究专辑（一）》，政协莒县委员会文史资料委员会，1999年，201～218页（又收录于中国先秦史学会、政协莒县委员会编：《莒文化研究文集》，山东人民出版社，2002年，613～628页）；杨爱国：《不为观赏的画作：汉画像石和画像砖》，四川教育出版社，1998年，221页；邢义田：《格套、榜题、文献与画象解释：以一个失传的"七女为父报仇"汉画故事为例》，同氏著：《画为心声：图像石、画像砖与壁画》，中华书局，2011年，92～137页。过去学界认为"七女为父报仇"是一则失传的历史故事，然黄剑华提出新观点，认为此题材可能与西汉初年生有七女的射阳侯项伯有关。又，日本学者菅野惠美试图阐释此图像产生的历史脉络及其地域性等问题。参黄剑华：《汉画像中的"七女报仇图"》，《上海文博论丛》2007年3期，45～50页；菅野惠美：《"七女为父报仇"

図について：黄河下流域、特に齐地域と女性を中心に》，同氏著：《中国漢代墓葬装飾の地域的研究》，（東京）勉誠出版，2012年，125～165页。

[12] 感谢王锦生先生与晏满玲女士提供资料，谨致谢忱。又，王先生《东汉画像石棺简说》一文提及"泸州石棺几位女子上方有榜题'七女'"，即指泸州"五女"画像石棺及其榜题。笔者与王先生确认"七女"为笔误。参高文编：《中国画像石棺全集》，三晋出版社，2011年，122页。

[13] 徐中舒认为此书作者为蜀汉时代的谯周，而非西汉末年的扬雄。参徐中舒：《论〈蜀王本纪〉成书年代及其作者》，《徐中舒历史论文选辑》，中华书局，1998年，1319～1328页。

[14] 高文《中国画像石棺全集》一书将合江25、26号石棺编列为合江26、27号石棺，本文以典藏单位合江县汉代画像石棺博物馆的编号为准。参《合江汉代画像石棺》编委会编：《合江汉代画像石棺》，中国戏剧出版社，2010年，彩页19、20。

[15] 王庭福：《合江汉代画像石棺考略》，泸州市博物馆编：《泸州文物2004特刊：泸州石刻文物研究专辑》，泸州市博物馆，2004年，26页。

[16] 刘雨茂、索德浩将此石棺编列为泸州12号石棺。参刘雨茂、索德浩：《泸州画像石棺初步研究》，山东博物馆编：《齐鲁文物》第2辑，科学出版社，2013年，181～199页。

[17] 晏满玲：《泸州地区崖墓刍议》，《四川文物》，2009年4期，92、95页。

[18] 晏满玲：《泸州地区崖墓刍议》，《四川文物》，2009年4期，93页图28。（按：泸州"五女"画像石棺完整拓本图版，早已收录于刘雨茂先生2011年底完成的博士学位论文。该文对泸州地区所见"五女"、"五男"画像亦未进行考证，仅以人物与青龙、白虎、三足乌同在，认为应该是天界仙人。笔者2012年撰写本文时，不及阅其大作，故未述及。参刘雨茂：《汉画像石棺及其神仙信仰研究》，山东大学博士学位论文，2011年，111、164～166页。）

[19] 中国汉画学会、四川博物院编：《中国汉画学会第十二届年会论文集》，282页图22。据索德浩先生提供石棺照片，得知该线绘图中的朱雀造形，其尾部比例略显过长。再者，原棺身上下宽度相同，无向上收分，线绘图所绘后挡呈梯形，也有误差。本文图二之2引用该图，但对于图版略作修正。

[20] 2012年11月中旬，索德浩先生提供此石棺之照片、拓本图档，本文乃据此修订画像内容。谨致谢忱。

[21] 李零对"柿蒂纹"之名提出新观点，主张将"柿蒂纹"更名为"方华纹"或"方花纹"。参李零：《"方华蔓长，名此曰昌"：为"柿蒂纹"正名》，《中国国家博物馆馆刊》，2012年7期，35～41页。

[22] 晏满玲将此棺盖花形图案释作"莲花"。笔者根据索德浩先生提供石棺照片及拓本，得见该图案未表现莲蓬细孔，故本文未采"莲花"之说。参晏满玲：《泸州地区崖墓刍议》，《四川文物》，2009年4期，92页表3。

[23] 朱存明：《四川石棺画像的象征模式》，《民族艺术》，2004年4期，57～62页。

[24] [唐]徐坚：《初学记》（南宋绍兴十七年崇川余四十三郎刻本），人民出版社，2009年，507页。

[25] 萧全成：《蟾蜍与中国古代民间习俗》，《四川文物》，1992年5期，9～13页。

[26] 赵殿增、袁曙光：《"天门"考：兼论四川汉画像砖（石）的组合与主题》，《四川文物》，1990年6期，3～11页；唐长寿：《汉代墓葬门阙考辩》，《中原文物》，1991年3期，67～74页；李卫星：《对四川汉画"天门"图像考释之我见》，《四川文物》，1994年3期，59～61页；李卫星：《对四川汉画中"天门"图像的新认识》，南阳市文化局编：《汉代画像石砖研究：93·中国·南阳汉画国际学术研讨会论文集》，中原文物编辑部，1996年，149～151页；刘增贵：《汉代画象阙的象征意义》，《中国史学》第10卷，2001年12月，97～127页；赵殿增、袁曙光：《"天门"续考》，朱青生编：《中国汉画研究》第1卷，广西师范大学出版社，2004年10月，27～34页；李清泉：《天门寻踪》，巫鸿、朱青生、郑岩编：《古代墓葬美术研究》第3辑，湖南美术出版社，2015年，27~48页；霍巍：《阙分幽明：再论汉代画像中的门阙与"天门"》，巫鸿、朱青生、郑岩编：《古代墓葬美术研究》第4辑，湖南美术出版社，2017年，78～90页。

[27] 袁珂：《山海经校注》，上海古籍出版社，1980年，50页。

[28] 袁珂：《山海经校注》，上海古籍出版社，1980年，306页。

[29] "求药"画像中的长茎状物，令笔者联想到西汉流传西王母信仰中"行诏筹"的风俗。《汉书》卷二十七《五行志下》载："哀帝建平四年正月，民惊走，持藁或棷一枚，传相付与，曰行诏筹。道中相过逢，多至千数。或被发徒跣，或夜折关，或逾墙入，或乘车骑奔驰，以置驿传行，经历郡国二十六，至京师。其夏，京师郡国民聚会里巷阡陌，设张博具，歌舞祠西王母。又传书曰：母告百姓，佩此书者不死。不信我，言视门枢下，当有白发。"所谓"行诏筹"就是信众之间相互传递西王母神秘的"诏书"，配有此者，可长生不死。此诏书即以"藁"或"棷"作为象征，两者所指为稻草、麦杆或麻干，故笔者认为此幅"求药"画像，疑似表现"行诏筹"。参 [东汉] 班固：《汉书》（中华书局标点本），鼎文书局，1986年，1476页。

[30] 杨爱国：《汉画像石上的接吻图考辨》，《四川文物》，1994年4期，22～25页；杨孝鸿：《四川汉代秘戏图画像砖的思

考》，《四川文物》，1996年2期，86～89页；武利华：《汉画像石"秘戏图"研究》，朱青生编：《中国汉画学会第九届年会论文集》上册，中国社会出版社，2004年，197～212页；李立、史培争：《汉画的叙述：四川汉代性题材画像研究》，《江西社会科学》，2010年9期，32～41页。

[31] 笔者撰写初稿时，根据晏满玲女士提供泸州"五女"画像石棺线绘图进行人物服饰描述时，将之记录为左衽，但参考索德浩先生提供之照片档案，原石的刻画上并非表现左衽，故删除之。笔者于2012年9月22日"汉代石椁画像与汉文化研究学术研讨会"发表《四川泸州"五女"汉画像初探》一文时，中国社会科学院历史研究所研究员马怡先生建议笔者，针对左衽及其人物族群属性作进一步阐释。由于本文删除左衽之描述，故未从其议。特此说明并致谢。

[32] 巫鸿认为"东汉石棺的画像装饰遵循着一种结构程序：天空的场景出现在顶部；入口的场景和宇宙的象征分别占据着前挡和后挡；石棺两侧的画面由多种题材组合而成，但总是突出了某种特定主题，如对灵魂的护卫、宴饮、超凡的仙界或儒家的伦理。"参巫鸿：《四川石棺画像的象征结构》，巫鸿著，郑岩、王睿编：《礼仪中的美术：巫鸿中国古代美术史文编》上卷，生活·读书·新知三联书店，2005年，185页。四川汉画像石棺画像配置及其象征意义相关研究，参刘雨茂：《汉画像石棺及其神仙信仰研究》，山东大学博士学位论文，2011年，97～120页。

[33] [清]严可均校辑：《全上古三代秦汉三国六朝文·全汉文》卷五十三《扬雄·蜀王本纪》，中华书局，1991年，414页。

[34] [东晋]常璩撰、任乃强校注：《华阳国志校补图注》，上海古籍出版社，1987年，123页。

[35] [汉]司马迁撰、[刘宋]裴骃集解、[唐]司马贞索隐、[唐]张守节正义：《史记》（中华书局点校本），鼎文书局，1981年，205页。

[36] [清]严可均校辑：《全上古三代秦汉三国六朝文·全汉文》卷五十三《扬雄·蜀王本纪》，中华书局，1991年，414页。

[37] [东晋]常璩撰、任乃强校注：《华阳国志校补图注》，上海古籍出版社，1987年，123页。

[38] [汉]司马迁撰、[刘宋]裴骃集解、[唐]司马贞索隐、[唐]张守节正义：《史记》（中华书局点校本），鼎文书局，1981年，2282页。

[39] [清]严可均校辑：《全上古三代秦汉三国六朝文·全汉文》卷五十三《扬雄·蜀王本纪》，中华书局，1991年，414页。

[40] 《蜀王本纪》载："《秦惠王本纪》曰：秦惠王欲伐蜀，乃刻五石牛，置金其后。蜀人见之，以为牛能大便金牛下，有养卒以为此天牛也，能便金。蜀王以为然，即发卒千人，使五丁力士拖牛成道，致三枚于成都。秦道得通，石牛之力也。后遣丞相张仪等，随石牛道伐蜀焉。"过去学界皆据此认为秦国利用石牛打通蜀道而得以灭蜀国。徐中舒论及"蜀本纪中石牛、石笋、石镜之说，也是即景敷说，不必有什么依据。"未加以申论，任建库则指出，《华阳国志·蜀志》载有李冰曾凿五头石犀牛的事迹，而"牛"与"女"二字发音相近，可能因为语音上的混淆，原本"迎接五女"的历史事件，在历经数百年的传播过程中，被人们讹为"五牛"，因而"迎接五女"与"石牛开道"两个版本的故事都被保留下来。笔者采任建库的观点，认为秦打通蜀道的策略应为馈送五女而非五牛。参［清］严可均校辑：《全上古三代秦汉三国六朝文·全汉文》卷五十三《扬雄·蜀王本纪》，中华书局，1991年，414页；徐中舒：《论〈蜀王本纪〉成书年代及其作者》，《徐中舒历史论文选辑》，中华书局，1998年，1323页；任建库：《秦灭蜀战争"石牛计"故事的形成》，秦始皇兵马俑博物馆研究室编：《秦文化论丛》第11辑，西北大学出版社，2004年，237～252页。

[41] 《汉书》卷二十八《地理志》曰："广汉郡，（高帝置，莽曰就都，属益州）……（有工官）县十三：梓潼（五妇山，驰水所出，南入涪，行五百五十里。莽曰子同）……"；《华阳国志》卷二《汉中志》载："梓潼县郡治，有五妇山，故蜀五丁士所拽蛇崩山处也"。《水经注》卷三十二《梓潼水》曰："广汉郡，公孙述改为梓潼郡，刘备嘉霍峻守葭萌之功，又分广汉以北，别为梓潼郡，以峻为守。县有五女，蜀王遣五丁迎之，至此见大蛇入山穴，五丁引之，山崩，压五丁及五女，因氏山为五妇山，亦曰五妇候。驰水所出，一曰五妇水，亦曰潼水也。"又注："此《注》本常说，不得云县有五女，当作'县有五妇山，秦献五女'九字方合"。参［东汉］班固：《汉书》（中华书局标点本），鼎文书局，1986年，1597页；[东晋]常璩撰、任乃强校注：《华阳国志校补图注》，上海古籍出版社，1987年，91页；陈桥驿：《水经注校释》，杭州大学出版社，1999年，2720页。

[42] [明]曹学佺：《蜀中名胜记》（清咸丰伍崇校刊本），艺文印书馆，1965年，叶16b～17a。

[43] [清]张埙纂、顾声雷修：《乾隆兴平县志》（清光绪二年刻本），凤凰出版社，2007年，57页。

[44] [清]张埙纂、顾声雷修：《乾隆兴平县志》（清光绪二年刻本），凤凰出版社，2007年，57页。

[45] 任建库：《秦灭蜀战争"石牛计"故事的形成》，秦始皇兵马俑博物馆研究室编：《秦文化论丛》第11辑，西北大学出版社，2004年，245、246页。

[46] 参注40。

[47] [东晋]常璩撰、任乃强校注：《华阳国志校补图注》，上海古籍出版社，1987年，126页。

[48] 王子今：《秦兼并蜀地的意义与蜀人对秦文化的认同》，《四川师范大学学报（社会科学版）》第25卷第2期，1998年4

月，111～115页。

[49] [宋]乐史编、王文楚等点校：《太平寰宇记》第1册，中华书局，2007年，362页。

[50] 按《史记·六国年表》，齐愍王于宣王十九年即位，在位四十年。学者据《史记·楚世家》提出愍王两次伐楚，分别在齐愍王二十一年与二十三年。然而，钱穆《先秦诸子系年》考其在位十八年，杨宽《战国史》考其在位十七年，即卒于公元前284年，与两次伐楚时间矛盾，故本文暂不从。参战化军、姜颖：《齐国人物志》，齐鲁书社，2004年，396～401页。

[51] 何爱华：《淳于意生平事迹辨证》，《文献》，1988年2期，102～113页。

[52] [汉]司马迁撰、[刘宋]裴骃集解、[唐]司马贞索隐、[唐]张守节正义：《史记》（中华书局点校本），鼎文书局，1981年，2794、2795页。

[53] 王思礼论及武氏祠前石室西壁下画像石（旧编号前石室第六石），认为该石除了有"七女为父报仇"故事画像以外，其上一列马车出行图的右段画面为"缇萦救父"故事，表现淳于意被押解上车，前往长安受审，缇萦跪求随父赴京的情节。笔者认为此论点有待商榷，故不在本文中引用讨论。参王思礼：《从莒县东莞汉画像石中的七女图释武氏祠"水陆攻战"图》，中国先秦史学会、政协莒县委员会编：《莒文化研究文集》，山东人民出版社，2002年，621～623页。

[54] [东汉]班固：《汉书》（中华书局标点本）卷二十三《刑法志》，鼎文书局，1986年，1097、1098页；[汉]刘向：《新刊古列女传》（文选楼丛书本，商务印书馆，1936年）卷六《辩通传》，叶18a～18b。

[55] [刘宋]范晔撰、[唐]李贤等注、[西晋]司马彪补志：《后汉书》（中华书局点校本），鼎文书局，1981年，2941页。

[56] [刘宋]范晔撰、[唐]李贤等注、[西晋]司马彪补志：《后汉书》（中华书局点校本），鼎文书局，1981年，2941页。

[57] [唐]段成式：《酉阳杂俎》（上海商务印书馆缩印明刊本），（台北）商务印书馆，1965年，136页。

[58] 陈桥驿：《水经注校释》，杭州大学出版社，1999年，499页。

[59] 洱水是古河名，在今河南南阳县北，出于河南熊耳山，东南流注于淯水，即今河南白河。参史为乐编：《中国历史地名大辞典》下册，中国社会科学出版社，2005年，1389、2449页。

[60] 《中国古今地名大词典》曰："山都县，古县名。秦置。治于今湖北省襄樊市襄阳区西北，属南阳郡。东汉迁治今湖北省谷城县东南。三国魏属襄阳郡。西晋惠帝属新野郡。"参《中国古今地名大词典》编纂委员会编：《中国古今地名大词典》上册，上海辞书出版社，2005年，237页。

[61] 关于"五女墩"或"五女激"究竟是在洱水或沔水的问题，据《汉书》卷二十八上《地理志·弘农郡》载："卢氏（县），熊耳山在东。……有洱水，东南至鲁阳，亦入沔。皆过郡二，行六百里"，可知洱水与沔水在鲁阳（今河南鲁山县）有其交汇处，推测地点可能在鲁山县附近。此非本文讨论重点，故暂不细考。参[东汉]班固：《汉书》（中华书局标点本），鼎文书局，1986年，1549页。

[62] [刘宋]范晔撰、[唐]李贤等注、[西晋]司马彪补志：《后汉书》（中华书局点校本），鼎文书局，1981年，2772、2773页。

[63] 王永平：《魏晋任诞风气的先声：略论汉末逸民戴良之"诞节"及其与魏晋风度之关系》，《江苏社会科学》，2006年2期，197～202页。

[64] 余英时论及戴良年代无考，据《后汉书》卷八十三《黄宪传》，认为戴良与郭林宗（128～169年）为同时代之人，故本文以之为"约桓灵时期之人"。参余英时：《汉晋之际士之新自觉与新思潮》，同氏著：《中国知识阶层史论·古代篇》，联经出版社，1980年，249、250页。

[65] 刘雨茂、索德浩将此石棺（泸州12号石棺）分属第二期，而该文第二期的界定在东汉中期，部分作品到东汉中晚期。参刘雨茂、索德浩：《泸州画像石棺初步研究》，山东博物馆编：《齐鲁文物》第2辑，科学出版社，2013年，181～199页。

[66] 参注3。

[67] 晏满玲将合江26号棺身右侧面五位人物判读为"五女"。然较之于合江25号石棺男性人物的冠服造型，笔者认为此五人皆是男性。参晏满玲：《泸州地区崖墓刍议》，《四川文物》，2009年4期，92页表3第17项。

[68] 泸州市地方志编纂委员会编：《泸州市志》，方志出版社，1998年，109、110页。

[69] 《合江汉代画像石棺》一书之"合江汉代画像石棺发现与出土登记表"，共录33件，其中编号13与14号两件为宋代石棺，因此本文修订合江汉代画像石棺为31件。然而，范小平纪录合江出土汉画像石棺有60多具，又说1984到2010年间出土有50多具，两说皆与上述该馆登录数量有所出入，有待查证。参《合江汉代画像石棺》编委会编：《合江汉代画像石棺》，中国戏剧出版社，2010年，页20表1；范小平：《四川画像石棺艺术》，巴蜀书社，2011年，59、87页。

[70] 晏满玲文所刊布的线绘图，经笔者比对石棺照片，确认该图为合江25号石棺前挡的日、双阙图像，而非合江26石棺前挡的月、双阙图像。参晏满玲：《泸州地区崖墓刍议》，《四川文物》，2009年4期，93页图30。

[71] 王庭福将合江25号石棺前后挡圆形图案各解读为太阳、月亮，而晏满玲及《合江汉代画像石棺》一书则将两者均释作太阳。笔者于2012年9月12日济南"汉代石椁画像与汉文化研究学术研讨会"发表初稿时，分别将此石棺前后挡图像判读为日、双阙及日、天狗，又将合江26号石棺前后挡图像分别判读为月、双阙，以及月、九尾狐。会后索德浩先生针对合江25、26号前后挡圆形图案提出不同解读。他认为单一石棺即代表一个小宇宙的概念，因此两具石棺前后挡各一圆形图案，应各自代表太阳、月亮，笔者认同其意见，据此修订之。再者，原本笔者将合江25号石棺后挡动物图像解读为"天狗"，亦依据月图之意涵，修订为"九尾狐"，并将合江26号石棺前挡圆形图案的解读，由"月"修订为"日"。特此致谢。参王庭福：《合江汉代画像石棺考略》，泸州市博物馆编：《泸州文物2004特刊：泸州石刻文物研究专辑》，泸州市博物馆，2004年，25～26页；晏满玲：《泸州地区崖墓刍议》，《四川文物》，2009年4期，92页表3第16项；《合江汉代画像石棺》编委会编：《合江汉代画像石棺》，中国戏剧出版社，2010年，图32、16页。（按：合江25、26号石棺前后挡圆形图案与瑞兽，应作日、月与九尾狐解释的观点，刘雨茂先生已于2011年率先为文提出，笔者撰文时未及阅知。参刘雨茂：《汉画像石棺及其神仙信仰研究》，山东大学博士学位论文，2011年，32、84～86页。）

[72] 高文将此动物解读为天狗，而晏满玲、王庭福及《合江汉代画像石棺》一书，均将此动物解读为九尾狐。从前注讨论合江25号后挡圆形图案象征月亮一点考虑，并分析整体画像题材的配置与造形，笔者认为此动物应解读为九尾狐。参高文：《中国石棺画像全集》，三晋出版社，2011年，365页图说；晏满玲：《泸州地区崖墓刍议》，《四川文物》，2009年4期，92页表3第16项，93页图24图说；王庭福：《合江汉代画像石棺考略》，泸州市博物馆编：《泸州文物2004特刊：泸州石刻文物研究专辑》，泸州市博物馆，2004年，26页；《合江汉代画像石棺》编委会编：《合江汉代画像石棺》，中国戏剧出版社，2010年，20页表1。

[73] 袁珂：《山海经校注》，上海古籍出版社，1980年，347页。

[74] [清]黄奭辑：《孝经援神契》，艺文印书馆，1972年，叶39b。

[75] 袁珂：《山海经校注》，上海古籍出版社，1980年，306页。

[76] [汉]司马迁撰、[刘宋]裴骃集解、[唐]司马贞索隐、[唐]张守节正义：《史记》（中华书局点校本），鼎文书局，1981年，3062页。

[77] 参注71。

[78] 晏满玲《泸州地区崖墓刍议》一文将九尾狐又作天狗解读，有其矛盾处。从后挡圆形图案象征月亮的角度，以及整体画像题材配置与造形考虑，笔者认为应解读为九尾狐。又，王庭福《合江汉代画像石棺考略》的文字与图版，以及《合江汉代画像石棺》一书所录画像内容，皆缺九尾狐。参晏满玲：《泸州地区崖墓刍议》，《四川文物》2009年4期，93页图26、92页表3第17项；王庭福：《合江汉代画像石棺考略》，泸州市博物馆编：《泸州文物2004特刊：泸州石刻文物研究专辑》，泸州市博物馆，2004年，26页；《合江汉代画像石棺》编委会编：《合江汉代画像石棺》，中国戏剧出版社，2010年，20页表1编号26。

[79] 图1、2、4引自晏满玲：《泸州地区崖墓刍议》，《四川文物》，2009年4期，93页图24、26、30。比例上据贾雨田先生提供照片略作微调；图3是据贾雨田先生提供照片绘制，谨致谢忱。

[80] 此表线绘图乃据贾雨田先生提供照片绘制，谨致谢忱。

[81] 王庭福：《合江汉代画像石棺考略》，泸州市博物馆编：《泸州文物2004特刊：泸州石刻文物研究专辑》，泸州市博物馆，2004年，26页。

[82] 晏满玲：《泸州地区崖墓刍议》，《四川文物》，2009年4期，92页表3第16、17项。

[83] 《合江汉代画像石棺》编委会编：《合江汉代画像石棺》，中国戏剧出版社，2010年，彩页19、20页说、20页表1。

[84] 高文编：《中国画像石棺全集》，三晋出版社，2011年，363、364、367页。

[85] 蒋英炬：《略论曲阜"东安汉里画象"石》，《考古》，1985年12期，1130～1135页。

[86] 雷建金：《简阳县鬼头山发现榜题画像石棺》，《四川文物》，1988年6期，65页；方建国、雷建金、唐朝君、付成金：《四川简阳县鬼头山东汉崖墓》，《文物》，1991年3期，20～25页；韩光：《对四川简阳石棺画像的几点认识》，《汉画研究》，1993年3期，46～49页（同文又以李陈广、韩玉祥并列作者，收录于南阳市文化局编：《汉代画像石砖研究：93·中国·南阳汉画国际学术研讨会论文集》，中原文物编辑部，1996年，152～155页）；罗二虎：《汉代画像石棺》，巴蜀书社，2002年，71～73页。

[87] 高文、高成英：《四川出土的十一具汉代画像石棺图释》，《四川文物》，1988年3期，17～19页；谢荔：《泸州博物馆收藏汉代画像石棺考释》，《四川文物》，1991年3期，32、33页；罗二虎：《汉代画像石棺》，巴蜀书社，2002年，113、114页；高文编：《四川汉代石棺画像集》，人民美术出版社，1998年，图156～158；高文、高成刚编：《中国画像石棺艺术》，山西人民出版社，1996年，42～43页。以上所录青龙图版方向不一，罗二虎版本为正确者。

[88] 晏满玲所录"西王母画像石棺"即泸州1号石棺，其中后挡未著录伏羲、女娲，左侧青龙，应更正为白虎、鸟、鱼，右侧

玄武应更正为青龙。参晏满玲：《泸州地区崖墓刍议》，《四川文物》，2009年4期，92页表3第22项。

[89] 高文、高成英：《四川出土的十一具汉代画像石棺图释》，《四川文物》，1988年3期，21、22页；罗二虎：《汉代画像石棺》，巴蜀书社，2002年，78、79页。

[90] 参注89。

[91] 罗二虎：《汉代画像石棺》，巴蜀书社，2002年，65～68页；任乃强：《芦山新出土汉石图考》，《康导月刊》第4卷第6、7期，1942年11月，19～22页；任乃强：《辨王晖石棺浮雕》，《康导月刊》第5卷第1期，7～17页；高子期：《王晖石棺略说》，《四川文物》，2009年5期，64～66页。

[92] 高文编：《中国画像石棺全集》，三晋出版社，2011年，178～179、303～305页；罗二虎：《汉代画像石棺》，巴蜀书社，2002年，115～116页；高文、高成刚编：《中国画像石棺艺术》，山西人民出版社，1996年，44～45页。

[93] 罗二虎：《汉代画像石棺》，巴蜀书社，2002年，61～63页；高文编：《中国画像石棺全集》，三晋出版社，2011年，223～225页；高文编：《四川汉代石棺画像集》，人民美术出版社，1998年，图69～72；龚廷万、龚玉、戴嘉陵编：《巴蜀汉代画像集》，文物出版社，1998年，图292、306；高文、高成英编：《中国画像石全集7：四川汉画像石》，人民美术出版社，2000年，图161～163。

[94] 《中国画像石棺全集》一书将出土地讹误为鱼莲子，应为渔连子。此讯息为贾雨田先生告知，谨致谢忱。参高文编：《中国画像石棺全集》，三晋出版社，2011年，353、354页。

[95] 此表线绘图乃笔者据贾雨田先生提供照片绘制与整理，谨致谢忱。

[96] 《合江汉代画像石棺》编委会编：《合江汉代画像石棺》，中国戏剧出版社，2010年，彩页15、16、20页表1、88页图50。

[97] 本表图1是笔者据索德浩先生提供照片与拓本绘制，图2～5是笔者据贾雨田先生提供照片绘制，谨致谢忱。

[98] 两题材均见于新津宝子山4号崖墓石棺。参罗二虎：《汉代画像石棺》，巴蜀书社，2002年，42页；龚廷万、龚玉、龚嘉陵编：《巴蜀汉代画像集》，文物出版社，1998年，图245；高文编：《四川汉代石棺画像集》，人民美术出版社，1998年，图188；高文、高成刚编：《中国画像石棺艺术》，山西人民出版社，1996年，103页；高文编：《中国画像石棺全集》，三晋出版社，2011年，412、413页；高文、高成英编：《中国画像石全集7：四川汉画像石》，人民美术出版社，2000年，图200；闻宥：《四川汉代画象选集》，中国古典艺术出版社，图43；高文编：《四川汉代画像石》，巴蜀书社，1987年，77页。

[99] 见于新津宝子山4号崖墓石棺、合江2号石棺及南溪二号石棺。相关讨论，请参注4。

[100] 见于江安县桂花村1号石室墓1号石棺。参高文编：《四川汉代石棺画像集》，人民美术出版社，1998年，图219；龚廷万、龚玉、龚嘉陵编：《巴蜀汉代画像集》，文物出版社，1998年，图243；罗二虎：《汉代画像石棺》，巴蜀书社，2002年，97页；高文、高成刚编：《中国画像石棺艺术》，山西人民出版社，1996年，98页；崔陈：《江安县黄龙乡魏晋石室墓》，《四川文物》1989年第1期，63页；崔陈：《宜宾地区出土汉画像石棺》，《考古与文物》1991年第1期，34页。

[101] 见于江安县桂花村1号石室墓1号石棺、长宁5号石棺、泸州11号石棺。参上注及高文编：《中国画像石棺全集》，三晋出版社，2011年，296、297、310、311页。

[102] 见于新津宝子山2号崖墓石棺、新津邓双镇龙岩村石棺（新津4号石棺）及泸州14号石棺。参高文编：《中国画像石棺全集》，三晋出版社，2011年，160、161、314、315、414、415页。

[103] 见于新津13号石棺。参拙文《四川新津"梁高行"及"楚昭贞姜"汉画像考》，林保尧、龚诗文编：《美术考古与文化资产：以台湾地区学者的论述为中心》，上海大学出版社，264～292页。

[104] 见于合江22号石棺。参高文编：《中国画像石棺全集》，三晋出版社，2011年，354、355页。

[105] 见于泸州16号石棺。参高文编：《中国画像石棺全集》，三晋出版社，2011年，320、321页。

[106] 见于新津宝子山崖墓5、6号崖棺、内江东汉画像石棺以及泸州15号石棺。参注3。

[107] 见于新津13号石棺、新津1号石棺、新津崖墓石函。参拙文《四川新津"梁高行"及"楚昭贞姜"汉画像考》，林保尧、龚诗文编：《美术考古与文化资产：以台湾地区学者的论述为中心》，上海大学出版社，264～292页。

[108] 本表主要收集四川地区出土汉代画像石棺棺身左右侧面各刻有一龙一虎之作品，不包含刻绘龙虎衔璧画像之石棺。其中合江11号石棺虽非左右侧有青龙、白虎，但其前后为朱雀、玄武，故列入此表，作为论述之佐证。

[109] 本表所列石棺棺身前后挡及左右侧面，以罗二虎《汉代画像石棺》所示为基准。参罗二虎：《汉代画像石棺》，巴蜀书社，2002年，12页图1。

[110] 此棺之棺盖、棺身前后挡画像内容，由贾雨田先生提供，谨致谢忱。

# 附录二

# 泸州地区墓葬画像研究论著索引

## 一、古代历史文献

[汉]许慎撰、段玉裁注：《说文解字注》，上海古籍出版社，1988年。

[清]张玉书等编：《康熙字典》，上海书店出版社，1985年。

[西汉]司马迁撰：《史记》，中华书局，1982年。

[东汉]班固撰、颜师古注：《汉书》，中华书局，1962年。

[宋]范晔撰、[唐]李贤等注：《后汉书》，中华书局，1965年。

[汉]桑弘羊著、王利器校注：《盐铁论校注》，中华书局，1992年

何宁撰：《淮南子集释》，中华书局，1998年。

黄晖：《论衡校释》，中华书局，1990年。

[清]陈立撰：《白虎通疏证》，中华书局，1994年。

[汉]应劭撰、王利器校注：《风俗通义校注》，中华书局，1981年。

[汉]刘熙撰、[清]毕沅疏、王先谦补、祝敏彻、孙玉文校：《释名疏证补》，中华书局，2008年。

张涛：《列女传译注》，山东大学出版社，1990年。

程俊英、蒋见员：《诗经注析》，中华书局，1991年。

《神异经》，《汉魏丛书》本。

[晋]郭璞撰，袁珂校注：《山海经校注》，巴蜀书社，1993年。

[晋]常璩撰、任乃强校注：《华阳国志校补图注》，上海古籍出版社，1987年。

[宋]洪兴祖撰、白化文等校点：《楚辞补注》，中华书局，1983年。

[梁]萧统：《文选》，上海古籍出版社，1998年。

[晋]王嘉、齐治平校注：《拾遗记》，《古小说丛刊》，中华书局，1981年。

王根林等校点：《神异经》，《汉魏六朝笔记小说大观》，上海古籍出版社，1999年。

[汉]郑玄注、[唐]贾公彦疏：《周礼注疏》，北京大学出版社，1999年。

[唐]杜佑撰、王文锦等点：《通典》，中华书局，1988年版。

[宋]李昉等：《太平御览》，中华书局，1960年。

王明：《抱朴子内篇校释》(增订本)，中华书局，1985年。

[东汉]蔡邕，[清]阮元辑：《琴操》，江苏古籍，1988年。

《列仙传》，《古今逸史》49，景明刻本。

[晋]干宝撰，汪绍楹校注：《搜神记》，中华书局，1979年。

龚克昌等评注：《全汉赋评注》，花山文艺出版，2003年。

## 二、发掘简报

高文：《绚丽多彩的画像石——四川解放后出土的五个汉代石棺椁》，《四川文物》1985年第1期。

王开建：《合江县出土东汉石棺》，《四川文物》1985年第3期。

谢荔、徐利红：《四川合江县东汉砖室墓清理简报》，《文物》1992年第4期。

王庭福、李一洪：《合江张家沟二号崖墓画像石棺发掘简报》，《四川文物》1995年第5期。

冯健：《泸县毗卢镇发现汉代崖墓群》，《泸州文物》2001年第2期。

彭文科：《泸州市龙马潭区鱼塘镇洞宾亭汉代崖墓清理简报》，《泸州文物》2007年第2期。

邹西丹：《泸州市石洞镇发现东汉"延熹八年"纪年画像石棺》，《四川文物》2007年第6期。

李乙洪、张采秀：《合江县东汉崖墓群清理简报》，《泸州文化》2008年第8期。

徐华：《泸县出土画像石棺》，《四川文物》2010年第6期。

## 三、图录

闻宥：《四川汉代画像选集》，群联出版社，1955年。

高文主编：《四川汉代画像石》，巴蜀书社，1987年。

吕林：《四川汉代画像艺术选》，四川美术出版社，1988年。

常任侠主编：《中国美术全集.绘画编18.画像石画像砖》，上海人民美术出版社，1988年。

重庆市文化局、重庆市博物馆：《四川汉代石阙》，文物出版社，1992年。

高文、高成刚：《中国画像石棺艺术》，山西人民出版社，1996 年。

高文：《四川汉代石棺画像集》，人民美术出版社，1997年。

龚廷万、龚玉等：《巴蜀汉代画像集》，文物出版社，1998年。

高文主编：《中国画像石全集（第七卷）——四川汉画像石》，河南美术出版社，2000年。

信立祥：《汉代画像石综合研究》，文物出版社，2000年。

王子云：《中国雕塑艺术史》，岳麓书社，2005年。

《合江汉代画像石棺》编委会：《合江汉代画像石棺》，中国戏剧出版社，2010年。

# 四、论著

高文：《四川汉代画像石》，巴蜀书社，1987 年。

韩玉祥主编：《汉画学术文集》，河南美术出版社，1996年。

信立祥：《汉代画像石综合研究》，文物出版社，2000年。

李凇：《论汉代艺术中的西王母画像》，湖南教育出版社，2000年。

王建中：《汉代画像石通论》，紫禁城出版社，2001年。

蒋英炬、杨爱国：《汉代画像石与画像砖》，文物出版社，2001年。

罗二虎：《汉代画像石棺》，巴蜀书社，2002年。

罗二虎：《西南汉代画像与画像墓研究》，四川大学博士学位论文，2002年。

李立：《汉墓神话研究——神话与神话艺术精神的考察与分析》，上海古籍出版社，2004年。

周学鹰：《解读汉画像砖石中的汉代文化》，中华书局，2005年。

范小平：《四川崖墓艺术》，巴蜀书社，2006年。

杨爱国：《幽明两界——纪年汉代画像石研究》，陕西人民美术出版社，2006年。

林巳奈夫：《刻在石头上的世界》，商务印书馆，2010年。

# 五、研究性文章

## （一）对泸州地区画像的专门研究
### 1.墓葬形制及其综合研究

晏满玲：《泸州地区崖墓及葬具、葬品调查》，《泸州文物》2007年第2期。

晏满玲：《泸州地区崖墓刍议》，《四川文物》2009年第4期。

晏满玲：《泸州地区汉画资源调查与分析》，《中国汉化学会第十二届年会论文集》，中国国际文化出版社，2010年。

### 2.单个石棺及画像题材研究

张遐龄、陈鑫明：《泸州出土汉画像石棺鱼雀图考》，《四川文物》1991年第1期。

谢荔：《泸州博物馆收藏汉代画像石棺考释》，《四川文物》1991年第3期。

夏忠润：《四川合江县东汉砖室墓石棺盖"玄武"质疑》，《文物》1993年第3期。

王庭福：《合江画像石棺考释》，《泸州文物》2007年第2期。

徐华：《泸州地区汉代石棺伏羲女娲画像与传说》，《泸州文化》2008年第8期。

徐　华：《泸州汉画像石西王母图像赏析》，《泸州文化》2009年第10期。

## （二）涉及泸州地区画像的研究
### 1.综合研究中涉及泸州地区画像的文章

冯汉骥：《四川的画像砖墓及画像砖》，《文物》1961年第11期。

夏超雄：《汉墓壁画、画像石材内容试探》，《北京大学学报·哲社版》1984年第1期。

高文：《四川汉代画像石初探》，《四川文物》1985年第4期。

罗二虎：《四川崖墓的初步研究》，《考古学报》1988年第2期。

高文、高成英：《四川出土的十一具汉代画像石棺图释》，《四川文物》1988年第3期。

信立祥：《汉画像石的分区与分期研究》，《考古类型学的理论与实践》，文物出版社，1989年。

高文、范小平：《四川汉代画像石棺艺术研究》，《中原文物》1991年第3期。

谢荔：《四川汉代碑刻艺术初论》，《四川文物》1992年第6期。

[日]山下志保著、夏麦陵节译：《画像石墓与东汉时代的社会》，《中原文物》1993年第4期。

李卫星：《山东与四川汉画的比较研究》，《四川文物》1995年第3期。

高文、范小平：《中国画像石棺艺术研究》，《中国画像石棺艺术·序》，山西人民出版社，1996年。

高文：《四川汉代石棺画像概论》，《四川文物》1997年第4期。

罗二虎：《汉代画像石棺研究》，《考古学报》2000年第1期。

罗二虎：《西南汉代画像与画像墓研究》，四川大学博士学位论文，2002年。

罗二虎：《中国西南汉代画像内容分类》，《四川大学学报（哲学社会科学版）》2002年第1期。

罗二虎：《中国西南汉代画像内容组合》，《社会科学研究》2002年第1期。

高文：《四川汉画艺术探源》，《成都文物》2002年第4期。

盛磊：《四川汉代画像题材类型问题的研究》，北京大学硕士学位论文，2002年。

朱存明：《四川石棺画像的象征模式》，《民族艺术》2004年第4期。

汪小洋：《汉画像石棺的宗教认识》，《江苏广播电视大学学报》2004年第4期。

唐长寿：《四川汉墓画像中的死亡与生命》，《四川文物》2004年第2期。

巫鸿：《四川石棺画像的象征结构》，《礼仪中的美术》，三联书店，2005年。

李晶：《汉代巴蜀地区画像砖初步研究》，《河池学院学报》第26卷第1期，2006年2月。

宋雅寒：《汉画像石中的女性造型》，曲阜师范大学硕士学位论文，2007年。

代璐：《巴蜀地区汉晋石墓阙雕刻题材研究》，四川大学硕士学位论文，2007年。

吴萌：《四川地区汉代画像石棺图像研究》，四川大学硕士论文，2009年。

高梓梅：《汉代墓葬画像叙事特征》，《南都学坛》2012年第1期。

**2.与泸州地区画像题材相关的专题性研究文章**

（1）仙界

唐长寿：《汉代阴、阳宅绘画一内容异同及其意义》，《四川文物》1997年第6期。

赵殿增、袁曙光：《"天门"考—兼论四川汉画像砖(石)的组合与主题》，《四川文物》1990年第6期。

梁白泉：《墓饰"妇人启门"含义揣测》，《中国文物报》1992年11月8日第3版。

刘毅：《妇人启门管见》，《中国文物报》1993年5月16日第3版。

郑岩：《白驹过隙与侍者启门一东汉缪宇墓画像中的时间与空间》，《文物天地》，1998年第3期。

盛磊：《四川"半开门中探身人物"题材初步研究》，《中国汉画学会第九届年会论文集》，中国社会出版社，2004年。

任乃强：《芦山新出汉石图考》，《川大史学·任乃强卷》，四川大学出版社，2006年。

吴雪杉：《汉代启门图像性别含义释读》，《文艺研究》2007年第3期。

黄剑华：《汉画像中"魂归天门"观念探讨》，《上海文博论丛》2009年第3期。

杨孝鸿：《汉代墓葬画像中"假门"现象之探讨——兼论灵魂升天还是回归》，《中国汉画学会第十二届年会论文集》，中国国际文化出版社（香港），2010年。

黄剑华：《汉代画像中的门吏与持械人物探讨》，《中原文物》2012年第1期。

李锦山：《西王母题材画像石及其相关问题》，《中原文物》1994年第4期。

王苏琦：《四川汉代"龙虎座"西王母图像初步研究》，《四川文物》2005年第2期。

仝涛、邹芙都：《西王母龙虎座造像源于西方考》，《西南师范大学学报》2006年第3期。

王曦彤：《思想与图像：汉代西王母艺术母题的视觉表现模式》，西北师范大学硕士学位论文，2007年。

郑先兴：《汉画中的西王母神话与西王母崇拜》，《古代文明》2008年第3期。

刘勤：《西王母神格升降之再探讨》，《四川师范大学学报（社会科学版）》2008年第3期。

郑先兴：《汉画西王母配神图像"龙虎座"的原型分析》，《河南科学大学学报（社会科学版）》2008年第4期。

黄光琦：《两汉时代神灵信仰世界中的西王母》，《文博》2009年第5期。

贾红杏：《试论汉代画像石中的西王母形象》，《艺术理论》2009年第12期。

阮宾：《试论汉代西王母题材及其在墓室壁画、画像石、画像砖艺术表现中的宗教含义价值》，《农业经济与科技》2010年第9期。

孟庆利：《汉墓砖画"伏羲女娲像"考》，《考古》2000年第4期。

刘渊：《汉代画像石上伏羲女娲特征研究》，四川大学硕士学位论文，2005年。

牛天伟：《四川"伏羲女娲执乐器"画像考》，《音乐探索》2006年第2期。

牛天伟、何莉：《四川伏羲、女娲略考》，《成都文物》2006年第3期。

过文英：《论汉墓绘画中的伏羲女娲神话》，浙江大学博士论文，2007年。

张宁：《"伏羲女娲"汉画像石的变迁与样式风格研究》，广西师范大学硕士学位论文，2010年。

杨孝鸿：《汉代羽化意志及其墓葬图像构造》，《四川文物》1995年第4期。

沈海龙：《汉画像中羽人图像的文化溯源》，《黑龙江史志》2009年第18期。

（2）动植物

周保平：《试论汉代画像石中的吉祥动物》，《徐州师范大学学报》1992年第3期。

王涛：《汉代画像石墓中的"祥瑞"研究》，吉林大学硕士学位论文，2004年。

周保平：《汉代画像中的吉祥植物》，《农业考古》2008年第1期。

《汉画像中"长青树"类刻画与汉代社祭》，《东南文化》1997年第4期。

吴迎迎：《浅析汉画像中的树木图像》，《美与时代》2010年第11期。

张朋川：《宇宙图式中的天穹之花——柿蒂纹辨》，《装饰》2002年第12期。

许卫红：《论汉葬具上的四叶蒂形金属装饰》，《文博》2003年第2期。

张晓霞：《中国古代植物装饰纹样发展源流》，苏州大学博士学位论文，2005年。

米冠军：《浅析汉画十字穿环装饰图案的象征意义》，《收藏家》2009年第5期。

李生、钟治：《三台郪江崖墓出土画像石棺研究》，《四川文物》2004年第4期。

高文、王锦生：《阴阳双鱼、涡纹、三鱼共首——谈汉代画像中的"三"》，《中国汉画学会第十届年会论文集》，湖北人民出版社，2006年。

张从军：《汉画像石中的射鸟图像与升仙》，《民俗研究》2006年第3期。

张卫云：《汉画像中的三足鸟》，《陶瓷史话》2007年第3期。

周玫：《汉画像石鸟鱼组合图像解析》，《大连大学学报》2007年第4期。

贾光：《汉画像中"鱼"的解读》，《商丘师范学院学报》2008年第4期。

刘允东：《汉画像"捞鼎"、"射鸟"艺术组合的含义分析》，《艺苑》2008年第5期。

田丹：《汉画像石中的凤鸟图像研究——以徐州地区汉画像石为例》，陕西师范大学硕士学位论文，2009年。

苏健：《汉画中的神怪御蛇和龙璧图考》，《中原文物》1985年第4期。

吴荣曾：《战国、汉代的"操蛇神怪"及有关神话迷信的变异》，《文物》1989年第10期。

刘弘：《四川汉墓中的四神功能新探——兼谈巫山铜牌上饰上人物的身份》，《四川文物》1994年第2期。

王厚宇：《考古资料中的蛇和相关神怪》，《中国典籍与文化》2001年第2期。

萧兵：《操蛇或饰蛇——神性与权力的象征》，《民族艺术》2002年第3期。

路瑞娟：《<山海经>中的"蛇"现象初探》，重庆大学硕士学位论文，2010年。

王清建：《论汉画中的玄武形象》，《中原文物》1995年第3期。

张力克：《汉代画像石刻中阳鸟及蟾蜍造像探疑》，《南都学坛（人文社会科学学报）》2007年第6期。

赵一平：《汉画像中的月亮和兔子》，《文教资料》2009年第34期。

邵扬：《解读汉代画像石中的龙图像》，扬州大学硕士学位论文，2007年。

张爱美、赵丽：《探析汉画像中的羊图像及其与中国传统文化之间的关系》，《美与时代（下半月）》2008年第5期。

吕艳：《汉画像四象图的宇宙象征主义意义初探》，《北方作家》2010年第1期。

（3）历史故事

江玉祥：《汉画<列女图>与<秋胡戏妻>图像考》，《四川文物》2002年第3期。

张勋燎：《四川东汉墓秋胡戏妻画像砖、画像石与常璩华阳列女传》，《西华大学学报(哲学社会科学版)》2006年第5期。

黄雅峰：《荆轲刺秦王汉画像图式分析》，《中国汉画学会第十三届年会论文集》，中州古籍出版社，2011年。

（4）社会生活及其他

信立祥：《汉代画像中的车马出行图考》，《东南文化》1999年第1期。

李立、谭思梅：《汉画车马出行画像的神话学诠释》，《理论与创作》2004年第6期。

巫鸿：《从哪里来？到那里去——汉代丧葬艺术中的"柩车"和"魂车"》，《礼仪中的美术》，三联书店，2005年。

罗二虎：《长宁七个洞崖墓群汉画像研究》，《考古学报》2005年第3期。

黄永飞：《汉代墓葬艺术中的车马出行图像研究》，中央美院硕士论文，2009年。

孙怡村：《从汉画看百戏与舞蹈乐的交融》，《中原文物》1995年第3期。

周学平：《汉画像舞乐百戏研究》，《中原文物》2004年第5期。

杜鹃：《汉代乐舞研究》，吉林大学博士学位论文，2006年。

卫雪怡：《汉画像石中的乐舞研究》，陕西师范大学硕士学位论文，2007年。

汪小洋：《汉代墓葬绘画"宴饮图"考释》，《艺术百家》2008年第4期。

贾娟：《乐舞百戏图像解析》，西安美术学院硕士学位论文，2011年。

蒋英炬：《汉画执棒小考》，《文物》1980年第3期。

杨爱国：《汉画像石中的庖厨图》，《考古》1991年第11期。

杨爱国：《汉画像石上的接吻图考辨》，《四川文物》1994年第4期。

曾宪波：《汉画中的兵器初探》，《中原文物》1995年第3期。

郑艳娥：《战国秦汉墓葬及汉代砖石画像所见古扇》，《南方文物》2000年第2期。

申宪：《汉画像石中桥梁图像探析》，《东南文化》2000年第11期。

王子今：《四川汉代画像中的"担负"画面》，《四川文物》2002年第1期。

夏晓伟：《汉代便面功用小考》，《东南文化》2003年第11期。

杨爱国：《汉代画像石榜题略论》，《考古》2005年第12期。

欧阳摩一：《论汉画像石文字榜题和题记》，《东南文化》2008年第1期。

兰芳：《汉画像云气图的审美意蕴》，《徐州建筑职业技术学院学报》2009年第4期。

李立、史培争：《汉画的叙述：四川汉代性题材画像研究》，《江西社会科学》2010年第9期。

姜彦文：《四川汉代石棺六博画像艺术初步研究》，《中国汉画学会第十二届年会论文集》，中国国际文化出版社（香港），2010年。

# 后　记

　　《四川泸州汉代画像石棺研究》课题2007年5月立项，具体由成都文物考古研究院与泸州市博物馆共同组织人员实施。为了该课题的顺利进行，成都文物考古研究院和泸州市博物馆共同成立了课题小组，分工协作，共同完成。课题组由成都文物考古研究院王毅院长和泸州市博物馆张燕馆长担任主编，成员中成都文物考古研究院（原成都文物考古研所）有：刘雨茂、陈云洪、索德浩、卢引科、陈云洪、李绪成、戴堂才（特聘四川省考古研究所退休拓片专家）、陈西平、王军、党国松、戴福尧、李升。泸州市博物馆有：彭文科、陈文、谢荔、徐华、赵兰。由刘雨茂任课题执行负责人（执行主编）。课题分两阶段进行，前期工作包括对泸州、泸县、合江等地的馆藏及野外画像石棺进行调查、统计、绘图、修复、拓片、摄影。后期则是对收集回来的资料进行分析、整理和研究，最后分工撰写成文。

　　《四川泸州汉代画像石棺研究》课题原计划2008年底结题，但课题进行期间不幸遇上“5·12”汶川大地震。一时间，天崩地裂，江河哀鸣，震区人民陷入深深的灾难之中。震后在党中央的关怀下，在全国人民的支援下，全川人民积极投入到抗震救灾、自救重建的工作中，各地文物工作者更是全力投入到文物抢救、受损情况调查和修复、整理工作之中。这期间许多既定的工作都停顿了下来，《四川泸州汉代画像石棺研究》课题的编写也延续至今方才完成。尽管面对巨大的困难，但是在全力投入抗震救灾工作的同时，成都文物考古研究院和泸州市博物馆双方仍尽量抽出时间对课题研究范围、框架、编写体例进行了多次讨论和修改，为课题研究的顺利开展提供了保障。

　　文字撰写，具体分工如下：第一章第一节由陈文执笔，第二、三节由彭文科执笔，第四、五节由刘雨茂执笔；第二章第一节由陈云洪、赵兰执笔，第二节由谢荔执笔，第三节由徐华执笔；第三章第一节由刘雨茂、谢荔执笔，第二节由索德浩、彭文科执笔，第三节由索德浩、徐华执笔，第四节由索德浩、赵兰执笔；第四章由索德浩执笔；第五章、第六章由刘雨茂执笔；第七章由索德浩、刘雨茂执笔。线图由卢引科绘制，照片由李绪成、李升拍摄制作，拓片由戴堂才、戴福尧完成。英文翻译由孙兆华完成。书稿各章节完成后由刘雨茂统审定稿。

　　《四川泸州汉代画像石棺研究》在田野调查和整理编写过程中先后得到四川省文物局、四川省文物考古研究院、泸州市文化体育新闻出版广电局、泸州市博物馆、成都文物考古研究院等单位领导和同仁的大力支持和帮助。成都文物考古研究院江章华副院长、蒋成副院长对报告的编写提出了许多宝贵意见。泸州市文联副主席、泸州市书法家协会主席、泸州市博物馆前馆长叶蓉光先生百忙之中拨冗为本书题写了书名；台湾陈秀慧博士将她精心撰写、考证缜密的《四川泸州“五女”汉画像考》一文交由我们编入书稿中一同发表，为本书增色不少。在此书稿付印之际，我们致以衷心的感谢。

　　在《四川泸州汉代画像石棺研究》的编撰工作中，我们本着科学、真实、客观、全面地报道田野考古资料的宗旨，力求反映出泸州画像石棺的全貌，以期达到尽快为研究者提供第一手原始资料的目的。然而，由于我们学识水平有限，书中错漏和不当之处在所难免，恳请各位专家、同仁批评指正。

# 内容提要

　　本书全面而详尽地发表了截止至2007年泸州地区出土的画像石棺资料，在客观的文字描述的基础上配以拓片、线图和照片，让读者立体的了解画像石棺的情况，并对部分图像进行了解读。文中的解释主要以同类图像的榜题为依据，再参考文献，以了解图像的内容、背景和来由。在介绍画像材料部分除图像解读外，尽可能予以客观介绍，不夹杂著者的主观看法。

　　书中第三章对泸州地区现有画像石棺资料进行了客观全面的介绍。第四、五、六、七章尝试在客观报道的基础上进行深入研究。首先，对画像石棺进行基础性的研究，包括石棺以及画像的型式划分、分组、分期、断代等，力图将石棺年代判定得更为客观、具体。其次，分析了石棺画像的配置模式及象征意义，并借此讨论汉代四川鬼神信仰和其他精神观念。最后，将画像石棺与汉代画像砖墓、画像石墓、画像崖墓、壁画墓、画像石椁等画像墓葬进行比较，以了解画像墓的区域差异和不同画像墓葬题材、配置以及象征意义的异同。

　　本书的很多论证方法属于尝试性的工作，如依据艺术风格和构图方式对石棺图像进行型式划分，根据四神方位、阴阳观念等确定石棺方位。并以此为基础对石棺各部分画像进行分类，总结出若干配置模式，分析其象征意义。最后试图以古人丧葬中的精神世界探索各类模式背后所隐藏的鬼神信仰、风俗习惯等。

# Abstract

The book fully and detailedly publishes the information of pictorial sarcophaguses unearthed in Luzhou area by 2007. On the basis of objective text descriptions, rubbings, line graphs and photographs are used to give readers a stereoscopic understanding of the situation of pictorial sarcophaguses, and some images are interpreted. Explanations in the book, which are provided to make readers understand contents, backgrounds and origins of images, are mainly based on Bangti of similar images, and then refer to the literature. In the part of introducing portrait materials, besides image interpretations, they are introduced objectively as far as possible without the author's subjective views.

Chapter 3 gives an objective and comprehensive introduction to the information of existing pictorial sarcophaguses in Luzhou area. Chapters 4, 5, 6 and 7 attempt to conduct in-depth researches on the basis of objective reports. Firstly, a basic research on pictorial sarcophaguses is carried out, which endeavors to determine the age of a sarcophagus more objectively and concretely , including sarcophaguses' and images' type classification, grouping, periodization, dating and so on. Secondly, they analyse configuration modes and symbolic meanings of sarcophagus images, and discuss supernatural beliefs and other spiritual concepts in Sichuan in the Han Dynasty. Finally, comparing the pictorial sarcophagus with the pictorial brick tomb, the pictorial stone tomb, the pictorial cliff tomb, the mural tomb, the pictorial stone Guo and other pictorial tombs in the Han Dynasty, they can make readers understand variations of themes, configurations and symbolism of different pictorial tombs.

Many reasoning methods in the book belong to tentative work, such as classifying sarcophagus images according to the artistic style and the way of composition, and determining sarcophagus orientations according to the orientation of four deities and the concept of Yin and Yang. On this basis, various parts of sarcophagus images are classified, and a number of configuration modes are summarized, and their symbolic meanings are analyzed. Finally, the book tries to explore supernatural beliefs, customs and habits behind various modes through the spiritual world of the ancients' funerals.

图版一　泸州1号棺前挡

图版二　泸州1号棺左侧

1

图版三　泸州2号棺

图版四　泸州2号棺后挡

图版五　泸州2号棺左侧

图版六　泸州2号棺右侧

图版七 泸州4号棺前挡

图版八 泸州4号棺后挡

图版九　泸州4号棺左侧

图版一〇　泸州4号棺右侧

图版一一　泸州5号棺盖

图版一二　泸州5号棺前挡

图版一三　泸州5号棺后挡

图版一四　泸州8号棺挡

图版一五　泸州9号棺前挡

图版一六　泸州9号棺后挡

图版一七　泸州9号棺左侧

图版一八　泸州9号棺右侧

图版一九　泸州12号棺棺盖

图版二〇　泸州12号棺前挡

图版二一　泸州12号棺后挡

图版二二　泸州12号棺左侧

11

图版二三　泸州12号棺右侧

图版二四　泸州13号棺盖

图版二五　泸州13号棺前挡

图版二六　泸州13号棺后挡

图版二七　泸州13号棺右侧

图版二八　泸州13号棺左侧

图版二九　泸州14号棺

图版三〇　泸州14号棺前挡

图版三一　泸州14号棺后挡

图版三二　泸州14号棺右侧

图版三三　泸州14号棺左侧

图版三四　泸州15号棺前挡

图版三五　泸州15号棺后挡

图版三六　泸州15号棺左侧

图版三七　泸州15号棺右侧

图版三八　泸县1号棺前挡

图版三九　泸县1号棺后挡

图版四〇　泸县1号棺左侧

图版四一　泸县1号棺右侧

图版四二　泸县2号棺前挡

图版四三　泸县2号棺后挡

图版四四　泸县2号棺右侧

22

图版四五　泸县2号棺左侧

图版四六　合江1号棺

图版四七　合江1号棺前挡

图版四八　合江1号棺后挡

图版四九　合江1号棺左侧

图版五〇　合江1号棺右侧

图版五一　合江2号棺

图版五二　合江2号棺前挡

图版五三　合江2号棺后挡

图版五四　合江2号棺左侧

图版五五　合江3号棺

图版五六　合江3号棺前挡

图版五七　合江3号棺后挡

图版五八　合江3号棺左侧

图版五九　合江3号棺右侧

图版六〇　合江4号棺

图版六一　合江4号棺前挡

图版六二　合江4号棺后挡

图版六三　合江4号棺左侧

图版六四　合江4号棺右侧

图版六五　合江5号棺

图版六六　合江5号棺前挡

33

图版六七　合江5号棺后挡

图版六八　合江5号棺左侧

图版六九　合江5号棺右侧

图版七〇　合江9号棺

图版七一　合江9号棺前挡

图版七二　合江9号棺后挡

图版七三　合江9号棺左侧

图版七四　合江9号棺右侧

图版七五　合江10号棺

图版七六　合江10号棺棺盖

图版七七　合江1号棺前挡

图版七八　合江10号棺后挡

39

图版七九　合江10号棺左侧

图版八〇　合江10号棺右侧

40

图版八一　合江11号棺

图版八二　合江12号棺

图版八三　合江12号棺

图版八四　合江12号棺前挡

图版八五　合江12号棺后挡

图版八六　合江12号棺左侧

43

图版八七　合江12号棺右侧

图版八八　合江15号棺

图版八九　合江15号棺前挡

图版九〇　合江15号棺后挡

图版九一　合江15号棺左侧

图版九二　合江15号棺右侧

图版九三　合江17号棺

图版九四　合江17号棺前挡

图版九五　合江17号棺后挡

图版九六　合江17号棺左侧

48

图版九七　合江17号棺右侧

图版九八　合江19号棺

49

图版九九　合江19号棺后挡

图版一〇〇　合江19号棺左侧

图版一〇一　合江19号棺右侧

图版一〇二　合江20号棺前挡

51

图版一〇三　合江20号棺右侧

图版一〇四　合江21号棺

图版一〇五　合江21号棺前挡

图版一〇六　合江21号棺左侧

图版一〇七　合江21号棺右侧

图版一〇八　合江22号石棺

图版一〇九　合江22号棺棺盖

图版一一〇　合江22号棺前挡

图版一一一 合江22号棺后挡

图版一一二 合江22石棺左侧

56

图版一一三　合江22号棺右侧

图版一一四　合江23号棺

57

图版一一五　合江23号棺前挡

图版一一六　合江23号棺后挡

图版一一七　合江23号棺左侧

图版一一八　合江23号棺右侧

图版一一九　合江25号棺

图版一二〇　合江25号棺前挡

图版一二一　合江25号棺后挡

图版一二二　合江25号棺左侧

图版一二三　合江25号棺右侧

图版一二四　合江26号棺

图版一二五　合江26号棺前挡

图版一二六　合江26号棺后挡

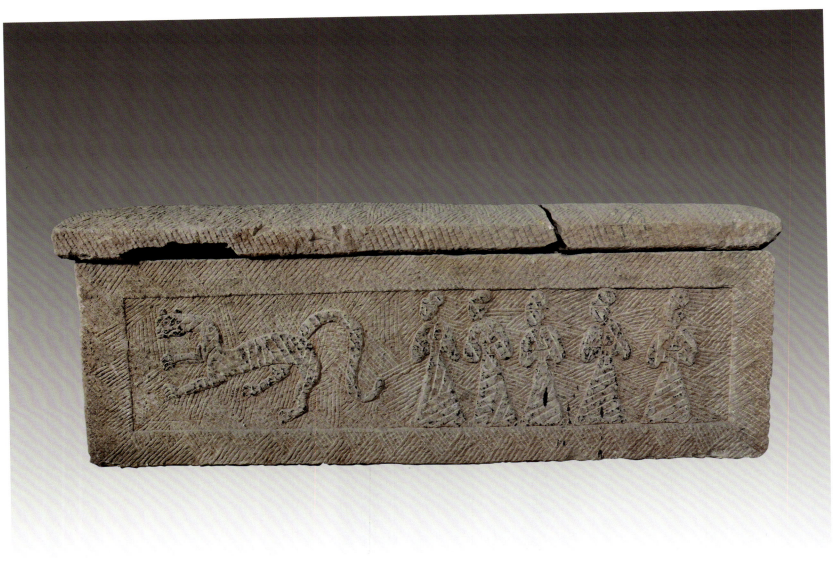

图版一二七　合江26号棺左侧

图版一二八　合江26号棺右侧

图版一二九　合江13号棺

图版一三〇　合江13号棺前挡

图版一三一　合江13号棺后挡

图版一三二　合江13号棺左侧

图版一三三　合江13号棺右侧

图版一三四　合江14号棺前挡

图版一三五　合江14号棺左侧

图版一三六　合江14号棺右侧